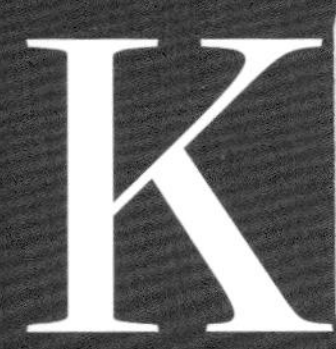

KANALINSELN

Our dear
Channel Islands ...

Winston Churchill

DAS SIND DIE KANALINSELN

TOUREN

ZIELE

LEGENDE

Baedeker Wissen
● Textspecial, Infografik & 3D

Baedeker-Sterneziele
★★ Top-Reiseziele
★ Herausragende Reiseziele

CHUTNEYS & PRESERVES
THE Spice HOUSE
DELICADO

HINTERGRUND

ERLEBEN & GENIESSEN

PRAKTISCHE INFOS

ANHANG

PREISKATEGORIEN

Restaurants
Preis für ein Hauptgericht

€€€€	über 25 £
€€€	20 – 25 £
€€	15 – 20 £
€	bis 15 £

Hotels
Preise für ein Doppelzimmer

€€€€	über 150 £
€€€	90 – 150 £
€€	50 – 90 £
€	bis 50 £

MAGISCHE MOMENTE

ÜBERRASCHENDES

Die Rock Pools stecken voll von buntem Leben.

D
DAS SIND ...

die Kanalinseln

Die großen Themen rund um
die Blumeninseln im Ärmelkanal.
Lassen Sie sich inspirieren!

Die Kanalinseln sind ein Blumenparadies:
Blick vom Petit Port zur Moulin Huet Bay auf Guernsey. ►

DARK SKY ISLAND

Einmal dort Urlaub machen, wo die Nacht besonders dunkel ist – eine Idee, die auf den ersten Blick etwas seltsam anmutet. Aber in wolkenlosen Nächten stellt man auf der kleinen Insel Sark fest, dass es in der Dunkelheit viel zu entdecken gibt. Einen grandiosen Sternenhimmel nämlich ...

Wer lange genug belichtet, bekommt dieses phantastische Bild vom Nachthimmel über der Seigneurie von Sark. ▶

IN unserer industrialisierten Welt gibt es kaum noch Orte, an denen sich ein Nachthimmel beobachten lässt, der diesen Namen auch verdient. Die Gründe dafür sind zahlreich: Straßenbeleuchtung, Lichtreklamen, hell erleuchtete Gebäude oder die Scheinwerfer der unzähligen Fahrzeuge, die die Nacht vielerorts buchstäblich zum Tag machen.

Schutzräume für die Dunkelheit

1988 gründete eine Gruppe von Astronomen die **International Dark Sky Association** (IDA), die der Lichtverschmutzung den Kampf erklärte. Sie versteht den Sternenhimmel nicht zuletzt auch als ein Kulturgut der Menschheit, das es zu schützen gilt. Und so weist man so genannte »Dark Sky Places« aus, Lichtschutzgebiete, in denen vorhandene Lichtverschmutzung gemindert wurde und man Voraussetzungen dafür schafft, dass es keine zusätzliche Verschmutzung gibt. So soll Einheimischen und Besuchern die Möglichkeit gegeben werden, einen ungestörten Blick auf das nächtliche Firmament zu werfen.

Der Kampf gegen die Lichtverschmutzung

Im Jahr 2011 wurde **Sark** von der IDA zur weltweit ersten »Dark Sky Island« ernannt, einer Lichtschutzinsel also. Dabei half der Umstand, dass die Uhren auf Sark sowieso etwas langsamer gehen als in vielen anderen Regionen Europas. Autos gibt es nicht. Damit entfällt auch die Notwendigkeit, die wenigen schmalen und unbefestigten Straßen der Insel nachts zu beleuchten – eine anderswo weit verbreitete Quelle der Lichtverschmutzung. Dazu kommt noch, dass dank der vorherrschenden Winde vom Atlantik die Luft über den Kanalinseln sehr klar ist und der Blick damit nicht von Industrieab-

DIE MILCHSTRASSE VON SARK

Auf Sark verzaubert der Anblick der Abermillionen Sterne, die in einer wolkenlosen Nacht so dicht beieinanderzuliegen scheinen, dass der Himmel wie ein silbern leuchtender Baldachin wirkt. Sternennebel kann man mit bloßem Auge erkennen und vielleicht erspäht man zum ersten Mal das aus Myriaden von Himmelskörpern geformte Band, das sich über den Himmel schlängelt – die Milchstraße. Den Sternen besonders nahe ist man im kleinen Observatorium der Sark Astronomy Society, das bis zu acht Besuchern Platz bietet. Der Besuch ist kostenlos, aber kleine Spenden für den Unterhalt sind gerne gesehen. Anmeldung ratsam unter www.sastros.sark.gg.

Kein »Lichtschmutz« trübt den Himmel.

gasen und Schmutzpartikeln getrübt wird. Weiterhin trugen die Bewohner von Sark selbst dazu bei, die Voraussetzungen für eine Dark Sky Island zu schaffen. Jeder einzelne überprüfte die Beleuchtung innerhalb und außerhalb der eigenen vier Wände darauf, ob sie wirklich nötig ist. Im Zweifelsfall wurde sie abgeschaltet. Das Ergebnis ist ein nahezu ungetrübter Blick in den Nachthimmel, wie man ihn nur noch an wenigen Orten in der industrialisierten Welt erleben kann.

Ein Song für Sark

Sogar in der Popmusik wird der Status der Insel als ein Ort für Sternenbetrachter gewürdigt. Der Titelsong des 2015 erschienenen Albums »Dark Sky Island« der irischen Sängerin **Enya** nimmt direkt Bezug auf die Isle of Sark. Im Refrain des Liedes erwähnt sie verschiedene Sternbilder wie den Fuhrmann und den Adler oder Sterne wie Alpha Centauri, die von Sark aus gut zu erkennen sind.

ALDERNEY MUSIC

»Selbst ist der Insulaner« könnte das Motto der Bewohner von Alderney sein. Es gibt kein Kino auf der Insel? Na dann machen wir halt selbst eins auf! Auch wenn das Geld nur für einen Projektor reicht und es beim Wechsel der Filmrollen immer eine Pause gibt. Die kann man ja nutzen, um im Pub noch ein Bier zu trinken. Aber was hat das mit klassischer Musik zu tun?

◀ Louisa Staples aus London hatte die Idee zu einem Kammermusikfestival auf Alderney. Hier wird sie unterstützt von Juliet Roos.

DIESE Einstellung scheint offenbar auch auf Besucher von Alderney abzufärben, denn wie sonst ist es zu erklären, dass ein blutjunges Geschwisterpaar aus England beschließt, auf der Insel **ein Kammermusikfestival** ins Leben zu rufen?

Liebe zur Musik

Der 1996 in London geborene **Samuel Staples** und seine vier Jahre jüngere Schwester **Louisa** verbrachten schon seit ihrer frühen Kindheit ihren Urlaub auf Alderney, wo ihre Eltern ein Ferienhaus besitzen. Mit der Liebe zur Insel wurden sie also schon früh infiziert, die Liebe zur Musik sollte sich nicht viel später dazu gesellen. Die Geschwister entwickelten sich zu begabten Violinisten und wurden beide im Alter von jeweils acht Jahren zur renommierten Yehudi Menuhin School in London zugelassen. Weitere Ausbildungsschritte an so berühmten Instituten wie der Hochschule für Musik Hanns Eisler oder der Guildhall School of Music folgten, ebenso Auftritte in unterschiedlichen Ländern und Konzerthallen, etwa in der Wigmore Hall in London oder dem Concertgebouw in Amsterdam. Irgendwann reifte in den beiden dann der Plan, auf ihrer Lieblingsinsel ein Festival für klassische Musik zu veranstalten. Für begeisterte und virtuose Interpreten von Kammermusik war es wohl naheliegend, dass es ein Kammermusik-Festival werden würde, aber wahrscheinlich wäre für ein Symphonieorchester auf einer Insel wie Alderney auch gar kein Platz gewesen.

Der Jugend eine Chance

Während ihrer Studienzeit und auf Konzertreisen hatten Luisa und Samuel zahlreiche andere junge Musiker kennen und schätzen gelernt. Und so verrückt der Plan im ersten Moment auch klingen mochte, sie schafften es, die Menschen von ihrem Vorhaben zu überzeugen. Mit Beteiligung von Musikern aus Großbritannien, Neuseeland, Russland, Luxemburg und Israel fand also Anfang **September 2017** das erste Kammermusikfestival auf Alderney statt. Veranstaltungsorte waren die Is-

NICHT VERPASSEN

Falls Sie vorhaben, Alderney im August einen Besuch abzustatten, denken Sie daran, sich rechtzeitig Tickets zu besorgen. Denn das Alderney Chamber Music Festival und seine Entstehung verkörpert auf seine Art den Geist der Insel und seiner Bewohner. Anpackend, humorvoll, ein wenig verrückt und sehr authentisch.
Infos und Tickets: https://acmf.co.uk

land Hall aus dem 18. Jh. und einstiger Regierungssitz der Insel, sowie die St. Anne's Church, die auch als die Kathedrale der Kanalinseln bekannt ist. Nun ist es ja wirklich nicht alltäglich, dass die Intendanten und künstlerischen Leiter eines Festivals für klassische Musik gerade einmal 21 und 17 Jahre alt sind. Typisch ist aber, dass dies auf Alderney auch wirklich niemanden befremdet oder gar stört. **Ein Festival? Nur her damit.** Die Veranstalter sind teilweise noch jugendlich? Wen stört das, wenn die Musik gut ist. Der Insulaner ist da so pragmatisch wie er feierfreudig ist. Das Ergebnis ließ sich hören und war für alle Beteiligten ein voller Erfolg. Das Publikum war ebenso begeistert wie die jungen Musiker und so wurde beschlossen, das Festival zu einem festen Bestandteil des Veranstaltungskalenders von Alderney zu machen.

OBEN: Ein intimer Rahmen ist garantiert.
UNTEN: Auch der italienische Pianist Giuseppe Guarrera gehört zum Musikernachwuchs.

EIN REFUGIUM FÜR DIE NATUR

Die Küste mit ihren Stränden und Buchten und ihrer einzigartigen Fauna und Flora macht den großen Reiz Jerseys aus – so liegt es nahe, dass man diese besondere Naturlandschaft schützen muss. Das ist gewährleistet, seit 2016 der Jersey National Park eröffnete.

St. Ouen's Bay ist ein Herzstück des Nationalparks. ▶

KONKRETE Ideen zur Einrichtung eines Nationalparks gab es auf Jersey seit etwa 2009. Nach jahrelangen Planungsrunden und Expertengesprächen war es 2016 endlich soweit: Der Jersey National Park wurde offiziell eingeweiht.

Die Geschichte des Nationalparks

Wie bei einer Insel nicht anders zu erwarten, handelt es sich um einen Küstennationalpark, der die gesamte Westküste, den weitaus größten Teil der Nordküste sowie etwa die Hälfte der Ost- und kleine Teile der Südküste umfasst. Insgesamt ein riesiges Areal: Das als Nationalpark ausgezeichnete Gebiet von 2145 Hektar umfasst etwa **18 Prozent der gesamten Fläche der Insel**. Was das bedeutet, wird erst deutlich, wenn man sich vor Augen führt, dass die 16 deutschen Nationalparks zusammengenommen gerade 0,6 Prozent der Landfläche ausmachen.

Naturschutz und Nutzung funktioniert

Bei der Erschließung des Nationalparks wurde ein ausgesprochen pragmatischer Ansatz gewählt. Bei einer doch recht kleinen Insel mit relativ hoher Bevölkerungsdichte war es unmöglich, größere Areale ganz für die Besiedlung, für die landschaftliche oder touristische Nutzung zu sperren. Ein Großteil der Hotels auf Jersey liegt schließlich an oder nahe der Küste. Schon deshalb war es notwendig, in Zusammenarbeit mit den Bewohnern und Geschäftsleuten ein funktionierendes Miteinander von Naturschutz und kommerzieller Nutzung zu entwickeln.

Das Ergebnis kann sich wirklich sehen lassen. Von den 23 Stränden, die Jersey zu bieten hat, liegen jetzt 18 im Gebiet des Nationalparks, der von **81 km Fußwegen**, **140 km Fahrradwegen und 10 km Reitwegen** durchzogen wird. Möglichkeiten, den Park bis in die entlegensten Winkel zu erfahren oder zu erlaufen, sind also reichlich gegeben. Von den 70 Kilometern Küstenlinie Jerseys liegen jetzt stolze 48 km auf geschütztem Gebiet, das sind fast 70 Prozent. Ein beredtes Beispiel für die Bedeutung, die die Küste im Bewusstsein und auch im Herzen der Einwohner hat.
Die Bandbreite die Unterkünfte auf dem Gebiet des Nationalparks ist ebenfalls beachtlich – reicht sie doch vom 5-Sterne-Hotel bis zu Selbstverpfleger-Unterkünften in ehemaligen viktorianischen Forts.

Vom Schandfleck zum Naturparadies

Der flächenmäßig größte Teil des Parks befindet sich an der Westküste, an der St. Ouen's Bay. Das dortige Dünengebiet **Les Mielles** ist ein gutes Beispiel für die Entwicklung des Umwelt- und Naturschutzgedankens auf Jersey, der letztendlich in der Einrichtung des Nationalparks gipfelte. Die Gegend um Les Mielles und den Teich St. Ouen's Pond war bis in die 1970er-Jahre eher ein Schandfleck der Insel, missbraucht zum Abladen von Müll, zum wilden Campen und als Freiluft-Party-Location. Erst als der National Trust das Land um den St. Ouen's Pond erwarb und unter Naturschutz stellte, änderte sich der Zustand. Heute sind dort wieder zahlreiche seltene Tier- und Pflanzenarten heimisch wie u.a. die berühmte **Jersey-Orchidee.**

NATUR ERWANDERN

Alle Gebiete des Nationalparks sind frei zugänglich und können auf eigene Faust erkundet werden. Am informativsten ist es aber, sich den Wanderungen anzuschließen, die für einen geringen Obulus vom National Trust for Jersey angeboten werden. Die erfahrenen und kenntnisreichen Führer und Ranger des Trusts kennen die Fauna und Flora der Insel wie sonst niemand und führen auch zu versteckten Orten. Ganz nebenbei eine gute Gelegenheit, mit Einheimischen ins Gespräch zu kommen. Termine und Online-Anmeldung unter: www.nationaltrust.je/project/walks

EIN HERZ FÜR KÜHE

Sanftmütig, zierlich und ausgesprochen hübsch sind die auf den Kanalinseln heimischen Rinderrassen – die Jersey- bzw. Guernsey-Rinder. Sie gehören zu den kleinsten und zu den ältesten Rinderrassen der Welt, und ihre Milch garantiert erstklassige Produkte.

Eine echte Inselschönheit ►

500000

SIE sind wahre Schönheiten auf den Weiden. Aber Aussehen ist ja nicht alles – was macht die Inselrinder und ihre Milch so einzigartig? Sicher ist: Sie weist einen überdurchschnittlichen Fett- und Proteingehalt auf, und die Jersey- und Guernsey-Rinder produzieren – bezogen auf ihre Körpermasse – mehr Milch als die meisten anderen Rinderrassen.

Farbstarke Fette

Eine weitere Besonderheit: Butter und Milch auf Guernsey zumindest sind **goldgelb** – auf den ersten Blick gewöhnungsbedürftig. Doch werden die Milchprodukte keinesfalls gefärbt, auch wenn es den Anschein haben mag. Vielmehr sorgt der hohe Beta-Carotin-Gehalt der Milch für die Färbung, weshalb die Rinderrasse auch als Golden Guernsey bezeichnet wird.

Um den hohen Fettgehalt der Milch zu testen, muss man übrigens nicht auf Laboranalysen zurückgreifen. Es genügt, sich etwas Schlagsahne zum Kuchen servieren zu lassen oder einen Cream Tea mit Clotted Cream, einem dicken, streichfähigen Rahm, bei der klassischen englischen Tea Time zu ge-

Köstlichkeiten der Kanalinseln gibt es in der viktorianischen Markthalle von St Helier.

nießen. Das angenehme Völlegefühl, das sich nach dem Genuss einstellt, ist Beweis genug. Importierte Milch wird man in den Geschäften, Cafés und Restaurants der Kanalinseln übrigens vergeblich suchen, dort wird ausschließlich vor Ort produzierte Milch angeboten und verkauft.

Haustiere mit Kultstatus

Auf Jersey leben ca. 30 Herden mit über 3000 Kühen, auf Guernsey 18 Herden mit etwa 1500 Tieren, gerade im noch landwirtschaftlich geprägten Inselinneren sind sie ein häufiger Anblick. Die Tiere waren einst eines der wichtigsten Exportgüter der Inseln und noch heute haben die Kanalinsulaner **ein ausgesprochen herzliches Verhältnis** zu ihren vierbeinigen Mitbewohnern und sind ausgesprochen stolz auf den guten Ruf, den Jersey- und Guernsey-Rinder weltweit genießen. Kühe sind Kult auf den Inseln.

Ein Denkmal für die Wiederkäuer

Auf Jersey geht die Liebe so weit, dass den Kühen sogar ein Denkmal gesetzt wurde. Der schottische Bildhauer John McKenna schuf im Jahr 2001 anlässlich der offiziellen Eröffnung des neuen Gebäudes der Royal Jersey Agricultural & Horticultural Society durch Elisabeth II. vier lebensgroße Jerseykühe aus Bronze. Die kleine Herde kann heute in der Innenstadt von St. Helier besichtigt werden, sie befindet sich vor dem West's Centre in der Bath Street.
Es ist übrigens nicht die schlechteste Idee, sich während eines Aufenthalts auf den Kanalinseln durch die Vielfalt der lokalen Käsesorten zu schlemmen. Diese sind allesamt von ausgezeichneter Qualität und ausgesprochen schmackhaft. Und schließlich sind Käse und andere Molkereiprodukte der Inseln auf dem europäischen Festland so gut wie nicht zu finden.

MILCHIGE SOUVENIRS

Auch wenn mangelnde Kühlmöglichkeiten die Mitnahme von Molkereiprodukten erschweren, muss man die Kanalinseln nicht ohne eine schmackhafte Erinnerung an die hübschen vierbeinigen Bewohner verlassen. Haltbare Produkte, in denen die Milch der Inseln Verwendung findet, gibt es reichlich: etwa die wunderbare Jersey Salted Caramel Sauce der kleinen Firma La Crémière, den Guernsey Cream Fudge, ein zartschmelzendes Karamellkonfekt in den unterschiedlichsten Geschmacksrichtungen, oder die exklusiven Pralinen der Schokoladenmanufaktur Caragh Chocolates auf Sark. Zu kaufen gibt es die Köstllichkeiten u.a. in der viktorianischen Markthalle Ecke Halkett Place/Beresford Street in St Helier.

GARTEN-LUST

Die Kanalinseln und Frankreich haben in puncto Savoir-vivre viel gemeinsam. Gärten und Parks dagegen sind durch und durch britisch. Und weil das Klima noch milder und gartenfreundlicher als auf der großen Insel ist, wuchern hier wahre Gartenträume wie die Samarès Manor Botanic Gardens bei St. Helier.

◄ Englische Gartenkunst auf höchstem Niveau wartet in Samarès Manor.

DIE ersten Jahrzehnte des 20. Jh.s waren eine große Zeit für den britischen Gartenbau – auch auf den Kanalinseln. Als der nordenglische Schiffsmagnat und Philanthrop **Sir James Knott** im Jahr 1924 das nahe der Inselhauptstadt St. Helier gelegene Herrenhaus Samarès Manor erwarb, brachte er nicht nur neue Ideen in punkto Gartengestaltung mit auf die Insel, er verfügte auch über das nötige Kleingeld, um seinen Traum vom idealen Garten zu verwirklichen.

Anfänge in den Salzwiesen

Der Name des Anwesens, Samarès, geht auf ein altfranzösisches Wort zurück, das Salzwiese oder Marschland bedeutet. In einem ersten Schritt mussten Tausende von Wagenladungen mit Erde von der ganzen Insel nach Samarès Manor gekarrt werden, um dort überhaupt die Voraussetzungen für die Anlage eines Gartens zu schaffen. Zeitweise waren **bis zu 40 Personen** mit Aufbau und Pflege des Gartens beschäftigt.

Mittelmeer trifft Asien

Nach und nach entstand eine Anlage ganz im Geiste ihrer Zeit. Von seinen zahlreichen Reisen hatte Sir James eine Vielzahl von Pflanzen – hauptsächlich aus dem Mittelmeerraum – mitgebracht, die nun auf Jersey eine neue Heimat fanden. Aber auch tropische Gehölze fanden im Garten ideale Bedingungen, schließlich gibt es auf der Insel so gut wie nie Frost. So können auch kälteempfindliche Pflanzen wie etwa Kamelien oder Orchideenarten im Freien kultiviert werden.
Intime Gartenräume wechseln sich auch heute noch mit offenen, parkähnlichen Flächen ab. So gibt es etwa einen **Rosengarten**, in dem neben traditionellen englischen Sorten auch einige ungewöhnliche französische Arten sowie Eigenzüchtungen wachsen und gedeihen. Ein **japanischer Garten** der mit der Philosophie japanischer Gartenkunst vertraut macht, , ist der ideale Ort für alle Minimalisten. Und ein Lavendelgarten sorgt für besondere Farbakzente.

EIN GARTEN FÜR ALLE SINNE

Für Interessierte wird jeden Tag eine Führung durch den Kräutergarten angeboten, bei der die verschiedenen Pflanzen vorgestellt und ihre Wirkung und Verwendung in Küche, Medizin oder Kosmetik erklärt werden. Dabei werden eifrig Blättchen unterschiedlichster Salbei-, Thymian- oder Basilikumsorten gezupft und zwischen den Fingern zerrieben – zum Schnuppern und Kosten. Eine ausgesprochen sinnliche Gartenerfahrung. Im Herb Garden Café kann man viele Köstlichkeiten mit Früchten aus eigener Produktion probieren. Wer ein besonderes Souvenir von den Kanalinseln mit nach Hause nehmen möchte, wird im Gartenshop fündig. (▶ S. 75)

Die Magie der Kräuter

In den 1980er-Jahren wurde der Garten um eine Attraktion reicher, die ihn weit über die Grenzen der Inseln bekannt machte. **John Brooks**, einer der einflussreichsten Landschaftsgestalter und Gartenarchitekten der letzten 50 Jahre und Autor von mehr als 20 Fachbüchern, legte in Samarès Manor einen großen Kräutergarten an. Dieser wird sowohl bei Gartenliebhabern als auch in Fachkreisen zu den Top Ten der britischen Inseln gezählt. Einen guten Eindruck vom großartigen Design der Anlage erhält man von einer mehr als fünf Meter hohen Aussichtsplattform, die extra für diesen Zweck errichtet wurde. Seinen ganzen Reiz entfaltet der Garten an einem warmen Sommertag, wenn ihn die unzähligen Kräuter mit einem einzigartigen Duft erfüllen.

Vom klassischen Seerosenteich zur japanischen Kirschblüte in Samarès Manor

T

TOUREN

Durchdacht, inspirierend, entspannt

Mit unseren Tourenvorschlägen lernen Sie die besten Seiten der Kanalinseln kennen.

Auf Alderney kann man einen herrlichen Tag verbringen. ►

UNTERWEGS AUF DEN KANALINSELN

Inselhopping Wer noch nie auf den Kanalinseln war und nicht schon eine »Lieblingsinsel« hat, kann sich ohne großen Aufwand mehrere Inseln ansehen. Am einfachsten ist das **von Guernsey aus**: Man kann sich auf Guernsey einmieten und Tagesausflüge mit dem Schiff nach Herm und Sark machen. Nach Jersey und Alderney gibt es einen regelmäßigen Flugverkehr, in der Hauptsaison werden ab und zu auch Schiffsausflüge angeboten. **Von Jersey aus** werden ebenfalls unregelmäßig Ausflugsfahrten per Schiff nach Guernsey und Sark veranstaltet, nach Guernsey gibt es Linienflüge. Mehrere Reiseveranstalter bieten Pakete an.

Jersey Jersey ist die größte der Kanalinseln mit einer richtigen kleinen **Hauptstadt**, die nicht allzu hübsch ist, dafür aber international und kosmopolitisch, jugendlich und frisch. Neben städtischem Leben bietet die Insel viel **Natur**: lange Sandstrände im Süden, Westen und Osten, eine fantastische Steilküste im Norden und viele lauschige Badebuchten zwischen hohen Klippen. Ein »cliffpath« führt einmal die gesamte Nordküste entlang – wunderschön zum **Wandern**. Im Inselinneren gibt es herrliche Wiesenlandschaften, kleine idyllische Flussläufe und Weiden für die berühmten Jersey-Kühe. **Sonnenbaden, Baden**, Schwimmen und Windsurfen kann man in den vielen kleineren Buchten und an den endlos langen Sandstränden, die sich auch für Spaziergänge eignen.

Das **Besichtigungsprogramm** kann etliche Tage füllen: Es gibt mehrere sehr gute Regionalmuseen, zwei große Burgen, Megalithanlagen, den berühmten Tierpark von Gerald Durrell, Bunker und Tunnel, in denen die Geschichte der deutschen Besatzung dargestellt wird, und die vielen »Jersey-Attraktionen« von der Lavendel- über die Orchideenfarm bis zum Geschichtsevent. Jersey gilt als die Insel der Autoliebhaber – vor allem an Wochenenden werden die ungewöhnlichsten Mobile ausgefahren und bevölkern die kleinen Landstraßen. Lebensfreude und Sinn für ausgefallene und kostspielige Lebensart bekommt man auf Jersey allemal zu spüren. In diversen Marinas schaukeln bei Flut die kleinen und großen Jachten, bei Ebbe sinken alle auf den trockenen Meeresgrund. Wer immer es sich leisten kann, hat hier sein eigenes Boot und fährt die Küste ab oder kleinere Nachbarinseln an. Geradezu südliche Lebensfreude auch in Sachen **Nightlife**, allerdings nicht bis in die Puppen, sondern nur bis 2 a.m. – wegen der nach wie vor begrenzten Schankzeiten. Schon am frühen Abend sind daher die Pubs gut gefüllt, später geht es in eines der

Sark ist autofrei.

über 200 Restaurants, und gut gelaunt lassen Insulaner und Urlauber den Tag ausklingen. So jedenfalls in St. Helier oder beispielsweise in St. Aubin. Aber auch **absolute Ruhe** ist auf der Insel zu finden – es gibt viele ruhige Unterkünfte im Inselinneren oder in einer der Buchten an der Nordküste, weitab vom Unterhaltungsprogramm.

Guernsey

Die zweitgrößte Insel ist ein wenig beschaulicher, kein bisschen hektisch und ideal für einen erholsamen Urlaub. Ein großes Plus von Guernsey ist die gemütliche Hauptstadt: **St. Peter Port** – etwas fürs Auge und für einen genussreichen Einkaufsbummel. Die schönste **Landschaft** gibt es an der Südküste, eine Steilküste mit weiten Buchten und nur wenigen kleinen Badestränden. Auguste Renoir war von dieser Küste so begeistert, dass er immer wieder die Moulin Huet Bay im Südosten malte. Die sicherlich schönsten Landschaftseindrücke gewinnt man auf **Wanderungen** auf dem Klippenweg, der in St. Peter Port beginnt und sich an der ganzen Südküste entlang bis zum südwestlichsten Punkt der Insel zieht. Im südlichen Inselinneren findet man überaus idyllische kleine Dörfer. Lange Sandstrände ziehen sich an der Nordwestküste entlang, hier gibt es familiäres **Badeleben**, und Wassersportler kommen auf ihre Kosten.

Auch auf Guernsey gibt es viel zu **besichtigen**: ebenfalls gute Regionalmuseen, Castle Cornet in der Bucht von St. Peter Port, das Wohnhaus von Victor Hugo, in dem er einen Großteil seiner Exilzeit verbrachte. Auch auf Guernsey sind die Spuren der deutschen Besatzungszeit museal aufbereitet, und auch hier gibt es verschiedene Familienattraktionen. Ein zweites Plus von Guernsey ist die Nähe und gute Erreichbarkeit von Sark und Herm, wohin man **Tagesausflüge** machen kann. Nach Herm fährt man ca. 15 Minuten mit einem kleinen Boot, die Insel selbst ist klein und schnell erkundet. Nach Sark kann man ebenfalls einen Tagesausflug unternehmen.

Alderney

Auf Alderney findet man von jeder der anderen Inseln etwas: die Insel hat eine mittlere Größe, es gibt einen **kleinen, recht ansprechenden Ort** und ansonsten viel Natur. Die Landschaft im Inselinneren ist nicht besonders abwechslungsreich. Die Küste ist teilweise Steilküste mit kleinen Badebuchten, teilweise erstrecken sich längere flache Sandstrände. Zu besichtigen gibt es nicht besonders viel, dafür kann man eine kurze Fahrt mit einer kleinen alten Eisenbahn unternehmen. Ansonsten bietet Alderney vor allem **Natur und Ruhe**.

Sark

Die ungewöhnlichste der Kanalinseln ist sicher Sark. Die **Landschaft** dieser abgelegenen Insel, die als begrünter Felsblock aus dem Wasser ragt, fasziniert. Sark hat nur Steilküsten, an denen es kleine Strandbuchten und mehrere Höhlen gibt. Für einen Badeurlaub eignet sich die Insel nicht. Zu besichtigen sind der sehenswerte **Garten der Seigneurie**, die Dorfkirche und ein kleines Museum zur deutschen Besatzungszeit. Darüber hinaus bietet Sark Natur ohne Ende, die man auf **Spaziergängen** auf dem Hochplateau und an der Steilküste erkunden kann. Auf Sark fahren **keine Autos**, dafür aber relativ viele und verhältnismäßig laute Traktoren, die jede Art von Transporten tätigen. Ansonsten herrscht auf der Insel himmlische Ruhe.

Herm

Herm ist ein kleines Eiland, das man in 15 Minuten von Guernsey aus mit dem Schiff erreicht. Diese **Mini-Insel** kann man in etwa drei Stunden umwandern – im Süden gibt es eine schöne Steilküste, im Nordteil liegen herrliche Strände. Wer am liebsten **reine Badeferien** macht, ist hier richtig. Auch auf Herm, wo nur knapp 60 Menschen leben, fahren keine Autos.

Familienferien

Für Familienferien eignen sich die Kanalinseln ausgesprochen gut. In den Sommermonaten ist man **überall auf Kinder eingestellt**. Bis auf Sark haben alle Inseln lange Badestrände, die gut zu erreichen sind. Auf Jersey und Guernsey gibt es diverse Ausflugs- und Besichtigungsmöglichkeiten für Kinder. Und Herm und Sark sind – obwohl anders als auf den beiden Hauptinseln keine speziellen Attraktionen für Kinder eingerichtet wurden – regelrechte **Familieninseln**.

Bus oder Mietwagen?

Auf Herm und Sark stellt sich die Frage nach einem Verkehrsmittel gar nicht: Auf Herm geht man zu Fuß, auf Sark kann man sich allenfalls ein Fahrrad mieten. Dagegen ist das **Busnetz** auf Jersey und Guernsey recht gut ausgebaut, man kommt in alle Ecken der Inseln. Ansonsten bleibt das Auto bzw. der Mietwagen. Das Autofahren erschwert der **Linksverkehr** und die **Straßen sind sehr eng**. Auf Guernsey noch enger als auf Jersey, dafür sind die Autofahrer hier besonders rücksichtsvoll und geduldig mit auswärtigen Autofahrern, und Mietwagen sind gesondert gekennzeichnet. Auf Jersey wird die Hupe öfter betätigt, und an Wochenenden wird man von flotten Sportwagen überholt.

TAGESTOUR UM JERSEY

Start und Ziel: St. Helier nach St. Aubin | **Dauer:** 1 Tag | **Länge:** ca. 57 km

Tour 1

Bei dieser Tour ist man von morgens bis abends unterwegs und lernt Jersey abwechslungsreich kennen: interessante kulturelle Plätze, die Einblick in die Inselgeschichte geben, sowie die ausgesprochen unterschiedlichen Küsten Jerseys. Zum Abschluss des Tages locken die Restaurants im attraktiven St. Aubin.

In ❶ ★★ **St. Helier** nimmt man die A 6 Richtung Five Oaks, also nach Nordosten aus der Stadt hinaus. In Five Oaks biegt man auf die B 28 und folgt dann der Ausschilderung nach La Hougue Bie. Die Megalithanlage ❷ ★★ **La Hougue Bie** ist eine der bedeutendsten historischen Sehenswürdigkeiten der Kanalinseln. Auf dem Hügel des Ganggrabs wurde über 3000 Jahre später eine Kapelle errichtet, die ebenfalls besichtigt werden kann. Anschließend fährt man weiter nach **Gorey** – ein hübscher Ort mit einem kleinen Hafen, über dem das wuchtige ❸ ★★ **Mont Orgueil Castle** thront. Für die Besichtigung der Burg sollte man sich ruhig etwas Zeit nehmen – es gibt viel zu sehen und auch für Kinder eine Menge zu entdecken.

Für die weitere Tour muss man die Straße wählen, die direkt nach Norden aus Gorey in Richtung Anne Port und Catherine's Breakwater hinausführt. Sie verläuft an der Burg vorbei und dann immer an der Küste entlang durch Anne Port und am rot-weißen Archirondel Tower vorbei. Bevor man in Catherine's Bay an der Mauer (Breakwater) landet, biegt eine schmale Straße im spitzen Winkel nach

links Richtung Rozel Bay ein. Man folgt ihr immer Richtung Rozel und macht zuletzt den Abstecher in die hübsche ❹★ **Rozel Bay** mit einem Hafen. Wieder auf der C 93 fährt man weiter in Richtung Westen und trifft schließlich auf die etwas breitere B 31. Den Zoo lässt man links liegen – er lohnt einen gesonderten Besuch – und macht dafür noch einen Abstecher an die Küste zur ❺ **Bouley Bay**, zu der sich die Straße durch Wald in Serpentinen den Berg hinunter windet. Dann geht es ein Stück ins Inselinnere zum ❻★ **Hamptonne Country Life Museum** in der Rue de la Patente in St. Lawrence. Das sehenswerte kleine Ensemble von Bauernhöfen gibt Einblick in das frühere Landleben auf Jersey.

Wieder zur Nordküste

Die B 39 und die B 40 führen wieder an die Nordküste, in die Bucht ❼ **Grève de Lecq**. Dann nimmt man die B 64 nach Westen und

kommt in die weite und flache St. Ouen's Bay, Teil des Jersey National Park, die einen gänzlich anderen Charakter hat als die kleinen Buchten an der steilen und felsigen Nordküste. Man fährt hier an dem Dünengebiet **Les Mielles** vorbei und kommt über La Pulente schnell zum südwestlichsten Punkt von Jersey, vor dem das 8 ★ **Corbière Lighthouse** die gefährlichen Felsen markiert. In 9 ★ **St. Brelade** sollte man einen Stopp einlegen, über die Uferpromenade spazieren und sich die alten Wandmalereien in der **Fishermen's Chapel** anschauen.

Den Tag kann man gut in 10 **St. Aubin** in einem der Restaurants mit Blick auf den Hafen und die weite St. Aubin's Bay ausklingen lassen. Von hier aus sieht man auch hinüber nach St. Helier. Besonders schön am Abend, wenn die gesamte Strandpromenade, die sich von St. Aubin bis St. Helier erstreckt, beleuchtet ist.

RUNDFAHRT ÜBER GUERNSEY

Start und Ziel: St. Peter Port | **Dauer:** 1 Tag | **Länge:** ca. 42 km

Tour 2

Auf dieser Inselrundfahrt lernt man nicht die komplette Insel kennen, erhält aber einen guten Eindruck von der Verschiedenartigkeit der Küstenabschnitte. Einige Abstecher führen ins Inselinnere, z. B. zu einer Megalithanlage, einer mittelalterlichen Kapelle und einem Museum, das eine Ausstellung über die Zeit der deutschen Besatzung auf der Insel zeigt.

Startpunkt für diese Inselrundfahrt ist ❶★★ **St. Peter Port**. In der Stadt nimmt man die Uferstraße in Richtung Norden. Am besten findet man den Weg, wenn man sich so weit östlich wie möglich, also immer nah am Wasser hält – auch in **St. Sampson**, dem nördlich angrenzenden Ort. Dort fährt geht es bis zum Hafenbecken, an dem man nach links in Richtung Westen abbiegen muss. Man fährt quasi einmal um das Hafenbecken herum und biegt am Nordende wieder nach Osten ab. Dann verlässt man St. Sampson, fährt durch Industrie- und Hafenanlagen Richtung **Bordeaux Harbour**, einer schönen Bucht nördlich der Hauptstadt. Die nächsten Häuser gehören schon zu **Vale**, der nördlichsten Inselgemeinde. Jetzt aufpassen: In einer scharfen Linkskurve muss man in die Seitenstraße abbiegen, die geradeaus weiterführt, und kommt nach wenigen Metern – in unspektakulärer Umgebung und leicht zu übersehen – zum ❷★ **Le Déhus Dolmen**. Lediglich ein kleines Schild am rechten Fahrbahnrand weist den Weg.
Zurück auf der Hauptstraße fährt man weiter Richtung Nordwesten, folgt der Straße und muss achtgeben, dass man bei Les Fouaillages links abbiegt und nicht geradeaus in das flachdünige Gebiet weiterfährt. Schließlich erreicht man die Straße L'Islet und folgt für rund 12 km dieser Küstenstraße. Eine schöne Sandbucht reiht sich an die andere: Die schönsten sind die Portinfer Bay, Port Soif und die weite **Cobo Bay**. Überall kann man auf kleinen Parkplätzen halten und den Blick über die Strände genießen. Wem der Sinn nach Ländlichkeit im Inselinneren steht, macht einen Abstecher und biegt in der Cobo Bay auf die Straße nach Südosten ab. Nach kurzer Zeit kommt man zum ❸★ **Saumarez Park**, einem beliebten Familienausflugsziel. Hier gibt auch das nette **Folk Museum** einen Einblick ins ländliche Dasein früherer Jahrzehnte.

Zurück zur Küste

Aber zurück zur Küste: Auf der Hauptstraße fährt man an der weit geschwungenen Vazon Bay entlang und kann in der westlich benach-

barten Perelle Bay einen kurzen Kulturabstecher machen: Man biegt inseleinwärts ab Richtung St. Saviour und hält sich auf der kleinen Vorfahrtsstraße, die nach links abzweigt. Auf der linken Straßenseite steht die ❹ ★ **Chapel of St. Apolline** und mit etwas Glück findet man die kleine, noch vollkommen unverändert erhaltene mittelalterliche Kirche offen und kann sich die Fresken aus dem 14. Jh. ansehen. An der Küste entlang geht es weiter bis zu der Landzunge, die ❺ ★ **Lihou Island** vorgelagert ist. Von hier aus hat man einen schönen Blick zu dieser Insel. Bei Ebbe ist sie zu Fuß zu erreichen, was allerdings in jedem Fall den zeitlichen Rahmen der Tour sprengen würde.

Die weitere Rundtour führt in Richtung Süden an der Rocquaine Bay entlang – hier kann man sich im ❻ ★ **Fort Grey** das **Shipwreck Museum** ansehen. In der Portelet Bay, dem südwestlichen Teil der Rocquaine Bay, verlässt man die Küste und biegt nach Süden ab. Dieser relativ wenig befahrenen Straße folgt man in östlicher Richtung, bis man in Flughafennähe auf die größere Hauptstraße stößt. Man folgt ihr einen knappen Kilometer und biegt dann in einer Linkskurve nach rechts ab zum lohnenden 7 **German Occupation Museum**, das über die deutsche Besatzung von Guernsey informiert. Nach dem Museumsbesuch kann man der kleinen Straße Richtung Forest folgen, dort links abbiegen, immer geradeaus und schließlich etwas abwärts durch idyllische Landschaft Richtung Le Gouffre fahren. Am Ende der Straße gibt es eine Möglichkeit zum Einkehren. Alternativ fährt man nach dem Museumsbesuch auf die Hauptstraße, biegt nach wenigen Metern zur 8 ★ **Petit Bôt Bay** ab und folgt der Straße abwärts zu der kleinen Bucht, wo es ebenfalls ein kleines Café gibt. Auf der anderen Seite der Bay geht es dann wieder hinauf zur Hauptstraße und man kann weitere, ausgesprochen lohnende Abstecher zum **Icart Point** und zum **Jerbourg Point** machen. Dann nimmt man die Hauptstraße weiter nach St. Peter Port.

ALDERNEY MIT DEM RAD ENTDECKEN

Start und Ziel: St. Anne | **Dauer:** 1/2 Tag | **Länge:** ca. 11 km

Tour 3

Nachdem man ausgiebig durch den hübschen Inselort St. Anne gebummelt ist, kann man mit dem Fahrrad ein paar schöne Ecken auf der Insel erkunden.

Von 1 ★ **St. Anne** aus fährt man die Victoria Street Richtung Norden und folgt dann etwas weiter östlich der Route de Braye zum Hafen hinunter. Der Braye Harbour liegt in der westlichen Ausbuchtung der herrlichen 2 ★ **Braye Bay**, die im Nordwesten durch einen Wellenbrecher, den Breakwater, geschützt wird. Dann geht es auf der Hauptstraße in östlicher Richtung einmal an der Braye Bay entlang. Im Osten der Bucht sieht man Fort Albert aufragen.

Man biegt ab Richtung Fort Château à L'Etoc. Von dieser kleinen Straße zweigt ein Weg zur **Saye Bay** ab, an der ein Campingplatz liegt. Man fährt an der Saye Bay entlang, vorbei am Fort Château à L'Etoc und sieht dann die schöne **Corblets Bay**, die an ihrer Ostseite wiederum von einer Festung, dem Fort Corblets, bewacht wird. Von hier aus sind es noch ein paar hundert Meter bis zum 3 ★ **Lighthouse**, dem 32 m hohen Leuchtturm, der 1912 errichtet wurde, nachdem die SS Liverpool dort auf Grund gelaufen war. Beim 4 **Fort Quesnard** ist man fast am östlichsten Punkt von Alderney angekommen. Von hier sieht man bei guter Sicht das 15 km entfernte Cap de la Hague. Nun fährt man nach Westen und kommt nach etwa einem Kilometer zur 5 ★ **Longis Bay**, eine Bucht mit schönem Sand-

strand, an deren landeinwärtiger Seite zur Zeit der deutschen Besatzung im Zweiten Weltkrieg eine Panzerabwehrmauer gebaut wurde.

Am Ostende der Bucht gibt es einen Übergang, auf dem man bei Niedrigwasser zu Fuß zur Île de Raz gehen kann. Von dieser kleinen vorgelagerten Insel hat man einen tollen Blick auf die **Hanging Rocks** an der anderen Seite der Longis Bay. In der Bucht selbst sind noch Reste der Nunnery (»Nonnenkloster«) aus dem 18. Jh. erhalten. Vorbei am Golfplatz von Alderney geht es dann in westlicher Richtung wieder zurück nach St. Anne. Île de Raz

ZU FUSS AUF SARK

Start und Ziel: Maseline Harbour | **Dauer:** 1/2 Tag | **Länge:** 7–10 km

Auf dieser mit kulinarischen Stopps gewürzten Wandertour lernt man die wichtigsten Sehenswürdigkeiten von Sark und Little Sark kennen und auch einen der schönsten östlichen Küstenabschnitte. Tour 4

Vom 1 **Maseline Harbour** geht es bergauf zu dem auf dem Hochplateau gelegenen Dorf. Am besten nimmt man den kleinen »footpath«, der durch ein Wäldchen fast parallel zum breiten Hauptweg hinaufführt. Oben in 2 ★ **»The Village«** angekommen, kann man zuerst die Avenue entlangbummeln und dann den Weg nach rechts Richtung Kirche und 3 ★ **La Seigneurie** einschlagen. Sehr lohnend ist ein Besuch der schönen Gartenanlagen, die zur Seigneurie gehö-

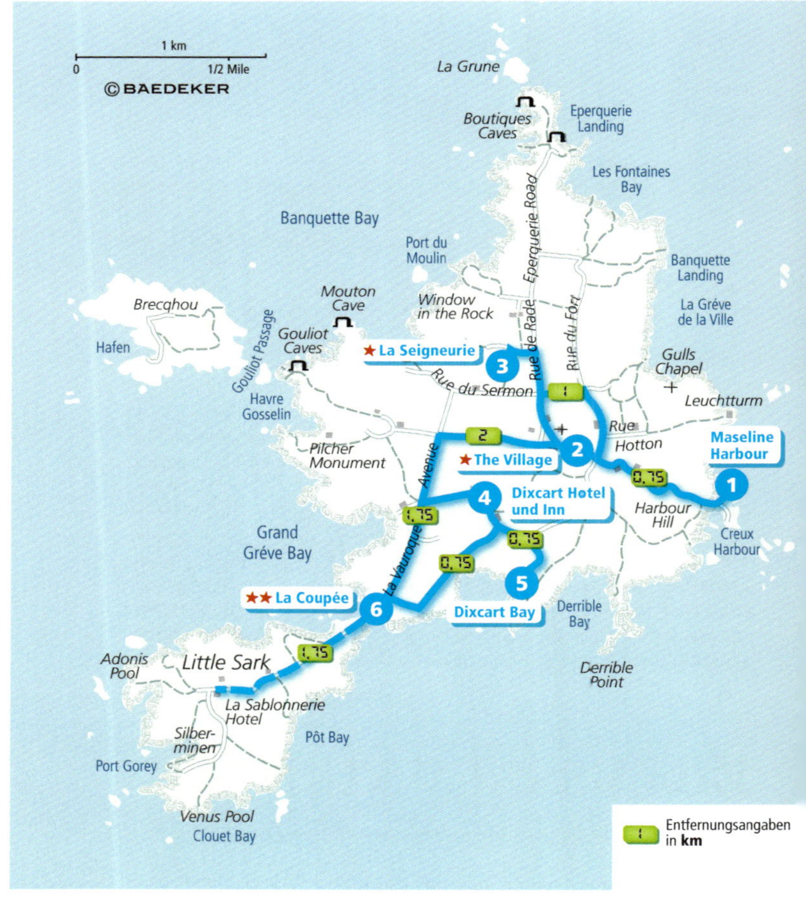

ren. Das Herrenhaus selbst ist bewohnt und kann bei Führungen besichtigt werden. Dann geht es zurück ins Dorf, wobei man zur Abwechslung auch den Parallelweg nehmen kann und dann an der Kreuzung landet, an der die Pferdewagen auf Gäste warten. Noch einmal geht es die Avenue entlang – diesmal bis zum Visitor Centre – und weiter den Hauptweg südwestlich aus dem Dorf hinaus.

Ein kleines Stück hinter dem Visitor Centre zweigt ein Weg mit dem Wegweiser Dixcart Hotel ab. Dieser Weg führt durch eine idyllische, baumbestandene Feld- und Wiesenlandschaft abwärts Richtung Dixcart Hotel und Stocks Hotel. 4 **Dixcart Hotel** ist das älteste Inselhotel, einst hat sogar Victor Hugo hier genächtigt. Als Reminiszenz an den berühmtesten Hotelgast wurde im Dixcart Hugo's Bar and Bistro eingerichtet. Man geht an dem romantischen Granithaus vorbei; an einem Gatter, das zu einer Pferdekoppel gehört, macht der Weg eine Rechtsbiegung – an dieser Stelle führt ein schmaler Weg links des Gatters in ein Wäldchen und in Windungen abwärts Richtung Dixcart Bay. Schon relativ weit unten folgt man einer Abzweigung nach links hinunter, und zum Schluss führen Stufen in die 5 **Dixcart Bay**. Dort kann man durch ein schmales Felstor in die Nachbarbucht sehen.

Dann geht es wieder hinauf, diesmal nimmt man an der Abzweigung den Weg nach links, der dann aufwärts führt und herrliche Blicke auf die Bucht freigibt. Der Weg verläuft am Klippenrand entlang, und schließlich zweigt – wiederum in Höhe der Pferdekoppel – der »cliffpath« Richtung La Coupée ab. Ein Hinweisschild steht an der Stelle, an der man einen Holztritt über eine Abzäunung nehmen muss. Der »cliffpath« führt hoch über dem Meer nach Südwesten. Schließlich trifft man auf den breiten Hauptweg und erreicht 6 ★★ **La Coupée**, den schmalen Überweg nach **Little Sark**. Je nach Zeit und Kondition kann man diesem Weg jenseits von La Coupée folgen und über Little Sark spazieren, wo es bei dem Hotel **La Sablonnerie** einen schönen Teagarden gibt, in dem man eine Pause einlegen kann. Andernfalls kehrt man bei La Coupée um und geht den Hauptweg zurück ins Dorf – zunächst in Richtung Norden, dann biegt man nach Osten ab, kommt an der Windmühle vorbei und beim Visitor Centre wieder ins Dorf.

HERM UMWANDERN

Start und Ziel: Dorf oder Hafen | **Dauer:** 2 Std. | **Länge:** 4 km

Die kleinste Kanalinsel hat man in knapp drei Stunden komplett umrundet. Diese Wanderung ist etwas kürzer, sie beginnt am Hafen und führt auf einem hochgelegenen Küstenweg um den Inselsüden. Unterwegs gibt es zwei schöne Buchten – bei sonnigem Wetter unbedingt Badezeug einpacken! Tour 5

Startpunkt ist 1 ★ **Herm Harbour** bzw. die Rosaire Steps etwas weiter südlich, wo die Boote bei Niedrigwasser anlegen. Vom Weg zwischen Dorf und den Rosaire Steps kommt man über etliche Stufen zum »cliffpath« hinauf auf die Steilküste. Die Wanderung führt zu-

nächst an der Küste entlang auf dem Klippenpfad nach Süden. Während man die kleine Nachbarinsel Jethou rechter Hand neben sich liegen sieht, ist man relativ schnell schon am südlichsten Punkt von Herm, dem ❷ **Point Sauzebourge**. Von hier aus hat man einen Blick auf Jethou und die Ostküste von Guernsey. Zur anderen Seite, also nach Südosten, erkennt man jetzt Sark, bei klarer Sicht auch Jersey.

Südküste

Weiter geht es an der Südküste entlang, von der Küste unten dringt das Geschrei der Möwen herauf. Über einen Stufenweg gewinnt man nochmal an Höhe, dann umzieht der Weg eine Bucht und führt etwas von der Küste weg ins Inselinnere. Hier zweigt auch ein Weg ab, auf

dem man direkt ins Dorf kommt. Der Klippenpfad verläuft weiter am Meer entlang durch weite Farn- und Brombeerfelder – mehr oder weniger direkt oberhalb des Küstenstreifens. Jenseits der Südostspitze sieht man den kleinen Campingplatz von Herm liegen. Dahinter senkt sich der Weg am nördlichen Rand der 3 **Puffin Bay**. Die Puffin Bay trägt ihren Namen nach den »puffins«, den Papageitauchern, die auf dem Vogelfelsen vor der Bucht brüten. In Richtung Norden erkennt man die Felsen Les Jacquets – bei Niedrigwasser liegen ganze Felsflächen frei. Als nächste Bucht sieht man die Belvoir Bay, weiter nördlich den hellen Streifen des Shell Beach.
An einem weiten Farnhang vorbei kommt man zur 4 ★ **Belvoir Bay**, die als schönste Bucht von Herm gilt. Der 5 ★ **Shell Beach,** ein paar Minuten weiter nördlich, ist der wohl berühmteste Strand der Kanalinseln, weil er nicht nur sehr schönen hellen Sand hat, sondern weil man hier hin und wieder ganz außergewöhnliche Muscheln findet. In der Belvoir Bay oder am Shell Beach kann man wunderbar in Strandcafés sitzen – oder im klaren Wasser baden. Anschließend nimmt man den Weg Richtung 6 **Manor**, Wohnsitz der Inselpächterfamilie. Hier kann man sich die St. Tugual's Chapel ansehen, die zum Manor gehört, und geht dann hinunter in das Mini-Dorf mit den kleinen Häusern und dem Hafen.

Z
ZIELE

Magisch, aufregend, einfach schön

Alle Reiseziele sind alphabetisch geordnet. Sie haben die Freiheit der Reiseplanung.

Corbiere Lighthouse markiert Jerseys gefährliche Südspitze. ►

JERSEY

Fläche: 116 km² | **Bevölkerungszahl:** 103 000

Wie sieht eine Trauminsel aus? Schön warm sollte sie sein, aber nicht zu heiß natürlich. Strände sollte sie haben und malerische Buchten, eine gute Küche selbstverständlich auch. Und obwohl sie annähernd perfekt wäre, sollte es keinen Massentourismus geben. Ach ja, wunderbar grün sollte sie sein und kulturell sollte sie etwas zu bieten haben – gerne ein paar Burgen, Herrenhäuser und Gärten. Ein Wunschtraum? Nein, Jersey. Herzlich willkommen!

Eine Sonneninsel im Kanal

Jersey zieht Besucher wegen seiner herrlichen Landschaft, des guten Klimas und des Pflanzenreichtums magisch an. Jersey-Urlauber kommen überwiegend aus Großbritannien, zunehmend aber auch vom europäischen Festland. Für das günstige Klima mit angenehmen Temperaturen und viel Sonnenschein sorgt die relativ geschützte Lage in der Bucht von St. Malo.

Jersey ist in weiten Teilen ländlich geprägt und etwas weniger zersiedelt als Guernsey. Fast überall findet man leicht gewellte, üppig grüne Regionen, Weideland, Ackerflächen und hin und wieder kleine Wäldchen. In der Inselmitte fällt das Land von Norden nach Süden leicht ab, mehrere kleine Wasserläufe fließen – teilweise zu Wasserreservoirs aufgestaut – in landschaftlich sehr reizvollen, bewaldeten Tälern zur St. Aubin's Bay hinunter. Westwinde wehen Sand aus der St. Ouen's Bay an die Küste und haben sich im Verlauf der Zeit auf dem flachen Küstengebiet vor dieser Anhöhe gesammelt. Dort entstand das größte Dünengebiet der Kanalinseln mit etwa 400 verschiedenen Pflanzenarten.

Paradiese zum Baden und Wandern

Strände und Klippen

Die längsten Strände findet man im Westen der Insel in der St. Ouen's Bay, im Osten in der Royal Bay de Grouville und im Süden in der St. Aubin's Bay. In diesen sanft abfallenden Buchten entstehen bei Ebbe weite Sandflächen. Der **romantischste Küstenabschnitt** der Insel liegt im Südwesten: felsige Steilküsten mit malerischen Sandbuchten.

Entlang der Nordküste führt von Rozel im Osten bis jenseits von Grosnez Castle im Westen der landschaftlich bezaubernde **Klippenweg** (»cliffpath«) – eine zerklüftete Felsküste mit eindrucksvollen Felsformationen und dicht wuchernden Farngewächsen. Zwischen den Steilküstenabschnitten gibt es ausgesprochen hübsche kleine Buchten, die meist nur bei Ebbe zum Baden geeignet sind, z. B. die Plémont Bay, Grève de Lecq, Bonne Nuit und Bouley Bay.

Die Verwaltung der Insel

Zum Bailiwick of Jersey gehören außer der Insel Jersey die Felseninseln Les Écrehous und Minquiers. Jersey selbst bildet ein 116 km² großes Rechteck, in Nordsüdausdehnung knapp 8 km, in Ostwestausdehnung durchschnittlich 12 km lang. Die höchste Erhebung der Insel misst 138 m. Jersey ist in **zwölf Gemeinden** (»parishes«) eingeteilt, die alle von jeher aus wirtschaftlichen und verteidigungspolitischen Gründen **Zugang zum Wasser** haben: St. Helier, Grouville, St. Brelade, St. Clement, St. John, St. Lawrence, St. Martin, St. Mary, St. Ouen, St. Peter, St. Saviour und Trinity. Die Einteilung stammt noch aus dem Jahr 933, schon damals waren die Gemeinden nicht nur kirchliche, sondern auch politische Einheiten. Von den gut 103 000 Einwohnern leben allein 35 800 in der Hauptstadt St. Helier, dem geschäftigen Zentrum der Insel. Weitere größere Ortschaften sind St. Aubin, Gorey und St. Brelade.

Das **Inselparlament** von Jersey, die States of Jersey, setzt sich aus den zwölf Vorstehern der Gemeinden (»Constables«) und 37 Abgeordneten (»Deputies«) zusammen. Diese 49 Mitglieder des Inselparlaments, die jeweils für vier Jahre gewählt werden, sind stimmberechtigt. Fünf nicht stimmberechtigte Mitglieder, darunter der Bailiff und der Lieutenant Governor of Jersey, werden von der Krone benannt. Die States tagen alle drei Wochen jeweils dienstags.

Das ist Jersey: farbenprächtige Pflanzenwelt und traumhafte Küste an der Portelet Bay.

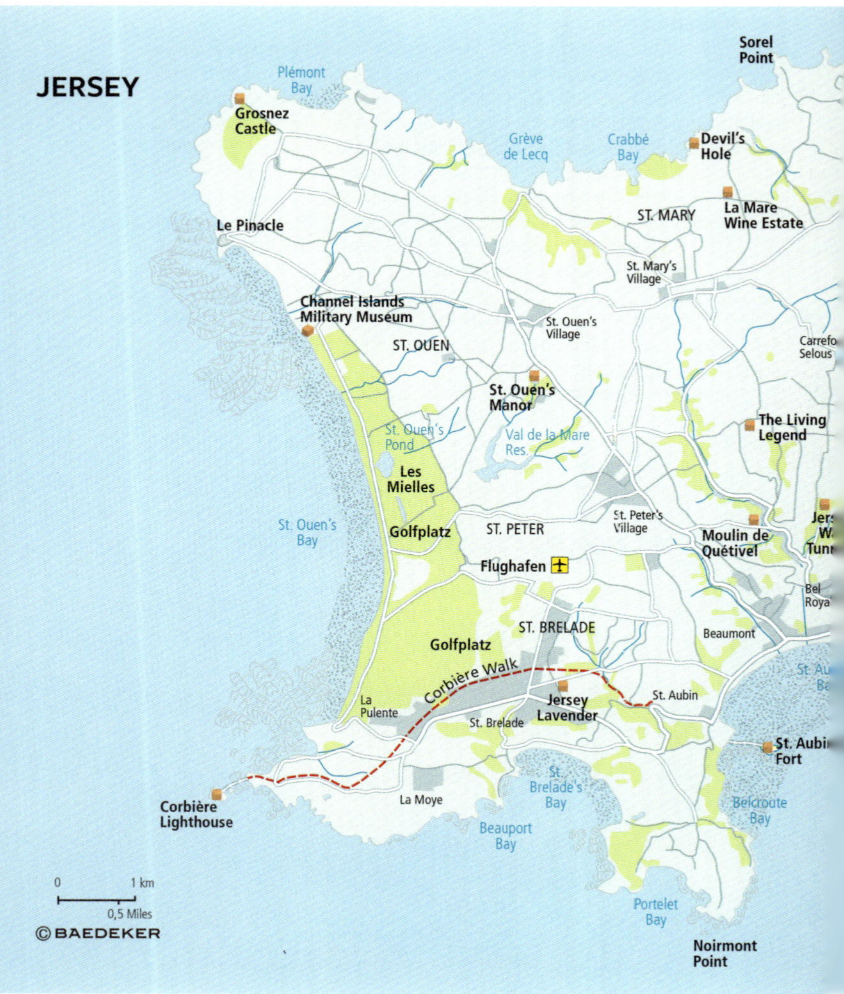

Die Insel der Kröten

Bewohner

»Toads« (Kröten) werden die Bewohner von Jersey genannt, oder auch französisch »crapauds«, weil es außer auf Jersey auf keiner der anderen Kanalinseln Kröten gibt. **Kröten** waren noch nicht bis zu den anderen Inseln vorgedrungen, als diese vor Jahrtausenden

vom Festland abgetrennt wurden. Die Jersianer leben in ihrem **kleinen Inselstaat**, in dem es an fast nichts fehlt, **relativ autark**. Es gibt ein Krankenhaus, Kirchen, Schulen. Zum Studieren muss man allerdings nach Großbritannien oder auf den Kontinent ziehen.

Eine Besonderheit, die sich noch aus normannischer Zeit erhalten hat, sind die unbezahlten und nicht uniformierten **ehrenamtlichen Polizisten**, die jeweils für drei Jahre gewählt werden und neben der offiziellen Polizei tätig sind.

Alte und neue Jersianer

Steueroase

Zur Jersey-Bevölkerung gehören auch die »**wealthy immigrants**«, die reichen bis schwerreichen Zuwanderer. Nur noch ca. 50 % der Einwohner sind gebürtige Jersianer. Anders als auf Guernsey, wo lediglich der extrem teure, sogenannte offene Immobilienmarkt für Einwanderer eine Schranke darstellt, müssen Immigranten auf Jersey ihr **Vermögen prüfen lassen**. In eine engere Auswahl kommen nur diejenigen, die der Insel jedes Jahr Steuereinnahmen im sechstelligen Bereich einbringen (► Baedeker Wissen S. 152). Eine Zeitlang wurden pro Jahr nur zehn Personen neu aufgenommen, bis man diese Begrenzung aufhob und sogar für den Wohnort Jersey warb. Um den Ruf der Insel nicht zu gefährden, führt man einen Check der Bewerber durch: Wer durch kriminelles oder asoziales Verhalten sein Vermögen erworben hat, muss draußen bleiben.

Wovon leben die Insulaner?

Wirtschaft

Die **Finanzwirtschaft** steht auf Jersey mit ca. 40 % Anteil am Bruttoinlandsprodukt an erster Stelle, 20 Banken und mehrere 10 000 Firmen, zumeist Briefkastenfirmen, sind auf der Insel eingetragen. Die Gewinnsteuern aus Offshore-Unternehmen machen einen Großteil des gesamten Steueraufkommens aus. Die Bedeutung des **Tourismus** und der Landwirtschaft ist in den letzten Jahrzehnten kontinuierlich zurückgegangen. So hat sich die Zahl der Betten von rund 30 000 in den 1950er-Jahren auf weniger als 8000 in 2023 verringert. Der Anteil der **Landwirtschaft** am BIP ist zwar fast zu vernachlässigen, der Ruf der Produkte ist aber ausgezeichnet. Auf einem Großteil der Anbauflächen wachsen Kartoffeln. Weit über die Inselgrenzen hinaus bekannt wurde die **Frühkartoffel Jersey Royal**, die im 19. Jh. von dem Farmer Hugh de La Haye erstmals angebaut wurde und bis heute nur auf Jersey gedeiht. Die teure Jersey Royal gilt geradezu als Delikatesse. Sie wird vorzugsweise an geschützten Hängen angebaut, und im Frühjahr sind die Felder meist zusätzlich mit wärmenden Plastikplanen abgedeckt. Auch heute noch werden sie per Hand geerntet und sortiert. Der Export gilt als schwierig, da die Kartoffel ihren besten Geschmack zwei Stunden nach der Ernte entfaltet.

Immer größere Bedeutung hat sich in den letzten Jahren der **Einzelhandel** erwirtschaftet. Dies liegt nicht zuletzt an der Zahl von rund 100 000 Tagestouristen, die jährlich von Frankreich nach Jersey kommen. Die niedrige Mehrwertsteuer und ein günstiger Pfundkurs machen das Einkaufen auf der Insel attraktiv.

Hier hat man den Bogen raus

Architektonische Besonderheiten

Typisches Merkmal für die alten **Farmgebäude** auf Jersey ist der Bogen des Eingangsportals, der **»Jersey Arch«**, der immer aus neun groben, verschieden großen Steinen besteht – an den Seiten jeweils drei senkrecht übereinandergesetzte und oben drei Mittelsteine, die den Bogen vollziehen. In dem als Bauernhofmuseum eingerichteten Hamptonne House kann man außerdem den ebenfalls für Jersey typischen **Doppelbogen** an der Einfahrt zum Farmgelände sehen: ein größerer Bogen diente als Durchfahrt für die landwirtschaftlichen Wagen und ein kleinerer daneben als Durchgang für Fußgänger.

Erst spät vom Kontinent getrennt

Geschichte

Die ältesten Spuren von Menschen fand man in der heute unzugänglichen Höhle La Cotte de St. Brelade: menschliche Zähne und Schädelfragmente sowie Knochen von Mammuten und Nashörnern, von denen sie sich ernährt haben müssen. Nach dem Ende der Eiszeiten wurde Jersey als letzte der Kanalinseln vor rund 10 000 Jahren vom Kontinent abgetrennt und zur Insel. Ca. 3500 v. Chr. entstanden erste Kulturdenkmäler wie das Megalithgrab **La Hougue Bie**. Damals lebten etwa 3000 Menschen auf Jersey. Zeugnisse von einem Kontakt mit den Römern, die die Insel Andium nannten, sind Münzen, auf die man u. a. auf der Île Agois im Norden und an dem Felsen Le Pinacle an der Nordwestküste stieß. Die Bezeichnung »Jersoi« kam im 11. Jh. in der normannischen Gesellschaft auf, der Name leitet sich möglicherweise von einem Normannenführer namens Geirr ab.

Die **Christianisierung** setzte auf Jersey mit dem Mönch **St. Helier** ein, der vom Bischof von Coutances (Normandie) geschickt worden war. Erste christliche Stätten entstanden im 6./7. Jh. auf der Felseninsel neben Elizabeth Castle und auf der Île Agois; im 13./14. Jh. muss es auf Les Écrehous und Minquiers bereits kleine Klöster gegeben haben. Nachdem die Kanalinseln als Teil des Herzogtums Normandie der englischen Krone unterstellt worden waren, zeichneten sich die Herren von Jersey stets durch hohe Loyalität dem Königshaus gegenüber aus. Die wichtigste Familie waren über mehrere Jahrhunderte die **de Carterets**. Sie stellten teilweise sogar Bailiff und Lieutenant-Governor in einer Person und hatten dadurch enorme Macht.

Während der deutschen Besatzungszeit waren zwischen 5000 und 6000 Zwangsarbeiter in 13 Arbeitslagern interniert. An die Besetzung der Insel durch die Deutschen erinnern bis heute **Bunker** und **unterirdische Tunnelanlagen**. Größtes unterirdisches Projekt war ein Tunnelsystem, das man heute besichtigen kann (▶ Jersey War Tunnels, S. 96). An der St. Ouen's Bay wurde ein Wall gegen die befürchtete Invasion gebaut – heute ein Segen, da er das Abtragen von Küstensand verhindert.

Nach dem Krieg gewannen neben dem schnell wachsenden **Tourismus** vor allem die ab 1962 geltenden günstigen Steuergesetze an Bedeutung, mit denen man Banken in das Steuerparadies holte.

PARADIES FÜR KRÖSUSSE

BAEDEKER WISSEN

Mehrwertsteuer war lange Zeit völlig unbekannt, und Erbschafts-, Kapitalertrags-, Quellen- oder Schenkungssteuer gibt es nicht. Schon im Jahr 1959 wurde die Einkommenssteuer auf maximal 20 % gesenkt. Kein Wunder also, dass es immer mehr Krösusse auf die paradiesischen Schatzinselchen zog. Die spezielle Finanzgesetzgebung hat die Kanalinseln zu einem Steuerparadies sondergleichen gemacht.

Seit den 1970er-Jahren ließen sich nach und nach Millionäre, Banken und Anlagegesellschaften aus der ganzen Welt auf den Inseln im Ärmelkanal nieder. Steuer- und Finanzexperten, Rechtsanwälte und Wirtschaftsprüfer folgten. Die Insel Jersey hat sich auf bestimmte **Anlagefonds** spezialisiert, auf Guernsey wiederum überwiegt die Verwaltung von **Stiftungsvermögen**, außerdem sind hier fast 300 **Versicherungsgesellschaften** aus aller Welt angesiedelt. Schon Ende 1996 klagte ein Berater des damaligen Finanzministers Theo Waigel, deutsches Kapital werde in einem Volumen von bis zu 40 Milliarden Pfund auf die Kanalinseln und die Isle of Man transferiert, um Steuerzahlungen in Deutschland auszuweichen. Die Regelung der Vergünstigungen auf den Inseln müsse abgeschafft werden, wurde die EU-Kommission bedrängt, dabei hatte die EU kaum Möglichkeiten einzugreifen. Durch den politischen Sonderstatus ist die **Steuergesetzgebung auf den Kanalinseln** nicht nur von Großbritannien, sondern war auch von der Europäischen Union **unabhängig**.

Diskretion Ehrensache

Allein das nach Jersey disponierte Geld wird auf mehrere Hundert Milliarden Pfund geschätzt. In den Banken der Insel wurden Ende des Jahres 2022 gut 148 Milliarden Pfund verwaltet. Auf der größten Kanalinsel gibt es zur Zeit 20 Banken aus verschiedenen Ländern. Die Kanalinseln sind im Unterschied zu anderen Finanzoasen so gut wie nie in der Skandalberichterstattung der Zeitungen aufgetaucht. In der Finanzwelt spricht einiges für den Archipel im Golf von St. Malo. Als großer Vorteil gilt die **politische Stabilität**. Und anders als beispielsweise auf Barbados ist die Bevölkerung größtenteils britischer Abstammung – und damit wirkt hier für Europäer nichts sonderlich exotisch oder befremdlich.

Das gute Image ist Teil des florierenden Offshore-Geschäfts. Angeboten werden **niedrige Steuersätze**, und daraus wird nirgends ein Geheimnis gemacht. Verständnisvolle Verwaltung und spezielles Know-how in Sachen Steuervermeidung gehören ins Angebotspaket. Alle arbeiten still und mit al-

Die relativ hohe Oldtimer-Dichte auf den Kanalinseln kommt nicht von ungefähr.

lerhöchster Kompetenz vor sich hin. Diskretion ist Ehrensache. Wirkliche Angst hat man vor Skandalen und Imageverlust. Die Vorstellung, Gelder aus Drogen- oder Betrugsgeschäften könnten auf ihren Inselchen gewaschen werden, erfüllt die Zuständigen mit blankem Entsetzen. Daher sucht eine für Geldwäsche zuständige Polizeieinheit bereits seit mehreren Jahren auf Jersey nach schwarzen Schafen. Aber natürlich fragt man sich doch, wie das denn alles mit rechten Dingen zugehen kann ...

Man sieht keine Bankhochhäuser und keine repräsentativen Versicherungspaläste, dafür aber viele blank geputzte Messingschilder einer Unzahl von Firmen, sogar auf dem Inselchen Sark. Hier steht man nun gänzlich vor Rätseln. Verdutzt vernimmt man, dass **auf Sark mehrere Zehntausend Firmendirektoren** registriert sind – Genaueres ist nicht bekannt – und dies, obwohl es nur rund 400 volljährige Insulaner gibt.

Viele Millionäre

Banken und Millionäre, die sich auf den Inseln niederlassen wollen, müssen bestimmte Bedingungen erfüllen. Banken müssen zu den weltweit größten und bekanntesten gehören, und auch Millionäre können nicht so einfach in die Steueroase ziehen. Als Eintrittsschein für Jersey ist ein Einkommen vorzuweisen, das der Insel jährliche Steuereinnahmen im sechsstelligen Bereich garantiert. Seit einiger Zeit wird geprüft, woher die Einnahmen kommen. Eine Zeitlang durften sich pro Jahr nur zehn neue Reiche auf Jersey niederlassen. Dadurch wollte man eine zunehmende Überfremdung verhindern. Doch dann wurde man sich der finanziellen Vorteile bewusst, die die Aufnahme von Geldgebern mit sich bringt – die Einschränkung wurde aufgehoben, und nun wird für die Insel als neuer Wohnsitz für gute Steuerzahler geworben.

GOREY

Einwohnerzahl: mehrere Hundert

Fast schutzsuchend schmiegen sich die Häuser des Ortes an die Mauern des Mount Orgueil Castle, Jerseys ältester Burg, die seit über 800 Jahren über den Hafen von Gorey wacht. Der alte Fischerort ist eine der schönsten Siedlungen der Insel und die Häuser am Hafen sind ein beliebtes Fotomotiv.

Hafenidylle mit Burg

Die bildhübsche Ortschaft ist die größte in dem nordöstlichsten Gemeindebezirk der Insel St. Martin, gehört jedoch teilweise auch zum Gemeindebezirk Grouville. Gorey ist ein alter Fischerort und hatte als geschützter Hafen immer schon militärische und wirtschaftliche Bedeutung. Südlich von Gorey liegen in der Royal Bay of Grouville **Austernbänke**, die dem Ort im 19. Jh. zu Reichtum verhalfen und noch heute bewirtschaftet werden.

Wer Gorey erkunden möchte, geht am besten vom südlichen Ortsrand über die hübsche Uferpromenade durch gepflegte Parkanlagen auf den Hafen und Mont Orgueil Castle bzw. Gorey Castle zu. Der eigentliche Ort liegt südlich der Burg abseits der Hafenpromenade.

Mont Orgueil Castle / Gorey Castle

März – Okt. tgl. 10 – 17.30, Nov./Dez. tgl. 10 – 16 Uhr
Eintritt Erw. 15,35 £, Kinder ab 6 Jahre 10 £

Eine majestätische Festung

Anfahrt

Mont Orgueil Castle oder auch Gorey Castle erhebt sich auf einer Anhöhe über dem Hafen von Gorey. Über **zwei Zugänge** erreicht man die Burganlage. Der weniger anstrengende führt von der Route de la Côte (B 29) auf halber Höhe über die Castle-Green-Ebene an einer Wiese und kleinen parkähnlichen Anlagen vorbei zum Burgeingang;

Mont Orgueil Castle bewacht den Hafen von Gorey.

JERSEYS ÄLTESTE BURG …

BAEDEKER WISSEN

… wurde um 1200 gebaut, um die Insel gegen Angriffe aus Frankreich zu schützen, und behielt diese Funktion 400 Jahre lang, bis Elizabeth Castle errichtet wurde. Seit ihrer Restaurierung zu Beginn des 21. Jhs. präsentiert sie sich in hervorragendem Zustand. Ein Rundgang macht mit dem mittelalterlichen Leben in der Burg vertraut. Kinder können Gorey Castle in einer geliehenen Ritterrüstung erkunden.

❶ **Outer Ward**
Äußerer Burghof

❷ **Tickets/Shop**
Kasse und Informationen

❸ **Lower Ward**
Unterer Burghof

❹ **Queen's Gate**
Auch De Carteret's Gate genannt. Erbaut im 17. Jahrhundert.

❺ **De Carteret Garden**
Kleines Gärtchen des 17. Jhs mit von Buchsbaumhecken gesäumten Beeten

❻ **Queen Elizabeth Gate**
Tor zum mittleren Burghof

❼ **Middle Ward**
Mittlerer Burghof

❽ **The Mount**
Der höchste Teil der Burg, auch »Keep« oder »Donjon« genannt, mit Wachtürmen, Kapelle, vierstöckigem Wohnbereich und Repräsentationsräumen.

❾ **Dach des Wohnbereichs**
Von hier konnte man ungestört die Bucht von Gorey beobachten und frühzeitig Angreifer ausmachen.

❿ **South East Watch Tower**
Der Südost-Turm wurde von den Deutschen aufgestockt und als Beobachtungsposten genutzt.

9
10
8
7
4
6
5
3
2
1

der zweite beginnt unten an der Nordostecke des Hafens, von hier aus gelangt man über eine Steintreppe zum Burgeingang.

Wider die Franzosen

Geschichte

Das Kastell ist die älteste erhaltene Burganlage der Insel. Gorey Castle wurde zu dem Zeitpunkt gebaut, als England das Herzogtum Normandie an Frankreich verloren hatte, die Kanalinseln als Teil des Herzogtums aber weiterhin den englischen König als Souverän anerkannten. Die Inseln gerieten durch ihre Zugehörigkeit zur englischen Krone einerseits und ihre geografische Nähe zu Frankreich andererseits in eine gefährliche Lage und mussten von nun an stets mit Angriffen der Franzosen rechnen. Aus diesem Grund wurde in strategisch günstiger Position an der Frankreich zugewandten Seite von Jersey umgehend eine Burg hochgezogen.
Im **Mittelalter** war Gorey Castle durch die Lage hoch oben auf dem Felsen eine ausgesprochen schwer einzunehmende Burg. Während der Rosenkriege fiel sie dennoch an Frankreich – Jean de Carbonnel erhielt die Burg als Gegenleistung für seine Dienste für das Haus Lancaster. Sieben Jahre lang war Gorey Castle fest in französischer Hand, und aus dieser Zeit stammt auch die Bezeichnung »Mont Orgueil Castle«, was ins Deutsche übersetzt »Berg des Stolzes« heißt. Über Jahrhunderte war die Burg Hauptsitz der strategischen Kräfte der Insel und **Sitz des Gouverneurs**. Mit der Einführung des Schießpulvers und der dadurch veränderten Militärtechnik war die Festung dann plötzlich veraltet, da die Mauern einem Kanonenbeschuss nicht standgehalten hätten. Elizabeth Castle vor St. Helier wurde gebaut und zum neuen strategischen Stützpunkt und Sitz des Gouverneurs.
Zunächst dachte man daran, Mont Orgueil Castle zu schleifen. Doch Sir Walter Raleigh, Gouverneur der Insel um 1600, setzte sich, obwohl er viel Gefallen an dem neuen Elizabeth Castle fand, dafür ein, auch Mont Orgueil Castle zu erhalten. Die Burg diente daraufhin im 17. Jh. als **Gefängnis**. Später wurde sie immer wieder militärisch genutzt. Bereits 1929 gründete man ein Burgmuseum. Während des Zweiten Weltkriegs wurde auch Mont Orgueil Castle von den Deutschen besetzt.

Burganlage

Bevor man durch die Mauern ins Innere der Burganlage kommt, passiert man Teile des **Outer Ward**, des äußeren Burghofs, der zum Teil in einen Garten umgewandelt wurde. Vom Eingang aus kommt man durch die neueren Anlagen des **Lower Ward**, des unteren Burghofs mit dem Queen's Gate (1648) und dem Queen Elizabeth Gate (1593) hinauf in den mittleren Burghof, den **Middle Ward** mit den ältesten Teilen der Burg. Schließlich erreicht man den höchsten Punkt, den **Mount** oder auch Keep bzw. Donjon, von dem aus sich ein fantastischer Blick bis zur französischen Küste bie-

GOREY ERLEBEN

SUMAS €€€€
Das kleine Restaurant verwöhnt seine Gäste mit moderner britischer Küche mit mediterraner Note. Vom Balkon Blick auf die Burg und die Bucht. Günstige Mittagsmenüs.
Gorey Hill
Tel. 85 32 91
www.sumasrestaurant.com

FEAST €€€
Schon die Lage – direkt unterhalb der Burg am Hafen mit Blick auf die Bucht – ist grandios. Und auch Fisch und Meeresfrüchte sind vorzüglich.
Gorey Pier
Tel. 61 11 18
www.feast.je

BASS AND LOBSTER €€€
Ausgezeichnetes Seafoodrestaurant, in dem auch das Preis-Leistungs-Verhältnis passt. Mo. Ruhetag.
Gorey Coast Rd., St. Martin
Tel. 85 95 90
www.bassandlobster.com

CHATEAU LA CHAIRE €€€€
Hochherrrschaftlich ist schon die Lage: am Rande eines verwunschenen Tals oberhalb der Rozel Bay. Entsprechend großzügig und luxuriös eingerichtet sind die Zimmer. Eine Adresse für besondere Anlässe: das Restaurant des Hauses.
Rozel Bay, St. Martin
Tel. 86 33 54
www.chateau-la-chaire.co.uk

THE MOORINGS HOTEL €€€
Gemütliches kleines Hotel mit hübschen Zimmern, teilweise mit Hafenblick.
Gorey Village
Tel. 85 36 33
www.themooringshotel.com

tet und auf die Insel nach Norden sowie über Gorey und den Hafen nach Süden in die Royal Bay of Grouville.

Rund um Gorey

Großes Projekt, kleines Ergebnis

Catherine's Breakwater

Als Cherbourg an der französischen Küste im 19. Jh. hochgerüstet wurde, reagierte man auf den Kanalinseln prompt mit Plänen, die Küsten und Häfen zu befestigen: Catherine's Breakwater ist auf Jersey der einzige Bau, der tatsächlich realisiert wurde. Geplant war die Mole als nördliche Begrenzung eines großen Hafens, der sich bis zu dem rotweißen Archirondel Tower, einem typischen Martello-Turm von 1794, hinunterzieht, also die gesamte Catherine's Bay umfassen sollte. Heute dient die lange Mole als kleine Spaziermeile. In einem ehemaligen deutschen Bunker ist eine Steinbuttzucht eingerichtet worden. Die Bucht selbst ist zum Baden nicht sonderlich gut geeignet, da sie sehr felsig ist.

Monument der Frühgeschichte

La Pouquelaye de Faldouët

An einer Green Lane westlich von Gorey liegt mitten in einem Feld der Faldouët-Dolmen, der zwischen 4000 und 3250 v. Chr. errichtet wurde und möglicherweise ein religiöses Zentrum für 300 bis 500 Menschen war. Bei der Freilegung stießen die Archäologen auf drei menschliche Skelette, Keramik und Steinbeile. Ungewöhnlich scheint die Anlage des Dolmens, der nur an der Westseite mit einem Deckstein versehen war, die übrigen Kammern sollen offen gewesen sein.

TEATIME

Zum Afternoon Tea gehören Scones, Marmelade, Clotted Cream und Gurkensandwiches. Ganz etwas Besonderes wird das am rechten Ort: im Hotel Chateau la Chaire bei Rozel mit seinem verwilderten Garten. Den hat in den 1840er-Jahren Samuel Curtis geschaffen, der Direktor der Kew Gardens in London. Und die Scones können sich wirklich sehen und schmecken lassen!

Vom Blitz getroffen

St. Martin's Parish Church

St. Martin's Parish Church im Inselinneren geht auf eine Gründung im 11. Jh. zurück. Nach mehrmaligen Umbauten entstand die heutige Kirche mit ihren wuchtigen Säulen im Innenraum. Wenig homogen erscheint der spitze Kirchturm, der aus dem 19. Jh. stammt – die Vorgängertürme sind mehrfach vom Blitz getroffen worden.

Ein Dorf aus Granit

Rozel Bay

Das ausgesprochen hübsche kleine Dörfchen Rozel im Nordosten der Insel besteht aus einigen alten Granithäusern, die von Gärten umgeben sind. In der malerischen Bucht gibt es einen kleinen Hafen und einen steinigen Strand. Lohnend ist ein Spaziergang durch das Dorf ins Inselinnere bzw. die Straße in Richtung Osten hinauf, an der ein paar Häuser in bester Küstenlage stehen.

GROUVILLE

Einwohnerzahl: 4900

Der Strand von Grouville begeisterte schon Queen Victoria so sehr, dass sie nach einem Besuch im Jahre 1859 den Küstenabschnitt in Royal Bay of Grouville umbenennen ließ, ihm sozusagen ein königliches Gütesiegel verlieh. Und das hat er sich wirklich verdient, finden nicht nur die Bewohner. Vor allem kommen die Besucher aber wegen La Hougue Bie, einem Meisterwerk der Megalithkultur.

Die Bucht, die die Hälfte der Ostküste Jerseys ausmacht, zieht sich in einem leichten Bogen als langer Sandstrand von Rocque Harbour im Süden bis Gorey im Norden. Er ist sicher, perfekt zum Baden und daher sehr beliebt und frequentiert. Im Süden der Royal Bay of Grouville wurde 1797 eine Austernbank entdeckt. Ab 1810 boomte die **Austernzucht**, und Austern waren im gesamten 19. Jh. ein absoluter Exportschlager. Verkauft wurde und wird in erster Linie nach Frankreich. Zu Beginn des 19. Jh.s wurde in der Royal Bay of Grouville eine Verteidigungsreihe mit **Martello-Türmen** errichtet, die wie Perlen auf der Schnur am Ufer aufgereiht und zudem durchnummeriert sind. Weiter südlich wurde der Seymour Tower auf einem vorgelagerten Felsen gebaut. Am südöstlichsten Punkt von Jersey, am Rocque Harbour, steht ein Martello-Turm direkt am Ufer. Mit Fort William und Fort Henry sind in der langen Bucht außerdem kleine Befestigungen erhalten.

Sicher ist, dass La Hougue Bie eine Grabstätte war. Für den Namen aber gibt es viele Erklärungen.

Jersey Tourism veranstaltet **»Moonwalks«,** Wattwanderungen, die bei extremem Niedrigwasser durch die bizarre Ostküstenlandschaft führen (► S. 260).

★★ La Hougue Bie

März – Okt. tgl. 10 – 17, Nov./Dez. tgl. 10 – 16 Uhr | Eintritt Erw. 11,35 £, Kinder ab 6 Jahre 7,40 £ | www.jerseyheritage.org

Ganggrab der Superlative

Name und Bedeutung

La Hougue Bie ist eine der größten und besterhaltenen megalithischen Grabanlagen Europas und vielleicht die **bedeutendste Sehenswürdigkeit der Kanalinseln**. Interessant auch, weil die gesamte Anlage im Verlauf der Zeiten ausgesprochen unterschiedlich genutzt wurde. Ein Einführungfilm über die Geschichte von La Hougue Bie wird auf Anfrage auch in deutscher Sprache gezeigt. Im Sommer wird häufig ein Kinderprogramm veranstaltet.
Der **Name** der Stätte gibt einige Rätsel auf. »Hougue«, das sich wahrscheinlich vom nordischen »Haugr« ableitet, bezeichnet im All-

gemeinen einen Erdhügel. »Bie« ist vermutlich ebenfalls skandinavischen Ursprungs und bedeutet »Haus« oder «Gehöft«. Auch die Legende des Drachentöters Lord of Hambye, der aus der Normandie auf die Inseln kam, einen Drachen erlegte, dann selbst von seinem Knecht getötet wurde und unter dem Grabhügel seine letzte Ruhe gefunden haben soll, muss zur Namenserklärung herhalten.

Ein kultischer Platz voller Geheimnisse

Geschichte

Das immense Ganggrab, das aus fast 70 Steinen zusammengesetzt ist, muss in der Zeit um 3500 v. Chr. angelegt worden sein. Es ist unter einem ca. 14 m hohen Erdhügel verborgen. Durch einen niedrigen Eingang und einen Gang von knapp 10 m Länge kommt man in eine raumartige Erweiterung mit einer Länge von 9 m und einer Breite von 3,6 m, die mehreren Menschen Platz bietet und vermutlich **Versammlungsort für Kultzwecke** war. Von der Hauptkammer zweigen mehrere Nebenkammern ab. 1924 nahm man Ausgrabungen vor, bei denen man auf Reste mehrerer menschlicher Skelette, Pfeilspitzen und Keramik aus jüngerer Zeit stieß. Letztere wird als Hinweis darauf angesehen, dass der Platz auch nach 3000 v. Chr. noch benutzt wurde, allerdings wahrscheinlich nicht mehr als religiöse Stätte. Man vermutet, dass die großen Ganggräber bereits in der Zeit um 3000 v. Chr. als Kultorte und Grabstätten aufgegeben wurden. Der Eingang ist nach Osten ausgerichtet, und zweimal im Jahr, am 21. März und am 23. September, scheint die aufgehende Sonne genau in den Gang.

Heiligtümer aus christlicher Zeit

Notre Dame de la Clarté/ Jerusalem Chapel

Oben auf dem Grabhügel wurden im Mittelalter **zwei kleine Kirchen** gebaut: im 12. Jh. die kleine Kapelle Notre Dame de la Clarté, an die man dann in der ersten Hälfte des 16. Jh.s die Jerusalem Chapel direkt anbaute. Die Kapellen sind heute von außen kaum als zwei verschiedene Bauten auszumachen. In der Jerusalem Chapel sind Wandmalereien aus der Entstehungszeit erhalten. Ende des 18. Jh.s wurde das Gelände mit den damals völlig heruntergekommenen christlichen Bauten von James d'Auvergne erworben, der ein Wohnhaus mit dem **Prince's Tower** errichtete. Um 1830 wurde an dieser Stelle dann das Prince's Tower Hotel gebaut, da der Ort wegen der damaligen Panoramasicht und seiner Bedeutung mittlerweile eine ungemeine touristische Attraktivität besaß. Turm und Hotel wurden 1924 abgetragen, als man begann, das Grab freizulegen.

Aufarbeitung der Geschichte

Museen

Die deutschen Besatzer haben auf dem Gelände von La Hougue Bie einen Bunker und einen Unterstand gebaut, in dem heute Dokumentationsräume als **Gedenkstätte für die Zwangsarbeiter auf den Inseln** eingerichtet sind.

MEGALITHKULTUREN

Ab ca. 4000 v. Chr., nach ihrer Abtrennung vom französischen Festland durch den Anstieg des Meeresspiegels, entstanden auch auf den Kanalinseln Steinsetzungen, -kreise und -reihungen. Auch andernorts – in und außerhalb Europas – bildeten sich während der Jungsteinzeit und der Bronzezeit Megalithkulturen aus. Man geht heute allerdings davon aus, dass sie sich unabhängig voneinander entwickelten.

Brownshill-Dolmen, Irland
größter Deckstein (100 t)
Breite: 4,7 m, Höhe: 6,1 m

Dolmen (Steintisch) große Steinblöcke, die oftmals als Grabstelle dienen.

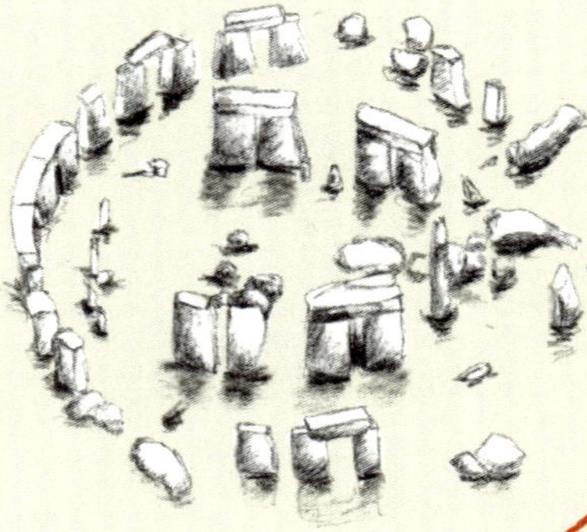

Stonehenge, England
115 m Ø

Steinkreise
Runde oder ovale Anordnung von Menhiren und Findlingen. Oft in Verbindung mit Grabstätten.

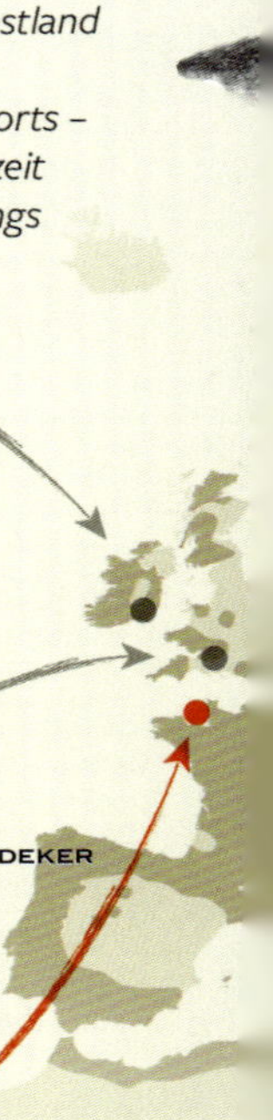

La Hougue Bie auf Jersey
Ganggrab unter einem 14 m hohen Erdhügel. Länge des Gangs 10 m, Grabkammer 9 x 3,6 m

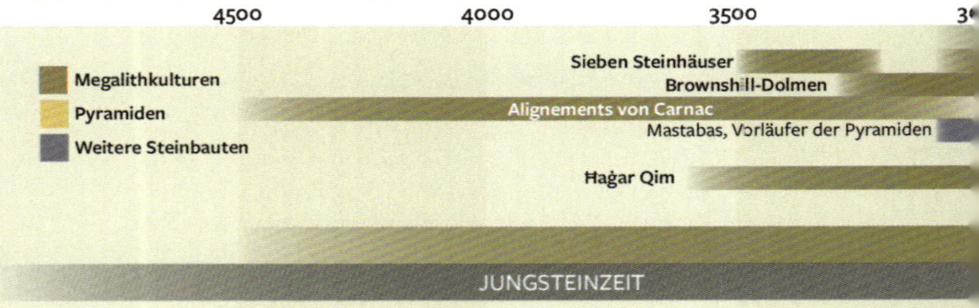

4500 | 4000 | 3500

- Megalithkulturen
- Pyramiden
- Weitere Steinbauten

Sieben Steinhäuser
Brownshill-Dolmen
Alignements von Carnac
Mastabas, Vorläufer der Pyramiden
Ħaġar Qim

JUNGSTEINZEIT

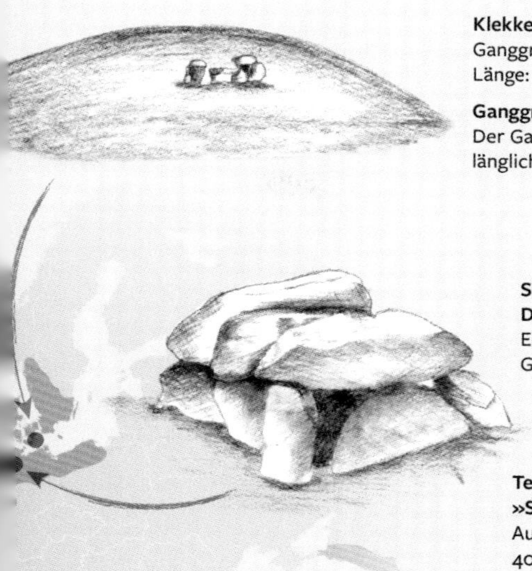

Klekkende Høj, Dänemark
Ganggrab mit Doppelkammer
Länge: ca. 7 m

Ganggrab
Der Gang führt zu einer meist länglichen Grabkammer.

Sieben Steinhäuser, Deutschland
Eine Gruppe von fünf Großsteingräbern, Anlage D

Tempelanlage von Ħaġar Qim »Steine des Gebets«, Malta
Auf Malta und Gozo sind rund 40 Tempelanlagen aus neolithischer Zeit erhalten. Ħaġar Qim ist eine der eindrucksvollsten.

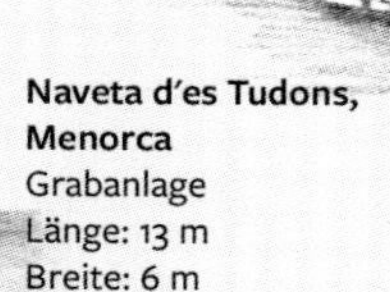

Naveta d'es Tudons, Menorca
Grabanlage
Länge: 13 m
Breite: 6 m
Höhe: 3 m

2500 2000 1500 1000

Stonehenge
La Hougue Bie
Naveta d'es Tudons
ndehøj
Naos, Vorläufer der griechischen Tempel
Zikkurat, stufenförmige Pyramiden, Mesopotamien
Pyramiden
ÄGYPTISCHES REICH
EGALITHKULTUR
EISENZEIT
BRONZEZEIT

GROUVILLE ERLEBEN

THE PEMBROKE €€
Das bei Einheimischen beliebte Pub und Restaurant liegt direkt am Golfplatz und serviert klassische Pubspeisen und vie frischen Fisch. Bei gutem Wetter sitzt man am besten auf der umfriedeten Terrasse.
La Grande Route des Sablons
Tel. 85 57 56.

Auf dem Gelände von La Hougue Bie wurde außerdem ein weiteres kleines und interessantes **Museum** eingerichtet, in dem viel über die ältere Geschichte von Jersey und über La Hougue Bie zu erfahren ist. Zudem gibt es noch eine Ausstellung zur Geologie und Mineralogie der Insel.

ST. AUBIN

Einwohnerzahl: mehrere Hundert

Manche Orte sind nur aus der Ferne schön, andere entfalten ihren Reiz erst bei genauem Hinsehen. Der kleine Fischerort St. Aubin ist aus jedem Blickwinkel eine Schönheit. Malerisch zieht er sich mit seinen Kopfsteinpflastergassen und hübschen Häusern die bewaldeten Hügel hinauf.

St. Aubin, das zur Gemeinde ▸ St. Brelade gehört, liegt am westlichen Ende der St. Aubin's Bay gegenüber von St. Helier. Vom Ort aus blickt man in die lang gezogene Bucht, die je nach Wasserstand fast völlig überflutet ist oder einen endlos breiten Strand aufweist, der flach abfällt. Abends ist der Ort hübsch beleuchtet, und in der Ferne glitzern die Lichter von St. Helier.
St. Aubin war schon früh ein kleiner **Hafenort**, im 18. Jh. war es der Haupthafen von Jersey. Der Ort profitierte von der **Freibeuterei**, und die Bewohner kamen schnell zu Reichtum. Kaufmannshäuser, Lagerhäuser und viele kleine Werften entstanden. Ab 1870 wurde St. Aubin durch eine Eisenbahn, die an der Bucht entlangfuhr, mit St. Helier verbunden. Im Jahr 1899 baute man eine weitere Strecke nach Corbière. Die heutige **Parish Hall** am Hafen war damals ein **Bahnhof**. Eine Reminiszenz an Eisenbahnzeiten sind heute die Minizüge für Touristen, mit denen man ebenfalls von St. Aubin nach St. Helier

ST. AUBIN ERLEBEN

THE BOAT HOUSE €€€
Modernes Gebäude mit großer Glasfront und Hafenblick. Schönes Ambiente, im Sommer auch auf der Terrasse. Köstlich schmeckt der Fisch und auch die Weinkarte kann sich sehen lassen.
North Quay, Tel. 74 42 26
www.randalls-jersey.co.uk

SALTY DOG BAR & BISTRO €€€
Eines der populärsten Restaurants der Inseln mit New-World-Cuisine. Man verwendet in der Küche ausschließlich »Genuine-Jersey«-Produkte.
Le Boulevard
Tel. 74 27 60
www.saltydogbistro.com

BRACEWELL'S €€
Preiswertes Lokal mit bunter Speisekarte.
La Rue du Crocquet
Tel. 74 70 14
www.bracewells.je

HOTEL CHRISTINA €€€
Herrliches Hotel oberhalb der St. Aubins's Bay mit wunderbarem Blick auf die Bucht. Zimmer mit Meerblick buchen!
St. Aubin's Bay
Tel. 75 80 24
www.cristinajersey.com

THE PANORAMA €€€
Angenehmes kleines Haus mit hübschem Garten oberhalb der Bucht. Sehr individuell gestaltete Zimmer, z.T. mit Meerblick.
La Rue du Crocquet
Tel. 74 24 29
www.panoramajersey.com

fahren kann. Bei Ebbe kann man sich heute noch sehr gut vorstellen, dass auf der immens großen, alle paar Stunden vom Meer freigegebenen Fläche kleinere Flugzeuge ohne großen Aufwand starten und landen konnten – in dieser Bucht begann in den 1920er-Jahren der **Flugverkehr** auf der Insel (▶ Abb. S. 232).
Alles in allem ist St. Aubin ein ausgesprochen angenehmer Touristenort mit vielen alteingesessenen Hotels, Pensionen und zahlreichen Restaurants und Bars. Der Hafen ist in erster Linie Sporthafen, an dem sich eine Promenade entlangzieht.

Wohin in St. Aubin?

Eine stolze Festung

St. Aubin's Fort

Um das Städtchen, das wie das gegenüberliegende St. Helier an Bedeutung gewonnen hatte, vor den ständig drohenden Angriffen vom Meer her zu schützen, wurde Mitte des 16. Jh.s – also etwa zeitgleich mit Elizabeth Castle – mit dem Bau einer Burganlage auf dem kleinen vorgelagerten Felsen begonnen.

Corbière Walk

Perfekt für Aktivurlauber
Auf der **einstigen Eisenbahntrasse**, die 1936 stillgelegt wurde, kann man heute bequem durch eine herrliche Landschaft wandern oder radfahren. Der Corbière Walk startet etwas oberhalb der Parish Hall, des einstigen Bahnhofs, und führt zunächst hügelan durch waldiges Gebiet. Er quert mehrfach Straßen, ist ansonsten aber sehr geruhsam. Der Weg führt quasi von einer Küste zur anderen und endet in der Nähe des Corbière-Leuchtturms.

Rund um St. Aubin

Noirmont Point

Südlich von St. Aubin führt die Route de Noirmont (B 57) über die weite Hochebene der Noirmont-Halbinsel zum Noirmont Point. Das Szenario bstimmen mehrere **deutsche Bunker** und Geschützstellungen, die man als eine Art Mahnmal stehen ließ – zur Erinnerung an die Männer und Frauen von Jersey, die während des Zweiten Welt-

Idyllisch geht es in St. Aubin zu.

kriegs zu Tode kamen. Etwas unterhalb vom Parkplatz liegt ein restaurierter Bunker, der zwei Stockwerke hinunter in den Felsen gebaut wurde.

Unregelmäßig geöffnet, Auskunft bei der Touristeninformation

Das Grab des Kapitäns

Südlich von St. Aubin führt die Route de Noirmont (B 57) über die weite Hochebene der Noirmont-Halbinsel zum Noirmont Point. Westlich unterhalb davon sieht man die ausgesprochen malerische Portelet Bay, die man von der Route de Noirmont über einen Abzweig nach Portelet erreicht.

Mitten in der Bucht liegt eine kleine Felseninsel, die **Île au Guerdain**, benannt nach dem Besitzer der Ländereien rund um die Bucht. Die Mini-Insel, auf der der Stumpf eines Martello-Turms steht, kann man bei Ebbe trockenen Fußes erreichen. Im 18. Jh. befand sich hier **Janvrin's Tomb**, das Grab des von der Insel Jersey stammenden Kapitäns Philippe Valpy, dit Janvrin. Auf dem Rückweg aus Frankreich erhielt der 44-jährige Kapitän im Hafen von St. Aubin keine Landeerlaubnis, weil in Frankreich die Pest ausgebrochen war. So musste er in der Portelet Bay vor Anker gehen und die Quarantänezeit absitzen. Bald danach starb Janvrin an einer fiebrigen Erkrankung. Da man davon ausging, dass er an der Pest erkrankt war, durfte seine Leiche nicht an Land beerdigt werden, sondern nur auf dem küstennahen Inselchen.

Westlich der Portelet Bay erstreckt sich an der Küste das **Portelet Common**, ein schönes kleines Wandergebiet, das von Heide und Ginster bewachsen ist. Besonders lohnt sich ein Ausflug in der Zeit von April bis Juni, wenn die Ginsterblüten das Gebiet in ein gelbes Farbenmeer verwandeln. Am Ende der Landzunge befinden sich die Überreste eines kleinen Gebäude, das ursprünglich als Verteidigungsmagazin und Batterie im Jahr 1795 errichtet wurde.

★ ST. BRELADE

Einwohnerzahl: 11 000

Gepflegte Strände und prächtige Hotels prägen die Gemeinde im Südwesten von Jersey, die von drei Seiten von Wasser umgeben ist. Dabei wechseln sich flache, weite Sandstrände mit malerischen kleinen Buchten ab. Ein echtes Paradies für Wasserratten also – zumal der St. Brelade's Beach zum drittschönsten Strand Großbritanniens gewählt wurde.

Baden mit Glamour

Die Gemeinde St. Brelade nimmt den gesamten Südwesten Jerseys inklusive der Halbinseln Corbière und Noirmont ein. An drei Seiten hat sie Küstenabschnitte: im Osten Teile der St. Aubin's Bay mit flachem, weitem Strand, im Süden felsige Steilküste und kleine, malerische Sandbuchten, im Westen felsenreiche, flache Küstenregionen und den Sandstrand der südlichen St. Ouen's Bay mit weiten Dünengebieten. Im Norden grenzt sie fast an das Flughafenareal. Die größten Orte der Gemeinde sind ▶ St. Aubin und St. Brelade.
St. Brelade erstreckt sich an der Nordseite der gleichnamigen Bucht. Die St. Brelade's Bay liegt geschützt quasi zwischen den Halbinseln Noirmont im Osten und Corbière im Westen. Der flach abfallende Sandstrand wird bei Ebbe so breit, dass man weite Wege bis zur Wasserkante hat. An heißen Sommertagen kann es am beliebten Strand natürlich voll werden. Die oftmals sehr belebte Uferpromenade wurde von den deutschen Besatzern eigentlich als Panzerabwehrmauer errichtet. Sie zieht sich an dem gepflegten kleinen Ort entlang und führt an mehreren Hotels und Pensionen sowie an einer kleinen Parkanlage vorbei, die an Mittelmeergärten erinnert.

Wohin in St. Brelade?

St. Brelade's Parish Church

Ein mittelalterliches Schatzkästchen

Im Westen des Ortes steht unmittelbar oberhalb des Strandes eine der hübschesten und schönstgelegenen Inselkirchen, die Parish Church von St. Brelade. Ihren Namen verdankt sie, wie auch der Ort, dem heiligen Brelade oder Branwalader, der Legende nach ein Königssohn aus Cornwall, der wohl im 6. Jh. gemeinsam mit St. Sampson mehrere christliche Kirchen gründete. Der Kirchenbau geht auf das 12. Jh. zurück, als eine erste kleine Kapelle an der Stelle, an der sich heute der Chor befindet, gebaut wurde. Bereits im frühen 13. Jh. wurde sie um ein zweites Schiff erweitert und dann in der Folgezeit mehrfach verlängert, sie erhielt neue Eingänge, ein größeres Nordschiff und neben dem Chorraum eine Kapelle, die **Chapel of the Holy Cross.**
Beachtenswert sind ein verwitterter Wasserspeier an der Westwand und die kleine Sonnenuhr über dem Südeingang. Der roh belassene, warme, **rötliche Granit** lässt den Innenraum archaisch wirken. Lediglich im Gewölbe der Vierung sind die Steine akkurat und passend geformt. An einigen Stellen erkennt man Schalen von Napfschnecken, die sich an den aus Strandnähe geholten Steinen festgesaugt hatten und von den Steinmetzen nicht entfernt wurden. Links vom Eingang steht ein achteckiger Taufstein, der im Zuge der Reformation entfernt worden war und 1845 zufällig in einem Waldstück wiederentdeckt wurde. Die Kirchenfenster stammen größtenteils von H.T. Bosdet, einem 1857 in St. Helier geborenen Künstler.

Eine schönere als die Kirche von St. Brelade wird man auf Jersey kaum finden.

Bibel für Analphabeten

Fishermen's Chapel

Direkt neben der Kirche steht die kleine Fishermen's Chapel, die vermutlich im 11./12. Jh. gebaut wurde. Der schlichte Raum birgt wunderbare **Fresken** aus dem 14. und 15. Jh.: im Chor an der Ostwand eine Verkündigungsszene, im Chorgewölbe rechts oben Adam und Eva, links oben den Einzug in Jerusalem, darunter Jesus am Kreuz, gegenüber an der Westwand die Auferstehung Christi, direkt über dem Eingang König Herodes und im Gewölbe oben nochmals eine Verkündigungsszene.

Keine Soldatengräber mehr

Friedhof

Der malerische Friedhof, der sich um die Kirche und die Fishermen's Chapel zieht, war während der deutschen Besatzung Soldatenfriedhof; bereits im Ersten Weltkrieg waren hier deutsche Soldaten begraben worden, die als Kriegsgefangene nach Jersey gekommen waren. Die Gräber der insgesamt 337 Soldaten wurden 1961 nach Mont de Huisnes nahe dem Mont St. Michel in der Normandie überführt.

Fluchtpfade zum Wasser

Perquages

Neben der Fishermen's Chapel kommt man zu einem kleinen Tor, von dem aus mehrere Steinstufen hinunter zum Strand führen. Dieses ist

ST. BRELADE ERLEBEN

LAVENDER FARM

Zur Lavendelfarm (► S. 74) gehört natürlich auch ein Shop mit Badezusätzen, Duftkissen, Seifen und mehr mit unwiderstehlichem Duft.
B 25
Mai–Sept. Di.–So. 10–17 Uhr
www.jerseylavender.co.uk

OYSTER BOX €€€

Schönes Lokal direkt am Strand, wo man natürlich am besten Frisches aus dem Meer isst.
La Route de la Baie
Tel. 85 08 88
www.oysterbox.co.uk

THE CRAB SHACK €€

Preiswertes Familienrestaurant am Strand.
La Route de la Baie
Tel. 85 08 55
https://jerseycrabshack.com

THE POPLARS TEA ROOM €

Wunderbare Cream Teas, aber auch Suppen, Salate und Sandwiches für den kleinen Hunger.
Le Moye
Tel. 74 21 84
www.thepoplarstearoom.com

ATLANTIC HOTEL €€€€

Elegantes, ruhiges Hotel oberhalb der St. Ouen's Bay mit weitem Blick über die Küste, Indoor- und Outdoor-Pool und großem Garten.
Le Mont de la Pulente
Tel. 74 41 01
www.theatlantichotel.com

THE GOLDEN SANDS HOTEL €€€

Modernisiertes Haus an der Strandpromenade. Fast alle Zimmer mit Blick auf die Bucht, teilweise mit kleinem Balkon.
La Route de la Baie
Tel. 74 12 41
www.goldensandsjersey.com

der letzte sogenannte »Perquage«, der auf der Insel erhalten geblieben ist. Die für Jersey charakteristischen Perquages waren **Fluchtwege**, die von den Kirchen aus zur Küste führten – jede Gemeinde hatte ja immer ihren eigenen Küstenzugang. **Zum Tode Verurteilte** konnten nach altem normannischen Recht **in Kirchen Schutz** suchen, da die weltliche Gerichtsbarkeit dort keine Gültigkeit hatte. Weil sie auch hier nur für begrenzte Zeit Brot und Wasser hatten, durften sie quasi legal die Inseln über die Fluchtpfade zum Wasser verlassen, wo ein Boot bereitstand. Ihre Überlebenschance hing vom Wetter, den Strömungsverhältnissen und der eigenen Kraft ab, meist standen nur kleine Boote zur Verfügung und keinerlei Lebensmittel. Mit der Reformation wurde diese Sitte abgeschafft. Der Perquage in St. Brelade war der kürzeste, nur ein paar Stufen führen von der Kirche bis ans Wasser. Wenn die Kirchen weiter im Inselinneren standen, konnte der Fluchtweg zum Wasser mitunter recht weit sein.

Rund um St. Brelade

Die Mühe lohnt vielleicht

Beauport Bay

Unmittelbar hinter dem Friedhof führen eine kleine, kurvenreiche Straße bzw. ein Wanderweg hinauf bis zu einem Parkplatz, von dem aus man einen schönen Blick auf die Bucht von Beauport und einen Teil der St. Brelade's Bay hat. Unten in der malerischen Beauport Bay gibt es einen traumhaften, einsamen Sandstrand, der allerdings recht schwierig zu erreichen ist.

Badebucht für Genießer

Ouaisne Bay

Die Ouaisne Bay schließt sich südöstlich an die St. Brelade's Bay an. Man erreicht sie über einen Abzweig von der Route de Noirmont (B 57). Die kurvenreiche schmale Straße endet an einem Parkplatz direkt am Strand. Das Fleckchen ist erheblich intimer als die betriebsame Bucht von St. Brelade, und unten gibt es auch noch einen urigen Pub.

Höhle der Neandertaler

La Cotte de St. Brelade

Südlich der Bucht liegt in den Felsen die unzugängliche Höhle La Cotte de St. Brelade, in der Archäologen 1881 den sensationellen Fund von Knochen von Mammuten und Nashörnern und von **Knochenresten und Zähnen von Neandertalern** machten. Letztere sind die ältesten Spuren menschlichen Lebens auf den Kanalinseln.

Im Wechsel von Ebbe und Flut

Corbière Lighthouse (► Abb. S. 44, 74)

Einer der eindrucksvollsten Punkte Jerseys ist die Südwestspitze mit dem Corbière-Leuchtturm. An dieser Stelle wird der **große Gezeitenunterschied** besonders deutlich – bei Ebbe zeigt sich ein komplett anderes Landschaftsbild als bei Flut. Während der Leuchtturmfelsen bei Hochwasser umspült wird, wird bei Niedrigwasser ein Weg über den Meeresboden freigegeben, auf dem man den 1873 gebauten Leuchtturm erreicht. Der Weg führt durch eine ausgedehnte Felsenlandschaft, die bei Flut weitgehend unsichtbar unter der Wasseroberfläche droht. Bei Niedrigwasser ist denn auch die lebenswichtige Funktion des Leuchtfeuers, das die gefährliche klippenreiche Südwestecke der Insel markiert, nur zu gut zu erkennen. 1995 verunglückte eine Fähre auf ihrer Fahrt von Jersey nach Sark in dem unberechenbaren Gewässer. Alle 307 Passagiere konnten gerettet werden. Der **bei Ebbe harmlos wirkende Überweg zum Leuchtturm** kann mit einsetzender Flut schnell zur Falle werden, und man sollte unbedingt die Zeiten von Hoch- und Niedrigwasser im Kopf haben. Bei dem Versuch, einen Besucher zu retten, der bei auflaufendem Wasser in Not geraten war, kam 1946 der Leuchtturmwärter Peter Edwin Larbalestier ums Leben. Mit einer Tafel am Überweg wird an das Unglück erinnert.

Bei Ebbe liegt der Weg zum Corbière Lighthouse frei. Vor Einsetzen der Flut unbedingt auf den Rückweg machen!

Verführerische Düfte

Lavendelfarm

Die Lavender Farm knüpft an alte Traditionen an. Zur Blütezeit ab Ende Mai verströmt das **Lavendelfeld** unwiderstehliche Düfte. Man kann natürlich nicht nur schnuppern, fotografieren und alles Wissenswerte über Anbau und Verarbeitung erfahren, sondern auch Lavendelprodukte einkaufen.

Mai bis Sept. Di. – So. 10–17 Uhr | Eintritt 3,95–6,65 £
www.jerseylavender.co.uk

La Sergenté

Nordöstlich vom Corbière-Leuchtturm liegen die Häuser von **La Pulente**. Etwas südwestlich davon ist oberhalb der kleinen Bucht Petit Port **das älteste Ganggrab der Insel**, La Sergenté, gefunden worden. Das heute recht unspektakuläre Grab wurde in der Zeit um 3600 v. Chr. gebaut.

ST. CLEMENT

Einwohnerzahl: 9200

Die kleinste Gemeinde der Insel ist gleichzeitig die Heimat des stattlichsten Herrenhauses, so gleicht sich alles wieder aus. Vor allem die Gärten von Samarès Manor, dessen Wurzeln bis tief in die normannische Zeit zurückreichen, ziehen viele Besucher an.

Ungewöhnlich ist der gesamte Küstenstreifen, der sein wahres Gesicht bei Ebbe zeigt, wenn aus dem flach abfallenden Meeresboden unzählige Felsspitzen ragen, die bei Flut allesamt von Wasser bedeckt sind. Für Badende und Spaziergänger ist dieser Bereich besonders gefährlich, weil man innerhalb kürzester Zeit von Wasser umschlossen werden kann.

Wohin in St. Clement?

Spaziergang hinaus

Green Island

An einer leichten südlichen Ausbuchtung ist die kleine Insel Green Island dem Strand vorgelagert. Sie ist bei Ebbe zu Fuß zu erreichen – auch hier sollte man genau wissen, wann das auflaufende Wasser einsetzt. Auf der Insel wurden mehrere frühgeschichtliche Gräber gefunden, die 1911 eine Sturmflut freigespült hatte.

Georg und der Drache

St. Clement's Parish Church

Der dreischiffigen St. Clement's Parish Church sollte man allein wegen ihrer Fresken einen Besuch abstatten, auch wenn sie nicht mehr sonderlich gut erhalten sind. Die Malereien stammen aus dem 15. Jh. und zeigen u. a. Michael im Kampf gegen den satanischen Drachen. Die Kirche vermittelt einen einheitlichen Eindruck, was wohl daran liegt, dass sie nicht wie die anderen Inselkirchen aus einer kleinen Kapelle entstanden ist, die nach und nach vergrößert wurde, sondern auf einen normannischen Kirchenbau aus dem 15. Jh. zurückgeht, der bereits die Maße des heutigen Kirchenschiffs hatte.

★ Samarès Manor

April – Okt. tgl. 9.30 – 17 | Eintritt Erw. 9,75 £, Kinder frei | Führungen durch Manor House Mo. – Fr. 11.30, 14.30 (Erw. 3,95 £, Kinder frei)
www.samaresmanor.com

Ein Landsitz mit Geschichte und Gegenwart

Herrenhaus

Hauptattraktion der Gemeinde St. Clement ist Samarès Manor, der neben St. Ouen's Manor einst wichtigste Herrensitz der Insel. Seine

ST. CLEMENT ERLEBEN

GREEN ISLAND RESTAURANT €€€

Fisch und Fleischgerichte bei schönem Blick aufs Meer. Auch preiswerte Menüs.
Green Island.
Tel. 85 77 87
www.greenisland.je

COCORICO CAFÉ €

Im Garten des Herrenhauses kann man auf der Terrasse (während der Öffnungszeiten) Crêpes, Galettes, Quiches u.a. genießen.
Samarès Manor
Tel. 72 19 83

SAMARÈS MANOR €€€€

In den Nebengebäuden des Herrenhauses werden von April bis Oktober ansprechende Ferienapartments und Cottages vermietet. Kinder sind willkommen, und der Zutritt zu den Gärten ist inklusive.
La Grande Route de St. Clement
www.samaresmanor.com

Ursprünge reichen in normannische Zeit zurück. Zu besichtigen sind die wunderschönen Gärten, die landwirtschaftlichen Nebengebäude mit einem kleinen Museum und zweimal täglich im Rahmen von Führungen das Herrenhaus selbst. Dabei werden nur ausgewählte Räume gezeigt, da das Haus teilweise nach wie vor bewohnt wird.
Samarès Manor hat in seiner Geschichte einige bauliche Änderungen erfahren. So steht am Zufahrtsweg der inselälteste **Taubenturm** aus normannischer Zeit (11. Jh.), während das Herrenhaus in englischer Eleganz des 19. Jh.s erstrahlt. Die Familie Samarès, die auch auf Guernsey bekannt ist – dort unter Sausmarez und Saumarez –, ist hier erstmals 1186 dokumentiert. Der **Familienname** leitet sich vom normannischen »salse marais« ab, was »salziger Sumpf« bedeutet und einen Hinweis auf die damalige Bodenbeschaffenheit gibt. Später lebte die Familie Dumarescq hier, und im 20. Jh. kaufte der Reeder James Knott den Herrensitz. Knott heiratete mit 76 die 50 Jahre jüngere Elizabeth Gauntlet, die nach seinem Tod Alleinerbin war, drei große Reisen durch Afrika unternahm, ein zweites Mal heiratete und als Elizabeth Obbard hier wohnen blieb. Ihr Sohn, Vincent Obbard, ist der jetzige Seigneur von Samarès Manor. Bei der **Besichtigung** sieht man Porträts der Familie, Mobiliar, das James Knott anfertigen ließ, Schiffsmodelle, Mitbringsel von Elizabeth Obbards Afrikareisen. Neben dem Haus ist eine mittelalterliche Krypta erhalten.
Zu den **landwirtschaftlichen Nebengebäuden** gehören die Pferdeställe und Handwerksstätten. In einem kleinen **Museum** sind altes landwirtschaftliches Gerät, eine Cider-Presse und Kutschen zu bewundern, die früher auf Jersey fuhren.

Exotische Schönheiten

Gärten

Ein Traum für sich sind die unter James Knott angelegten **Gärten**. Man sieht hier zahlreiche exotische Pflanzen, darunter verschiedene Kamelienarten, einen japanischen Garten und eine dekorative Pagode. Direkt am Herrenhaus spaziert man durch den in Fachkreisen hoch gelobten Kräutergarten (▶ Das sind die Kanalinseln, S. 24).

★★ ST. HELIER

Einwohnerzahl: 35 800

Vor den hübschen Pubs am Royal Square kann man in der Sonne sitzen und urbanes Leben genießen, das trotz hauptstädtischer Geschäftigkeit entspannt und ohne Hektik daherkommt. Und dennoch ist St. Helier – Geschäfts- und Einkaufszentrum, Verkehrsknotenpunkt und kultureller Mittelpunkt der Insel – eine echte kleine Hauptstadt.

Die Hafenstadt, die auch Hauptort der gleichnamigen, flächenmäßig relativ kleinen Gemeinde ist, liegt im Süden der Insel an der Ostseite der lang gezogenen St. Aubin's Bay. St. Helier ist **Verkehrsknotenpunkt** – mit einem entsprechend hohen Verkehrsaufkommen – und uneingeschränktes **Geschäftszentrum**. Es bestehen gute Einkaufsmöglichkeiten, in der Fußgängerzone findet man ein Geschäft neben dem anderen, darunter Filialen der bekannten englischen Handelsketten. Wer städtischen Trubel, kulturelle Veranstaltungen und abendliche Unterhaltungsmöglichkeiten aller Art sucht, kommt in der Inselhauptstadt auf seine Kosten.

In punkto Schönheit kann St. Helier nicht mit ▶ St. Peter Port, der Inselhauptstadt von Guernsey, mithalten. Vor allem die »Waterfront«, die Schauseite der Stadt zum Wasser hin, ist bei der kleinen Konkurrentin um einiges attraktiver. Doch hat Jerseys Hauptstadt ein nettes, fast großstädtisch anmutendes Zentrum mit einer lebendigen Fußgängerzone, ansprechenden Plätzen und hübschen Häuserfassaden.

Ein Märtyrer als Stadtgründer

Stadtgeschichte

Ihren Namen verdankt die Stadt dem Mönch St. Helier, der der Legende nach im 6. Jh. von Marculf, dem damaligen Bischof von Coutances, nach Jersey geschickt wurde, um die **Insel zu missionieren**. St. Helier soll sich **in einer Höhle** auf dem heute als Hermitage Rock bezeichneten Felsen nahe Elizabeth Castle niedergelassen und gepredigt haben. Angeblich hat er exzessiv gefastet, bis er sich kaum noch

auf den Beinen halten konnte. Um das Jahr 555 wurde er von heidnischen sächsischen Piraten wohl wegen seiner eindringlichen Missionstätigkeit ermordet, man schlug ihm mit einem Beil den Kopf ab. In anderen Quellen heißt es, dass aus Nordafrika kommende Vandalen ihn umgebracht hätten, wiederum andere behaupten, seine Mörder seien Friesen gewesen. Am Tag nach seinem Tod soll seine Leiche einige hundert Meter von der Höhle entfernt gefunden worden sein, den abgeschlagenen Kopf von seinen Händen umschlossen. Der Körper wurde in ein Boot gelegt, das durch die Strömung nach Holland getrieben wurde. Auf dem Inselfelsen, auf dem St. Helier gelebt hatte, soll Marculf noch im selben Jahr ein **kleines Kloster** gebaut haben, das im 9. Jh. bei einem Überfall auf die Insel zerstört wurde. Nach der Geschichte des Namenspatrons zeigt das Wappen von St. Helier zwei Beile in Kreuzform.
Als Ersatz des zu Ehren von St. Helier errichteten und im 9. Jh. zerstörten Klosters ließ der normannische Lord William Fitz-Hamon 1155 auf dem größeren Nachbarfelsen eine **Augustinerabtei** bauen – heute steht hier das Elizabeth Castle. An der Küste nahe der felsigen Klosterinsel war bereits zuvor eine 1066 erstmals erwähnte Kirche errichtet worden. Hier entstand ein Marktort, der die Augustinermönche gut versorgte. Da es lediglich weiter östlich jenseits des relativ hohen Felsens Mont de Ville einen Hafen gab und am Marktort selbst nicht, entwickelte sich St. Helier nur zögerlich. Erst Mitte des 18. Jh.s begann man, einen Hafen direkt bei St. Helier zu bauen. Der **Haupthafen** entstand zwischen 1788 und 1820, der **Victoria Pier** 1846, kurze Zeit später der **Albert Pier**. Die Bewohner von St. Helier konnten nun in Fischerei und Seehandel einsteigen, zur Zeit der Wirtschaftsblockade blühte die Schmuggelei. Reich gewordene Insulaner bauten sich ihre Wohnpaläste in St. Helier, und das Städtchen begann zu wachsen. Erst in den 1960er-Jahren entstand ein neuer Hafen, 1998 wurde die Elizabeth Marina eröffnet, anschließend entstand der Waterfront-Komplex.

Leinwandkünstler aus Jersey

John Le Capelain und John Everett Millais

Zwei auf Jersey geborene Maler sind über die Inselgrenzen hinaus bekannt geworden, John le Capelain (1814 – 1848) und John Everett Millais (1829 – 1896). John Le Capelain wird als **»zweiter Turner«** bezeichnet. William Turner hielt sich auf den Kanalinseln auf, als Le Capelain 15 Jahre alt war, und dürfte tatsächlich das große Vorbild gewesen sein: Le Capelain wählte dieselben Techniken wie Turner und malte ähnlich lichtdurchflutete und dunstig-gebrochene Landschaften. John Everett Millais (► Interessante Menschen, S. 244) verbrachte nur die ersten sieben Lebensjahre auf Jersey. Er war im Jahr 1848 Mitbegründer der Künstlervereinigung **»Pre-Raphaelite Brotherhood«**, die das Schaffen der Maler vor Raffael als vorbildlich ansah. In die Inselgeschichte ging Millais durch sein Porträt der »Jersey-Lily« ein.

OBEN: Vielleicht nicht die Oxford Street in London, aber die King Street in St. Helier gibt trotzdem genügend her für einen aufregenden Einkaufsbummel …
UNTEN … den man im Pub ausklingen lässt.

ST. HELIER ERLEBEN

JERSEY TOURISM
Esplanade, Liberation Bus Station
ST. Helier, Jersey JE2 3AS
Tel. 85 90 00, www.jersey.com

After-Work-, Abend- und Nachtleben findet man auf Jersey vor allem in der Hauptstadt St. Helier. Beliebt ist The Waterfront im Hafen, wo es mehrere Bars und Pubs gibt. Das **»Chambers«** in der Mulcaster Street ist eine gern aufgesuchte Adresse. Später am Abend geht man ins **»Ce Soir«** (Caledonia Place), in **»Roberto's Jazz Bar«** im Savoy Hotel, wo es samstags und sonntags Live-Jazz gibt, oder ins **»The Drift«** im Royal Yacht Hotel, Weighbridge.

❶ BOHEMIA €€€€
Das Bohemia ist das einzige Sterne-restaurant auf Jersey. Ausgesuchte Weine und bester Service. Dennoch entspannte Atmosphäre. Auch der Barbereich ist nett.
La Route de la Baie
Tel. 85 08 88
www.bohemiajersey.com

❷ QUAYSIDE SEAFOOD RESTAURANT €€€€
Größtes Restaurant für Fisch- und Meeresfrüchte auf Jersey
Liberty Wharf
Tel. 87 70 04
www.quaysidejersey.co.uk

❸ SOY SEAFOOD & SUSHI BAR €€€
Tolle Fischgerichte unweit der Fischhalle. So. Ruhetag
Bath Street
Tel. 72 00 52
www.soyjersey.com

❹ ROSEVILLE BISTRO €€–€€€
Im lebhaften, sympathischen Lokal in Strandnähe kommen viel Fisch und Meeresfrüchte auf den Teller, aber auch ein paar vegetarische Gerichte gehören zum Angebot.
Roseville Street 86
Tel. 87 42 59
www.rosevillebistro.com

❺ COCK AND BOTTLE €€
Traditionelles Pub am Royale Square mit traditionellen Gerichten wie Ploughman's Lunch, Fish'n' Chips oder Pies. Dazu wird die ganze Palette der Liberation Brewery geboten.
Royal Square
Tel. 72 21 84
www.liberationgroup.com

❶ HOTEL DE FRANCE €€€€
Das Traditionshotel liegt fußläufig zum Zentrum. Bei den Zimmern wählt man zwischen traditionell oder modern. Spa und Parkplätze sind weitere Pluspunkte.
St. Saviour's Rd.
Tel. 61 40 00
www.defrance.co.uk

❷ 8 BERESFORD STREET €€€/€€€€
Schön eingerichtetes Boutique-Hotel mit vier Zimmern in einem ehemaligen viktorianischen Gentlemen's Club.
8 Beresford Street
Tel. 85 08 90
www.8beresfordstreet.com

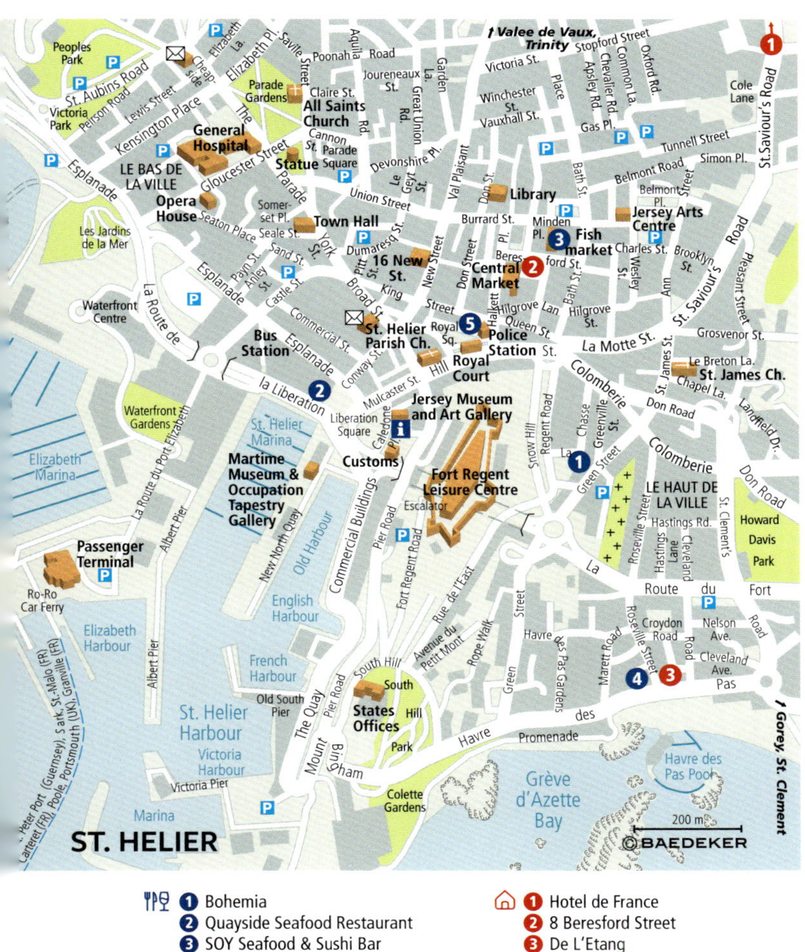

1 Bohemia
2 Quayside Seafood Restaurant
3 SOY Seafood & Sushi Bar
4 Roseville Bistro
5 Cock and Bottle

1 Hotel de France
2 8 Beresford Street
3 De L'Etang

3 DE L'ETANG €€
Kleine, familiengeführte Pension direkt an der Promenade

33 Havre de Pas
Tel. 72 19 96
www.deletang.je

Wohin im ★★ Stadtzentrum?

Das Herz der Stadt

Rund um den Liberation Square

Ein Stadtrundgang lässt sich gut am lebhaften **Liberation Square** beginnen. Den Besuch des Maritime Museums südlich davon und des Jersey Museums im alten Lagerhaus östlich vom Platz sollte man sich für einen späteren Zeitpunkt aufheben. Auf dem **Liberation Square** – benannt nach der Befreiung durch Truppen der British Army und der Royal Navy von der deutschen Besatzung – wurde aus Anlass des 50. Jahrestags der Befreiung am 9. Mai 1995 eine **Figurengruppe** von Philip Jackson aufgestellt. Sie besteht aus sieben Personen, die die britische Fahne hochhalten. Am ehemaligen Bahnhof startet heute die **Mini-Bahn nach St. Aubin**.
Nördlich der Broad Street kommt man in die **King Street**, die zu einer hübschen Fußgängerstraße ausgebaut wurde, und geht weiter über den Halkett Place zum sehenswerten **Central Market**.

Ein viktorianisches Meisterwerk

Central Market

Die 1881 erbaute viktorianische Halle bietet fast 50 Verkaufsständen Platz. Blumen, Obst, Gemüse, Fleisch, Geflügel und jede Art von Lebensmitteln und Feinkost werden verkauft, außerdem gibt es mehrere Stände, von denen man Blumengrüße in alle Welt verschicken kann. Bei dem verlockenden Angebot an frischer Ware sollte man

Was ist eigentlich schöner im Central Market?
Die Läden? Das Angebot? Die Architektur?

einen Blick auf die **Eisenkonstruktion des Dachs** nicht versäumen. Zierliche Säulen mit kleinen korinthischen Kapitellen tragen filigran verzierte, rot gestrichene Eisenträger. Auch das Jersey-Wappen mit drei goldenen Löwen und einer Krone wurde beim Dekorieren nicht vergessen. Auf dem zentralen Platz unter der Glaskuppel plätschert ein Brunnen.

Mo. – Sa. 7.30 – 17.30, Do. bis 14.30 Uhr

Elegantes Wohnen

16 New Street

Das in den 1730er-Jahren als herrschaftliches Wohnhaus errichtete Gebäude musste in den letzten 290 Jahren einiges über sich ergehen lassen. Ursprünglich im georgianischen Stil errichtet, wurde es Anfang des 19. Jh. umfangreich modernisiert, denn plötzlich galt der Regency-Stil als das modische Non plus ultra. Vom Wohnhaus wurde es zum Gentleman's Club, danach zum YMCA und in den 1960ern richtete das Kaufhaus de Gruchy's dort eine Werkstatt für Vorhänge und Rollos ein. Es folgten Jahrzehnte der Vernachlässigung, bis es schließlich in die Hände des National Trust Jersey kam, der es dank einer großzügigen Privatspende restaurieren konnte. Heute erstrahlt das Gebäude wieder im alten Glanz. Eingerichtet im Originalstil, ist es ein wunderbares Beispiel für die elegante Architektur und Ausstattung des frühen 18. Jh.s und veranschaulicht sehr schön die Lebensweise der gehobenen Mittelschicht auf Jersey zu jener Zeit.

Mi. – Fr. 10. – 16. Uhr | Eintritt Erw. 6 £, Kinder 3 £ | www.nationaltrust.je

Frisches aus dem Meer

Fish Market

Verlässt man den Central Market an der Nordseite, geht man über die Beresford Street direkt zum wesentlich kleineren Beresford Market. Der Besuch dieser 1854 gebauten Fischhalle lohnt sich vor allem in den frühen Vormittagsstunden, wenn fangfrischer Fisch verkauft wird. Besonders eindrucksvoll ist das **Angebot an Krustentieren**; man kann hier u. a. die für die Kanalinseln typischen, ungewöhnlich großen Krebse bewundern.

Mo. – Sa. 7.30 – 17.30, Do. bis 14.30 Uhr

Ein Platz voller Geschichte

Royal Square und Royal Court

Über den Halkett Place oder die Halkett Street und Queen Street kommt man zurück zur King Street und biegt dort direkt auf den Royal Square ein. Dieser war bis Mitte des 19. Jh.s der **Marktplatz von St. Helier**. Unter Kastanienbäumen sind ein paar Bänke aufgestellt, an der Nordostecke kann man sich in den netten Pubs »The Cock & Bottle« oder in »The Peirson« niederlassen. Die goldene Figur auf hohem Sockel mitten auf dem Platz ist ein Standbild von George II., dem die Stadt die Finanzierung des neuen Hafens verdankt und damit den wirtschaftlichen Aufschwung Mitte des 19. Jh.s. Die Bezeichnung »Königlicher Platz« erinnert aber an einen anderen König, nämlich an

RUHIGE KUGEL

Am Weybridge Place in St Helier wird das französische Erbe der Insel im Sommer jeden Tag spürbar. Bei einem spritzigen Aperitif, einem netten Rosé oder auch einem lokalen Bier wird hier bei gutem Wetter bis zum Sonnenuntergang Pétanque gespielt.

Charles II., der auf diesem Platz **1649 zum König ausgerufen** wurde, nachdem sein Vater Charles I. durch Cromwell hingerichtet worden war. Charles II. war während des Bürgerkriegs von dem loyalen George de Carteret im Elizabeth Castle aufgenommen worden, und so war es für den Lieutenant-Governor und Bailiff ein Leichtes, seine ungebrochene Königstreue auch noch durch dieses Politikum auf dem Royal Square unter Beweis zu stellen.

Noch ein weiteres für Jerseys Geschichte bedeutendes Ereignis hat sich auf dem Royal Square zugetragen. Eine Plakette, die auf der Platzmitte in den Boden eingelassen ist, erinnert an die spektakuläre **Battle of Jersey**. Sie wurde am 6. Januar 1781 auf dem damals noch als »Market Place« bezeichneten Platz ausgetragen. Bei dem Gefecht konnte die französische Truppe, die unter **Baron de Rullecourt** auf Jersey eingefallen war, in kürzester Zeit – es heißt, in nur 15 Minuten – von der Inselarmee besiegt werden. Sowohl de Rullecourt als auch **Major Peirson**, der die Jersey Militia anführte, kamen ums Leben. De Rullecourt wurde, nachdem er verwundet worden war, in das Eckhaus zwischen Platz und King Street gebracht – in dem sich heute »The Peirson« befindet – und erlag dort seinen Verletzungen.

In dem lang gestreckten, 1866 errichteten Gebäude an der Südseite des Royal Square hat der **Royal Court** seinen Sitz. Ein erster Bau für das Königliche Gericht wurde schon 1764 – 1769 gebaut; von diesem stammt noch das Wappen über dem westlichen Portal. Über dem anderen Portal wird an den Besuch von King George VI. und Queen Elizabeth am 7. Juni 1945 erinnert. Einen Gebäudeteil nimmt die »Bibliotheque Publique« (»Public Library«) von 1886 ein. Eine **Büste** an der Fassade zeigt **Lord Alexander Moncrieff Coutanche**, der in der Zeit zwischen 1935 und 1962, also auch zur Zeit der deutschen Besatzung, Bailiff von Jersey war. Von dem kleinen Balkon gab er offiziell die Befreiung bekannt.

Daneben ist außerdem noch eine von der Société Jersiaise initiierte Plakette interessant, die an **Maistre Wace** erinnert. Wace war der erste namentlich bekannte französischsprachige Dichter. Der um 1100 auf Jersey geborene Wace lebte als Chorherr in Bayeux in der Normandie und schrieb neben Heiligenlegenden zwei bedeutende Chroniken. In **»Le Roman de Brut«** (1155 beendet) ist die Geschichte Britanniens in insgesamt 15 000 Versen festgehalten. Der Titel bezieht sich auf Brutus, der als erster König Britanniens angegeben wird. »Le Roman de Brut« ging in die Literaturgeschichte ein, weil hier erstmals die **Tafelrunde von König Artus** erwähnt wird. Sein unvollendet gebliebenes Werk »Le Roman de Rou« widmet sich der Geschichte der normannischen Herzöge, deren Dynastie von dem Normannenführer Rollo (= Rou) eingeleitet wurde. Wace schrieb in einem alten normannischen Dialekt, der dem inseltypischen Jèrriais sehr ähnlich war. Auf der Plakette am Royal Court ist ein Satz aus dem »Le Roman de Rou« zitiert:

»
Jo di è dirai ke jo sui Wace de l'isle de Gersui –
Ich sage und werde auch in Zukunft sagen,
dass ich Wace von der Insel Jersey bin.
«

Erinnerungen an den heiligen Helier

St. Helier Parish Church

Westlich des Royal Square steht die Parish Church von St. Helier, deren Vorgängerbau auf die Zeit vor dem 12. Jh. zurückgeht. Im 12. Jh. wurde dann an der Stelle des heutigen Chorraums eine dem Mönch St. Helier gewidmete Kapelle errichtet, deren Reste im Inneren noch anhand der Bögen in den Chorwänden auszumachen sind. Die Kapelle wurde im 14. Jh. etwa auf die heutige Größe erweitert. In den 60er-Jahren des 19. Jh.s nahm man umfangreiche Renovierungen und Umbauarbeiten vor. Aus dieser Zeit stammen auch die Kirchenfenster. In der Kirche sind die **Gedenktafeln** für zahlreiche bedeutende Insulaner zu sehen.

Geschichte des Insellebens

Jersey Museum and Art Gallery

Östlich des Liberation Square kommt man zum Jersey Museum, das mit einer sehr anschaulichen und abwechslungsreichen Ausstellung über die **Geschichte und das Leben auf der Insel** informiert. Das Museum ist in einem alten Lagerhaus und teilweise in den Räumen eines unmittelbar benachbarten Kaufmannshauses (Pier Road 9) untergebracht. Das **repräsentative Stadthaus** aus schwerem Granitgestein wurde 1818 gebaut und war bis 1869 in Besitz des reichen Händlers und Schiffseigners Philippe Nicolle. Als er in Konkurs ging, musste er das Haus verkaufen. Vom nächsten Eigentümer, Josué Falle, erwarb die Société Jersiaise 1893 das Haus und eröffnete das Jersey Museum. Die 1873 gegründete Société Jersiaise, eine archäologische Gesellschaft, die sich mit dem Erhalt des kulturellen Erbes der

Insel befasst und zudem Aufgaben im Naturschutz übernimmt, hat ihren Sitz in einem Teil des Gebäudes. Außerdem ist dort auch die Bibliothek der Société Jersiaise untergebracht, die für jeden zugänglich ist. Das bereits mehrfach ausgezeichnete Museum hat seinen guten Ruf der hervorragenden Sammlung und der technisch anspruchsvollen und einfallsreichen Aufbereitung zu verdanken.
Im **Erdgeschoss** gibt es im Audiovisual Theatre eine Einführung in die Inselgeschichte. Außerdem ist eine Szene aus dem einstigen Newgate-Inselgefängnis nachgestellt: Mehrere mit Fußketten angeschlossene Gefangene – bis zu zwölf gleichzeitig sollen es gewesen sein – mussten eine Tretmühle betätigen, mit der damals Pfeffer gemahlen wurde. Eine Nachbildung der Höhle La Cotte de St. Brelade, in der die ältesten Spuren einer menschlichen Anwesenheit auf den Kanalinseln gefunden wurden, zieht sich vom Erdgeschoss über zwei Etagen. Im **ersten Stockwerk** widmet sich eine Sammlung der Geschichte Jerseys. Das wertvollste Ausstellungsstück ist die **Gold Torque**, eine auf Jersey gefundene, schwere Goldkette, deren Ursprung in Irland vermutet wird. Man erhält Einblicke in Landleben, Fischerei, Post- und Finanzwesen und den Aufbau der Inselverwaltung. Nicht versäumen sollte man einen Höreindruck des Jèrriais, des auf Jersey gesprochenen westnormannischen Dialekts – zu hören in einer Hörmuschel in der Abteilung über das tägliche Leben auf den Inseln.
Im **zweiten Stock** befindet sich die **Art Gallery**, in der Insellandschaften und Seestücke sowie zahlreiche Porträts von prominenten Insulanern ausgestellt sind, darunter auch zwei von Lillie Langtry (▶ Interessante Menschen S. 244) von Sir Edward Poynter und von John Everett Millais, beide 1878 gemalt. Millais bekanntes Porträt »A Jersey Lily«, zeigt sie mit einer Guernsey-Lilie.
Im **dritten Stock** geht man hinüber in The Merchant's House Lobby, den restaurierten oberen Teil des alten Kaufmannshauses. Zu sehen sind Wohn- und Schlafzimmer.
Nov. – Feb. tgl. 10 – 16, März – Okt. tgl. 10 – 17 Uhr | Eintritt Erw. 12,10 £, Kinder bis 16 Jahre 7,85 £ | www.jerseyheritage.org

Maritime Museum

Die Welt der Meere
Südlich des Liberation Square kommt man zum Maritime Museum (New North Quay), das in einem **Ensemble aus vier ehemaligen Lagerhäusern** eingerichtet ist, die aus dem 19. Jh. stammen. Jedes der drei größeren Gebäude ist einem spezifischen Schwerpunkt gewidmet – den Elementen, den Schiffen und den Menschen. Im kleineren, vierten Lagerhaus sind Wechselausstellungen zu sehen.
Auch museumpädagogisch ist das Maritime Museum auf der Höhe der Zeit. Neben Kunstobjekten zum Thema Meer finden sich Darstellungen von **physikalischen Phänomenen**, die exemplarisch nachempfunden werden, wie beispielsweise die Auswirkungen der

unterschiedlichen Windstärken auf die Meeresoberfläche oder das Zustandekommen von Wellen. Interessant auch die mit Zeitraffer aufgenommenen Wasserstände an drei verschiedenen Orten der Insel, anhand derer Besuchern der **extrem große Tidenhub eindrucksvoll dargestellt** wird. Schiffsmodelle, Gemälde, etwa zum Thema Schiffbau, Seefahrt und Fischerei sowie Bildnisse der großen Seefahrer der Insel sind ebenfalls zu sehen.

Nov. – Feb. 10 – 16, März – Okt. 10 – 17 Uhr | Eintritt inkl. Occupation Tapestry Gallery Erw. 12,10 £, Kinder bis 16 Jahre 7,85 £
www.jerseyheritage.org

Gestickte Geschichte

The Occupation Tapestry

Der »**Besatzungs-Teppich**« wurde zum 50. Jahrestag der Befreiung von der deutschen Besatzung am 9. Mai 1995 fertig gestellt und ist in einer Lagerhalle neben dem Maritime Museum ausgestellt.
Vorbild war der berühmte, 70 m lange Teppich von Bayeux, auf dem die Eroberungsfahrt von Wilhelm dem Eroberer im 11. Jh. nach Eng-

Alltag unter der Besatzung auf dem Occupation Tapestry: Schwarzmarkt, Kleider flicken, Suppenküche ...

land dargestellt wurde. Sieben Jahre lang stickten insgesamt 227 Frauen – und ein Mann – aus den zwölf Inselgemeinden an den zwölf Wandteppichen; pro Gemeinde wurde ein Teppich hergestellt. Jeder Teppich besteht aus 626 688 Einzelstichen, alle Teppiche zusammen aus 7 520 256 Stichen. 52 verschiedene Farben in 275 Schattierungen wurden ausgewählt. Ein Großteil der Sticker hat die Besatzungszeit auf Jersey selbst erlebt. Die zwölf Wandteppiche zeigen Szenen aus der Zeit **zwischen 1940 und 1945**, die jeweils einen der folgenden Themenkomplexe behandeln: die Besetzung der Insel durch die Deutschen, Verkehr und Transport, Schule, Arbeit, Restriktionen, soziales Leben, Internierungen, Lebensmittelversorgung durch das Rote Kreuz, die Befreiung durch die britischen Truppen. Als Vorlagen dienten historische Originalfotos.

Eintrittszeiten und Preis siehe Maritime Museum

Eine besondere Schiffsuhr

Steam Clock Ariadne

Auf der Rückseite des Maritime Museums erinnert die 15 m hohe dampfbetriebene Schiffsuhr »Steam Clock Ariadne« an den ersten regelmäßigen Passagierverkehr mit Raddampfern ab 1823 – die »Ariadne« nahm kurz nach der »Medina« ihren Betrieb auf. Stolz ist man auf einen Eintrag im Guinness-Buch der Rekorde: Die Ariadne hatte die **weltweit größte Dampfuhr**.

 Elizabeth Castle

März – Okt. 10 – 17.30 Uhr | Eintritt Erw. 14,50 £, Kinder 9,45 £, mit Fähre 17,85/12,80 £ | www.jerseyheritage.org

Nehmen Sie sich Zeit

Anfahrt

Das Elizabeth Castle liegt auf einem als Islet (Inselchen) bezeichneten, St. Helier vorgelagerten Felsen in der St. Aubin's Bay. Bei Flut ist das Elizabeth Castle komplett von Wasser umspült, so dass man nur mit einer der beiden »Castle ferries« hinüber kommt. Bei Ebbe kann man Elizabeth Castle auf einem befestigten Übergang erreichen oder auch trotzdem die »castle ferries« benutzen. Der Startpunkt der amphibischen Vehikel liegt bei den Jardins de la Mar in Höhe des Grand Hotel. Da die Festungsanlage relativ groß ist und viel zu sehen bietet, muss man zwei Stunden allein für die Besichtigung einplanen, mit Hin- und Rückweg entsprechend mehr.

Jeden Mittag zwischen 12.30 und 13 Uhr wird auf dem Gelände ein Böllerschuss abgefeuert, dem eine derb-ulkige Zeremonie mit freiwilligen Soldaten vorausgeht.

Viele Herren auf einer Burg

Geschichte

Elizabeth Castle entstand im 16. Jh., als man gewahr wurde, dass Gorey Castle im Inselosten zu Verteidigungszwecken nicht mehr aus-

ELIZABETH CASTLE

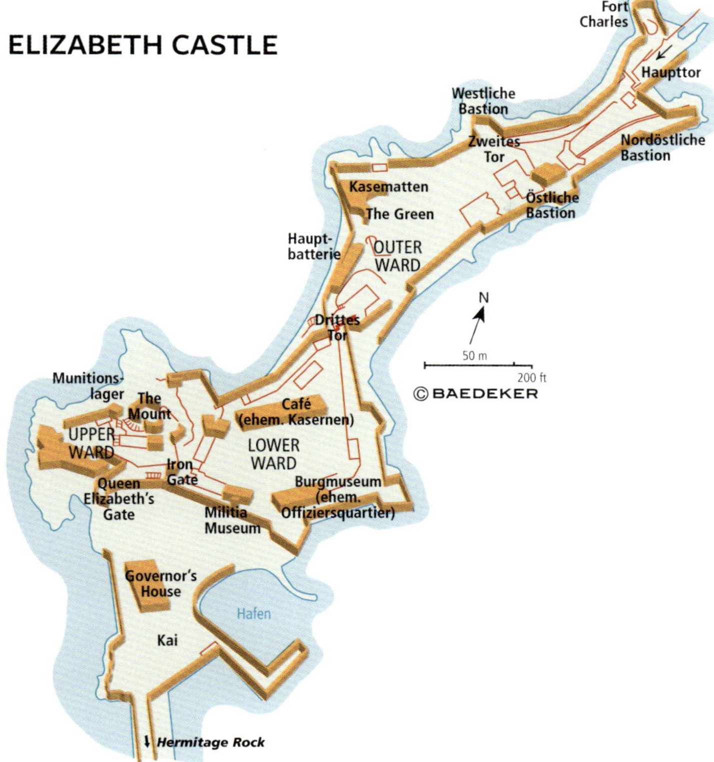

reichte, da es für die moderne Kriegsführung mit dem Einsatz von technisch immer ausgefeilteren und schlagkräftigeren Schusswaffen und Kanonen keinen ausreichenden Schutz bot. Als Standort für eine neue Burganlage wählte man das Islet in der St. Aubin's Bay. Bereits 1550 installierte man Geschütze auf dem Inselchen. Sowohl St. Helier als auch St. Aubin hatten inzwischen an Bedeutung gewonnen, und ein militärischer Schutz gegen die stets drohenden Angriffe von französischen und damals auch spanischen Schiffen war unverzichtbar geworden.

Mit dem Bau des Kastells wurde der geschätzte Festungsarchitekt Paul Ivy beauftragt, nach dessen Entwürfen zwischen 1590 und 1601 das Bauwerk errichtet wurde. Elizabeth Castle wurde **Hauptquartier der strategischen Kräfte** Jerseys, die 1600 von Gorey Castle

Bei Ebbe hin, bei Flut zurück? Kein Problem mit der Castle Ferry.

auf die Felseninsel vor St. Helier umzogen. Die Burg wurde aber nicht nur eine für die Zeit moderne Verteidigungsanlage, sondern zugleich auch neuer **Sitz des Gouverneurs und des Lieutenant-Governors**. Der erste Repräsentant der Krone, der hier allerdings nur während zwei Besuchen residierte, war Sir Walter Raleigh (▶ Interessante Menschen), Günstling von Königin Elizabeth I., nach der er im Jahr 1600 die neue Burg »Fort Isabella Bellissima« benannte.

In einer kleinen Höhle auf dem Nachbarfelsen, dem **Hermitage Rock**, noch jenseits des Islet, lebte vermutlich schon im 6. Jh. der Mönch St. Helier. Es heißt, dass Marculf, Bischof von Coutances, nach seinem Tod eine kleine christliche Mission hier aufbaute, die wohl im 9. Jh. zerstört wurde. Von der 1155 erbauten Augustinerabtei auf dem Islet ist heute nichts mehr erhalten.

Während des englischen Bürgerkriegs zwischen der Krone und den Parlamentariern verschanzte sich der königstreue Lieutenant-Governor und Bailiff **Philippe de Carteret** gegen die Insulaner im Elizabeth Castle. Da die de Carterets den Posten des Lieutenant-Governor und des Bailiffs in sich vereinten und dadurch eine ungeheure Macht über die Insel hatten, stellten sich selbst Adelige, die nicht eigentlich die Parlamentarier unterstützten, gegen die Familie de Carteret und damit gegen die Royalisten. 1643 starb Philippe de Carteret auf dem Islet. Sein Neffe George de Carteret übernahm die Nachfolge und gewährte dem 15-jährigen **Prinz Charles**, dem Sohn des englischen Königs, Unterkunft. Charles kam 1645 für zehn Wochen mit 300 Gefolgsleuten ins Elizabeth Castle und stellte eine nicht unwesentliche Belastung dar, da zu viele Menschen auf der Insel untergebracht werden mussten und der Prinz zu diesem Zeitpunkt über keinerlei finanzielle Mittel verfügte.
1646 wurde zur Landseite hin eine weitere Befestigung, das Fort Charles, errichtet, von dem aus man die Verbindung zur Küste kontrollieren konnte. Elizabeth Castle und **Fort Charles** standen damals auf zwei verschiedenen, durch einen schmalen Graben getrennten Inseln. 1660 wurde dieser Graben zugeschüttet. Im 18. Jh. wurde die Burganlage unter Leitung des Militäringenieurs John Henry Bastide modernisiert. Die **Wohn- und Arbeitsbedingungen** für die auf Elizabeth Castle stationierten Soldaten waren nicht gerade komfortabel, die Räumlichkeiten nicht besonders groß, die sanitären Anlagen unzureichend. An die hundert Leute waren hier untergebracht, was die Kapazität der Burg im Prinzip sprengte. Die Wasserversorgung war abhängig von Regenwassertanks und Zisternen, erst in der zweiten Hälfte des 19. Jh.s wurde die Burg an die Wasserversorgung von Jersey angeschlossen. Zwischen 1872 und 1887 wurde der Niedrigwasser-Zugang zwischen dem Islet und der Stadt befestigt. Zur gleichen Zeit baute man auch die Verbindung zum Hermitage Rock.
Elizabeth Castle war bis 1923 im Besitz der Krone und wurde dann für 1500 £ von den States of Jersey gekauft. **Zur Zeit der deutschen Besatzung** wurde das Islet zur deutschen Festung mit mehreren Bunkern und Flugabwehr-Geschützstellungen ausgebaut. Etwa 200 Zwangsarbeiter waren auf der kleinen Insel eingesetzt, 100 deutsche Soldaten waren hier stationiert. Nach dem Krieg wurden etwa 30 Kriegsgefangene mit der Räumung und Instandsetzung beauftragt. Seit 1984 genießt das Elizabeth Castle als bedeutendes Kulturgut den Schutz des Jersey Heritage Trust.

Verborgen geht es hinab

Fort Charles

Man betritt den Burgfelsen durch das **Haupttor** (Maingate) am 1646 gebauten Fort Charles an der Nordostspitze. Im Guard House (Wächterhäuschen) direkt am Eingang wird ein kurzer historischer Überblick gegeben. Der Weg führt dann zum Zweiten Tor (Second

Gate) von 1697 mit dem Wappen des englischen Königs Wilhelm III., des damaligen Gouverneurs Lord Jermyn und des Lieutenant-Governors Lt. Colonel Collier. Dann kommt man zum »Green« mit ebenfalls im 17. Jh. angelegten Bastionen und deutschen Bunkern. Hier stand einst eine Windmühle, später wurden ein Krankenhaus und Werkstätten gebaut. Man passiert die 1770 angelegte Grand Battery und erreicht, oberhalb des kleinen Hafens **Sally Port**, den Haupteingang zum eigentlichen Elizabeth Castle. Zuvor kommt man an der Kanone vorbei, von der aus jeden Tag die Böllerschüsse abgefeuert werden. Eine 1781 gebaute, verborgene Treppe (»concealed steps«) führt zu Kellermagazinen hinab. An dieser Stelle waren die beiden Inselchen durch den Wassergraben voneinander getrennt, der 1660 zugeschüttet wurde.

Prominente Bewohner

Lower Ward und Upper Ward

Im **Wachhaus** (Main Guard), das unmittelbar neben dem Eingang steht, hatten im 19. Jh. Schuhmacher und Schneider ihre Läden. Um den großen unteren Burghof (Lower Ward), der als Paradeplatz diente, gruppieren sich Bauten, die meist aus dem 17. und 18. Jh. stammen, darunter Offiziers-Quartiere, Unterrichtsräume, Kantine, Waschräume und Magazine. Im ehemaligen Offiziers-Quartier an der Südseite ist ein **Museum zur Geschichte des Elizabeth Castle** eingerichtet worden, daneben in den einstigen Unterrichtsräumen erfährt man etwas über die Royal Jersey Militia. In den Gebäuden gegenüber, den früheren Kasernen, gibt es einen Museumsshop und eine Cafeteria. Das Kreuz auf dem Burghof ist 1959 aufgestellt worden, man wollte damit an die Abteikirche erinnern, die 1651 zerstört worden war, als englische Parlamentarier die Insel belagerten.
Durch das Iron Gate und das Queen Elizabeth's Gate, beide um 1600 gebaut, erreicht man den oberen Burghof (Upper Ward). Das Queen Elizabeth's Gate bildete den Eingang zu der von Paul Ivy gebauten Burganlage. Das einzige größere Gebäude ist das **Governor's House** von 1590, in dem die Gouverneure von Jersey residierten, die zuvor ihren Sitz auf Gorey Castle hatten. Als Erster zog Sir Walter Raleigh ein, und auch der spätere Charles II wohnte während seines Exils hier. Die Räumlichkeiten werden heute teilweise zu Ausstellungszwecken benutzt. Ein weiteres Haus diente dem Lieutenant-Governor als Residenz. Von diesem Gebäude ist nur noch ein ehemaliger Küchenraum erhalten, und auch das Magazin war früher Teil dieses Hauses.

Der Berg der Verteidigung

The Mount

The Mount (Berg) oben auf der höchsten Stelle war die eigentliche Verteidigungsanlage des Elizabeth Castle, sie wurde 1594 gebaut. Paul Ivy hatte sie mit vier Kanonen bestückt. Die Deutschen bauten 1942 an dieser höchsten Stelle einen Turm, etwas weiter westlich war ein Flugabwehrgeschütz installiert.

Der Felsen des Heiligen

Hermitage Rock

Vom Lower Ward aus kommt man durch ein Tor und über einige abwärtsführende Stufen zum Breakwater (Wellenbrecher), der 1887 als Verbindung zum Hermitage Rock gebaut wurde, auf dem im 6. Jh. St. Helier gelebt haben soll. Zu sehen ist die Ruine einer später auf den Felsen gebauten Kapelle. Im Mittelalter war der Hermitage Rock Wallfahrtsort, und noch heute finden alljährlich Prozessionen zu dem Felsen statt.

Wohin noch in St. Helier?

Eine Festung reichte nicht

Fort Regent Leisure Park

Oben auf dem Mont de Ville steht den Insulanern ein **Freizeitzentrum** großen Stils zur Verfügung. Weithin sichtbar ist die flache weiße Kuppel, unter der sich die Queens Hall, eine große Veranstaltungs- und Sporthalle, verbirgt. Hinauf kommt man am besten per Rolltreppe vom Parkhaus Pier Road. Das Freizeitzentrum wurde schon 1966 in den Mauern des 1814 zusätzlich gebauten Fort Fort Regent eingerichtet, da bei Hochwasser die Verbindung zwischen Elizabeth Castle und der Stadt für mehrere Stunden überflutet war. Genau diese Situation war eingetreten, als Baron Rullecourt 1781 mit seiner Truppe auf der Insel landete (► S. 84).

Ehre dem Feind

Howard Davis Park

In der Verlängerung der King Street kommt man in die Queen Street und dann in die Colomberie – ebenfalls eine hübsche Fußgängerstraße – und stößt an deren Ende direkt auf den Howard Davis Park. Thomas Benjamin Frederick Davis ließ ihn anlegen und benannte ihn nach seinem Lieblingssohn Howard Leopold, der im August 1916 im Ersten Weltkrieg in Frankreich fiel. Die Statue gegenüber dem Eingang zeigt König George V.

Der Park ist eine wahre Oase am Rande der quirligen City und ein Genuss für Pflanzenliebhaber: Neben Linden, Kastanien, Ahorn, Pappeln, Rotdorn, Kamelien, Palmen, Judasbäumen und Rhododendren gibt es Büsche und Bäume aus aller Welt. Einen Teil des Parks nimmt ein **Rosengarten** ein, hinter dem sich ein lauschiger **Teegarten** und ein Spielplatz verbergen. Am südlichen Ende des Parks wurde 1943 ein **Militärfriedhof** eingerichtet, auf dem amerikanische und britische Soldaten begraben sind, die auf zwei vor Jersey verunglückten Schiffen umkamen.

Im Exil

Havre des Pas

Südwestlich des Howard Davis Park kommt man durch ein hübsches Wohnviertel mit kleinen Häuschen zur Küstenstraße Havre des Pas. Hier befand sich bis Mitte des 19. Jh.s der Hafen von St. Helier. Die nach dem einstigen Hafen benannte Uferstraße ist eine stark befahrene Ausfallstraße. An ihrem östlichen Ende erinnert eine Felstafel am Rocher des Proscrits an der Rampe von Dicq an **Victor Hugos Exilzeit** auf Jersey. Hier trafen sich Mitte des 19. Jh.s die französischen Exilanten, mit denen sich Hugo solidarisierte, bis er das königstreue Jersey verlassen musste. In der Poollandschaft am Stadtstrand ist tideunabhängiges Badeleben möglich, eine Cafeteria sorgt für das leibliche Wohl.

ST. JOHN

Einwohnerzahl: 3000

Was für ein Ausblick! Vom Leuchtfeuer am Sorel Point in St. John, das vor den Untiefen nördlich von Jersey warnt, kann man im Nordwesten Guernsey und Sark sehen, im Osten schweift der Blick bis hinüber zur französischen Küste.

Der **nördlichste Punkt** von Jersey ist der farnbewachsene Felsvorsprung Sorel. **Sorel Point** ist gut über eine kleine Straße zu erreichen. Sie endet oberhalb eines Leuchtfeuers, zu dem ein paar Stufen hinunterführen. Von hier hat man einen **hervorragenden Blick** auf die Inseln Sark, Jethou und Guernsey und auf der anderen Seite zur französischen Küste. An klaren Tagen sieht man sogar Alderney im Norden. Unterhalb des Leuchtturms ragt ein Vorsprung aus rötlichem Granit weit ins Wasser, auf dem sich die Jersianer abends zum Angeln niederlassen.

ST. JOHN ERLEBEN

LES FONTAINES TAVERN €
Preiswertes Pub für die ganze Familie in einem historischen Gebäude.
Route du Nord
Tel. 86 27 07
www.randalls-jersey.co.uk

BONNE NUIT BEACH CAFÉ €
Schönes Strandcafé zum Chillen direkt am Wasser. Serviert werden kleine Gerichte, Sandwiches und Asia-Küche.
La Route de la Baie
Tel. 86 16 56
www.bonnenuitbeachcafe.co.uk

In der Bonne Nuit Bay verabschiedete sich Charles II von Jersey.

Wohin in St. John?

Der Abschied des Königs

Bonne Nuit Bay

Die einzige Bucht der Gemeinde mit einem kleinen Strand ist die Bonne Nuit Bay. Sie erhielt ihren Namen angeblich durch den Abschiedsgruß von Charles II, der, als er seine Exilinsel in Richtung Frankreich verließ, in dieser Bucht an Bord seines Schiffes gesagt haben soll: »Bonne Nuit, Jersey«. In der hübschen Bucht gibt es einen kleinen Jachthafen, mehrere Häuschen und ein Hotel, baden kann man am Sand- und Kiesstrand.

★★ ST. LAWRENCE

Einwohnerzahl: 5400

Das Waterworks Valley schlängelt sich in St. Lawrence – vorbei an drei Seen – von der Inselmitte aus bis an die Südküste. Fast unwirklich inmitten dieser lieblichen Landschaft: eine der monumentalsten und unheimlichsten Hinterlassenschaften aus deutscher Besatzungszeit, die Jersey War Tunnels.

Der Küstenabschnitt im Süden erstreckt sich entlang der schönen St. Aubin's Bay. Für den Tourismus ist er jedoch eher unbedeutend, da auf dem Gemeindegebiet kein Badeort liegt. Die meisten Besucher kommen aus geschichtlichem Interessse, um die Jersey War Tunnels zu sehen.

Wohin in St. Lawrence und Umgebung?

Ein Wahnsinn

★★ Jersey War Tunnels

Die Jersey War Tunnels zählen zu den Hauptsehenswürdigkeiten Jerseys, sie liegen in dem als Cape Verd bezeichneten, landschaftlich wunderschönen Gebiet östlich von St. Peter's Valley. Im Zuge der Befestigung der Kanalinseln durch die Organisation Todt wurde an dieser Stelle ab November 1941 ein immenses Tunnelsystem in das Gestein geschlagen, um angriffssichere Unterkünfte und Munitionslager einzurichten. Anfangs mussten spanische Gefangene diese teilweise lebensgefährliche Arbeit ausführen, dann wurden polnische, tschechische und elsässische Gefangene eingesetzt, ab Ende 1942 auch russische. 14 000 Tonnen Gestein wurden in einer Tiefe bis zu 33,5 m aus dem Berg gehauen und wegtransportiert, 4000 Tonnen Beton

OBEN: »To leave or to stay«:
Als die Entscheidung gefallen war, die Kanalinseln nicht zu verteidigen, blieben den Insulanern keine 24 Stunden zu überlegen, ob sie bleiben oder nach England flüchten sollten.
Der Bailiff von Jersey, Alexander Coutanche (rechts), blieb.
UNTEN: Erste Auswirkungen der Besatzung

»FESTUNG JERSEY«

Die Jersey War Tunnels wurden als Teil der »Festung Jersey« ab 1941 von der Organisation Todt angelegt. Ho8, die »Hohlgangsanlage 8«, war zunächst als Munitionslager gedacht, 1944 wurde sie ein unterirdisches Lazarett. Heute ist in den Schächten eine Ausstellung mit verschiedenen Themenkomplexen über die Zeit der deutschen Besatzung auf den Kanalinseln zu sehen.

1 Visitor Centre, Restaurant
Eingangsbereich mit Kurzbiografien der Personen, zu denen die Besucher Identitätskarten erhalten

2 Eingangsschacht
zur Hohlgangsanlage 8/Ausstellung

3 Einführungsausstellung
Europa seit Hitlers Machtübernahme und die Situation auf den Kanalinseln

4 »Paper War«
Mit dem Beginn der Besatzung setzt die deutsche Bürokratie auch auf den Inseln ein.

5 »Daily Life«
Der Alltag unter den Deutschen

6 »Whispers and Lies«
Misstraut wurde den Nachbarn und den »Jerry bags«, jungen Frauen, die sich mit deutschen Soldaten einließen.

7 »Heroes and Helpers«
Schicksale der Insulaner, die entflohene Zwangsarbeiter versteckten

8 »Fortress Island«
Als Teil des »Atlantikwalls« wurde Jersey zur »Festung Jersey«.

9 »Liberation«
Die Befreiung am 9. Mai 1945

10 Geplante Tunnelschächte
Schächte, die nicht mehr fertiggestellt wurden

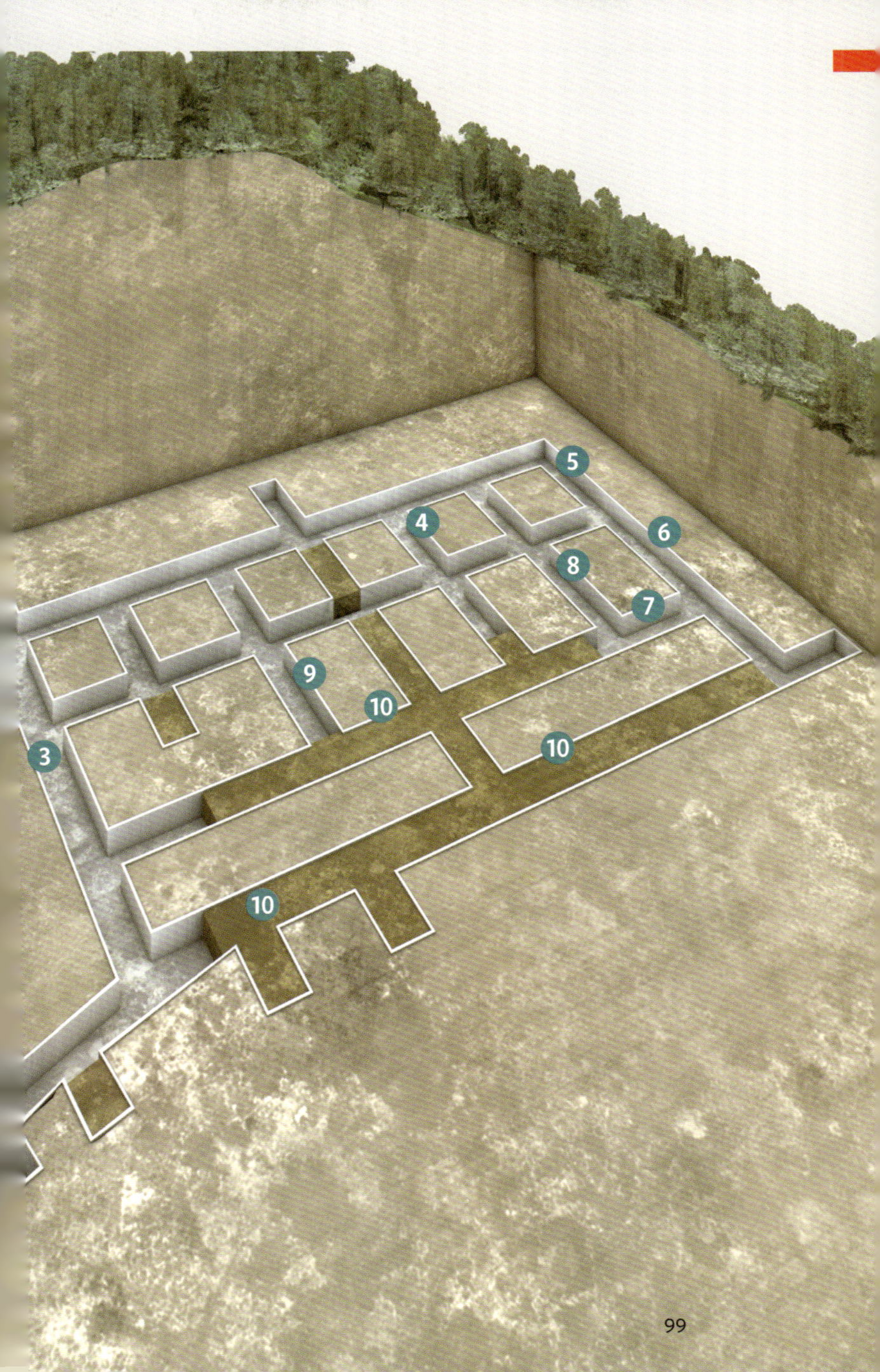
5
4
6
8
7
9
10
3
10
10

verarbeitet. Der längste unterirdische Schacht ist 100,5 m lang. In Erwartung einer Invasion auf den Kanalinseln beschloss man im Januar 1944, in den Tunneln ein unterirdisches Krankenhaus einzurichten. Mehrere geplante Schächte wurden nicht mehr gebaut. Heutige Besucher der Jersey War Tunnels erwartet in den kalten Tunnelschächten eine Ausstellung, die die Schrecken der damaligen Zeit nachzuzeichnen sucht. Teile der Ausstellung sind Einzelschicksalen von Jersianern gewidmet, die Fluchtversuche unternahmen oder versuchten, Widerstand zu leisten oder Verfolgten zu helfen. Im Shop und Restaurant am Ausgang sind Kurzbiografien von Personen aufgelistet, deren Identitätskarten beim Ticketkauf verteilt werden und deren Schicksal man hier nachlesen kann.

März – Nov. tgl. 10 – 17, letzter Einlass um 15.30 Uhr| Eintritt Erw. 17 £, Kinder (7 – 15 Jahre) 11 £ | www.jerseywartunnels.com

Bäuerliche Welten

Hamptonne Country Life Museum

Sehr lohnend ist der Besuch des etwa im Zentrum der Insel gelegenen Bauerngehöfts, das zu einem Museum umfunktioniert wurde und einen guten Einblick in die **Geschichte des ländlichen Jersey** ermöglicht. Hier kann man sich vorstellen, wie es auf den Farmen im Inselinneren in früheren Zeiten einmal ausgesehen haben mag. Das schöne Gebäudeensemble war 2005 Drehort für die Verfilmung des Romans von Thomas Hardy »Under the Greenwood Tree«.

Die Farm besteht aus drei Haupt- und mehreren Nebengebäuden. Die Haupthäuser, die in verschiedenen Jahrhunderten errichtet wurden, zeigen sehr schön die bauliche Entwicklung von Farmgebäuden auf der Insel. Das älteste der Haupthäuser ist das **Langlois Haus** mit Viehställen und Vorratsräumen im Erdgeschoss und Wohnräumen darüber, eine typisch normannische Bauweise des Mittelalters. 1633 ging die Farm in den Besitz der Familie Hamptonne über, die sich um 1640 **Hamptonne House** gegenüber neu dazubaute. Im 19. Jh. übernahmen die **Syvrets** das Anwesen. Sie ließen sich in den 1830er-Jahren ein großzügiges, repräsentatives Wohnhaus mit hohen Räumen und Fenstern errichten, in dem heute eine Ausstellung zum Landleben auf Jersey seit dem Ersten Weltkrieg und zur Landwirtschaft auf der Insel zu sehen ist. Um die Häuser gruppieren sich mehrere Nebengebäude, in denen neben Ställen und Lagerräumen auch das Waschhaus des Gehöfts untergebracht war. In den Wirtschaftsräumen des Syvret Hauses sind eine Apfelmühle und eine Mostpresse zu sehen. Obst- und Gemüsegärten schließen sich an. Durch das Wiesental, das zum Farmgelände gehört, zieht sich ein kleiner Wasserlauf. Für Kinder gibt es einen Spielplatz und in dem einfachen Lokal werden regionale Spezialitäten angeboten.

La Rue de la Patente | März – Okt. tgl. 10 – 17, Nov./Dez. 10 – 16 Uhr
Eintritt Erw. 11,35 £, Kinder bis 16 Jahre 7,40 £
www.jerseyheritage.org

Der romantische »Weg der Mühlen«

Die C 118, wegen der einst zahlreichen Mühlen auch »Le Chemin des Moulins« genannt, führt in vielen sanften Kurven durch das landschaftlich sehr schöne, teils bewaldete Waterworks Valley mit mehreren lang gezogenen Stauseen in Folge: Handois Reservoir, Dannemarche Reservoir und Millbrook Reservoir. Die Stauseen werden durch einen kleinen Wasserlauf gespeist, der vom höheren Inselnorden nach Süden in die St. Aubin's Bay abfließt.

Eine gläserne Kirche

In den Außenbezirken von St. Helier, aber bereits zu St. Lawrence gehörend, steht die St. Matthew's Glass Church, die architektonisch unspektakulär ist, innen aber eine ungewöhnliche Ausstattung aufweist. 1934 beauftragte Lady Florence Trent – die Witwe von Jesse Boot, Baron Trent von Nottingham und Gründer der bekannten Dro-

LICHTSPIELE

Gläsern sind in der Glass Church von St. Lawrence nicht nur die Fenster, sondern auch Taufstein, Altar, Kreuz und Wände der Marienkapelle – Werke des Jugendstil-Glaskünstlers René Lalique. Am Spätnachmittag entfaltet die Kirche ihren besonderen Lichtzauber, wenn die tief stehende Sonne durch die Seitenfenster fällt.

ST. LAWRENCE ERLEBEN

THE MONT FELARD €
Einfaches Pub, in dem sich die Einheimischen gern zu Sportübertragungen, zum Billard oder einfach zum Plaudern treffen.
La Route du St. Aubin
Tel. 87 70 00
www.randalls-jersey.co.uk

geriemärkte »Boots«, – den französischen Jugendstilkünstler **René Lalique** mit der Innengestaltung der Kirche, die zu diesem Zeitpunkt an Stelle einer nur 100 Jahre alten Vorgängerkirche errichtet werden sollte. Die Gestaltung ließ Lady Trent in Erinnerung an ihren Mann vornehmen. Lalique arbeitete das Kreuz, Altar und Chorschranke, Taufbecken, Fenster, die Engel in der Lady Chapel und die Türgriffe aus ungefärbtem Glas und verwendete als Dekorationselemente neben der Madonnenlilie als Würdigung des Ortes auch die Jersey-Lilie. Neben der Kirche liegen die hübschen Anlagen des Coronation Park.
Mo. – Do. 9 – 17, Fr. bis 16 Uhr, So. 13.30 – 17 Uhr | www.glasschurch.org

ST. MARY

Einwohnerzahl: 1800

Vor allem der Teufel lockt Besucher in die der Einwohnerzahl nach kleinste Gemeinde Jerseys: Am Aussichtspunkt Devil's Hole hat man ihm sogar eine Statue errichtet.

Wohin in St. Mary?

Devils' Hole

Tatsächlich zeigt sich die wilde Schönheit der Küste besonders eindrucksvoll am Devil's Hole. Der Weg dahin beginnt an einem Parkplatz, der zu einem Ausflugslokal in einem alten Granitsteinhaus gehört. Man geht an einem Teich mit einer Teufelsfigur vorbei und dann steil bergab zur Teufelshöhle. Durch eine Felsspalte schäumt das Meerwasser in ein Felsbecken hinein, in das man von einem gesicherten Ausguck hinabsehen kann. Tief unten plätschert, schwappt oder zischt es unheimlich. Vom Devil's Hole aus bieten sich fantastische Ausblicke auf die zerklüftete Nordküste.

An ihm muss vorbei, wer zum Devil's Hole möchte ...

ST. MARY ERLEBEN

ST. MARY'S PUB & DINING €
Nettes Pub. An warmen Tagen auch schön zum Draußensitzen bei lokal gebrautem Liberation Ale oder offenen Weinen.
La Rue des Buttes
Tel. 48 28 97
www.liberationgroup.com

Feine Jersey-Weine

La Mare Wine Estate

Das Weingut La Mare Wine kann man allein oder im Rahmen von Führungen besuchen und zunächst durch das kleine Anbaugebiet schlendern und die ansprechend und humorvoll gestalteten Informationstafeln studieren, die überall aufgestellt sind. Der Rundgang führt noch in eine Obstplantage und in eine sehenswerte Gartenanlage. In einem kleinen Informationsgebäude erhält man durch Schautafeln und ein Video Einblick in die Weinproduktion. Auch Weinproben werden angeboten. Für seine Weine ist La Mare bereits mit internationalen Preisen ausgezeichnet worden. In einem Laden kann man Wein, hausgemachte Marmeladen, verschiedene Senfsorten etc. kaufen. Für Kinder gibt es einen Abenteuerspielplatz.

März – Okt. tgl. 10 – 17 Uhr | www.lamarewineestate.com

★ ST. OUEN

Einwohnerzahl: 4200

Kilometerlange Sandstrände, Dünen, reizvolle kleine Buchten, eine Burgruine und einer der schönsten Gärten der Insel – in St. Ouen gibt es einiges zu entdecken. Außerdem gilt die Gemeinde als die traditionellste auf Jersey. Wahrscheinlich, weil sie am weitesten von der Hauptstadt entfernt liegt.

Natur-paradies

Die Gemeinde ist Sitz der berühmten **normannischen Familie de Carteret**, die aus dem gleichnamigen Ort auf der Halbinsel Cotentin stammt. Die de Carterets stellten Jahrhunderte lang die Bailiffs und Lieutenant-Governors der Insel. Dem englischen König und dem Königshaus gegenüber waren sie immer loyal, und nicht zuletzt bewiesen ihre Familienmitglieder während des englischen Bürgerkriegs ihre Königstreue, indem sie den jungen Prinz Charles auf Jersey aufnahmen. Auch auf den Inseln Sark und Alderney spielten sie eine bedeutende Rolle.

ST. OUEN ERLEBEN

LE MOULIN DE LECQ €€
Beliebtes Ausflugsziel in einer Wassermühle. Gemütlich innen wir außen und auch das Essen schmeckt.
Le Mont de la Grève de Lecq
Tel. 48 28 18
www.moulindelecq.com

PLEMONT BEACH CAFE €€
Schönes Café direkt an der Bay.
La Route de Plémont
Tel. 48 20 05

COLLEEN'S CAFÉ €
Wunderschön gelegenes Café, das kleine Speisen für wenig Geld anbietet.
Grève de Lecq, Tel. 48 14 20

COASTAL RETREAT €€–€€€
Hübsch eingerichtetes Ferienapartment zwischen Ort und Meer für zwei Personen.
St. Ouen
Tel. 72 52 59
www.freedomholidays.com

CORBIERE PHARE €€€
Im ersten Stock des netten Restaurants mit Leuchtturmblick kann man in Apartments für Selbstversorger auch wohnen.
La Rue de la Corbière
St. Brelade
Tel. 74 61 27
www.corbierephare.com

Wohin in St. Ouen und Umgebung?

Im Verborgenen

St. Ouen's Manor

St. Ouen's Manor, das Anwesen der de Carterets südlich des kleinen Dorfs St. Ouen, kann leider nicht besichtigt werden. Nur zu erahnen ist, dass hinter den Mauern und Gartenanlagen verborgen noch ein absolutes Schmuckstück alter normannischer Bauweise erhalten ist, dessen Ursprünge bis ins 12. Jh. zurückgehen

Sandiges Naturparadies

Les Mielles

Weite Teile an der Westküste werden von einem **Dünengebiet** bedeckt, das für die Kanalinseln ansonsten eher untypisch ist. Entstanden ist dieser Dünenstreifen, der sich kilometerlang in Nordsüdrichtung zieht, durch Sande, die mit Westwinden von der St. Ouen's Bay herübergeweht werden und sich vor der östlichen Anhöhe ablagern. Lange Zeit galt das Gebiet von Les Mielles nur als unfruchtbare, nicht nutzbare Fläche und verkam völlig. Dass sich hier eine ganz spezifische Tier- und Pflanzenwelt entwickelt hatte, war niemandem bewusst – im Gegenteil, in dem Dünengebiet wurde gecampt, gepicknickt, herumgefahren und Müll abgeladen. Ende der 1970er-Jahre gerieten der Schandfleck und die zerstörte Pflanzenvielfalt ins Be-

Die Ebbe legt an der Plémont Bay einen tollen Sandstrand frei.

wusstsein der Insulaner, und man ergriff Maßnahmen zum Schutz von Les Mielles. Der mittlere Teil um den St. Ouen's Pond wurde vom National Trust erworben und **unter Naturschutz** gestellt. Hier sind mittlerweile wieder über 400 Pflanzenarten heimisch; u. a. ist hier auch die berühmte **Jersey-Orchidee** zu finden. Der St. Ouen's Pond ist ein Dorado seltener Pflanzen- und Tierarten. Trotzdem finden auch heute noch gelegentlich Autorennen im Dünengebiet und auf dem bei Ebbe sehr großen Sandstrand der St. Ouen's Bay statt. Im Norden von Les Mielles gibt es Picknickplätze, weiter südlich wurden auf den Gemeindegebieten von St. Peter und St. Brelade Golfplätze angelegt.

Ein stolzer Turm

Am Rand der Les Mielles-Dünen steht an der drei Meilen (!) langen Five Mile Road (B 35) der Kempt Tower, ein 1834 gebauter Martello-Turm, der nach einem von Wellingtons Generälen in Waterloo benannt wurde. Wie andere **Martello-Türme** auch, so etwa der Lewis's Tower, der La Tour Cârrée und der La Rocco Tower – alle an der St. Ouen's Bay – sowie der Seymour Tower an der Royal Bay of Grouville und der Archirondel Tower am Archirondel Beach wird auch der Kempt Tower von der Denkmalschutzorganisation Jersey Heritage verwaltet und kann als Ferienhaus gemietet werden.

Kempt Tower

www.jerseyheritage.org

Channel Islands Military Museum

In einem ehemaligen deutschen Bunker an der Five Mile Road zeigt dieses Militärmuseum im Wesentlichen Objekte aus der Zeit der deutschen Besatzung, u. a. Seiten aus der »Deutschen Inselzeitung«, Uniformen, Funkgeräte und Motorräder.

Ende März – Okt. tgl. 10 – 17 Uhr | Eintritt Erw. 8 £, Kinder 5 £
Tel. 73 20 72

Vermächtnis der Megalithkultur

Les Monts Grantez

Nicht weit entfernt liegt mit Les Monts Grantez einer von Jerseys sieben gut erhaltenen **Dolmen mit Gang**. Diese aus dem Neolithikum stammenden Megalithanlagen werden als »Passage Tomb« bezeichnet und unterscheiden sich stark von den Ganggräbern des Kontinents. Bei den Ausgrabungen im Jahr 1912 wurden neben Werkzeugen und Gefäßen in der Hauptkammer die Skelette von sechs Erwachsenen und einem Kind gefunden, ein weiteres Skelett befand sich im Gang des Grabs.

Burgruine mit Ausblick

Grosnez Castle

Die Ruine des Grosnez Castle (Grosnez steht für »großes Vorgebirge«) thront direkt über der Nordwestspitze von Jersey in eindrucksvoller Lage oberhalb der Steilküste. Die Burg, von der heute im Wesentlichen nur noch die Toreinfahrt mit umgebenden Mauern erhalten ist, wurde im 14. Jh. an diese strategisch günstige Stelle gebaut und hatte während des Hundertjährigen Kriegs eine ausgesprochen wichtige Schutzfunktion. Im Inneren der Anlage fand man die Fundamente von sechs Häusern.

Unmittelbar hinter dem Burggelände kommt man zum **Grosnez Point** mit dem Leuchtfeuer. Von hier oben bietet sich an klaren Tagen ein hervorragender Blick auf die Inseln Guernsey, Jethou, Herm und das am nächsten gelegene Sark.

Felsige Kultstätte

Le Pinacle

Ein kurzer Spaziergang führt von Grosnez Castle aus in südwestlicher Richtung an dem mehrstöckigen deutschen Marinepeilstand vorbei zu der **Felsformation** Le Pinacle, die mehr als 60 m menhirartig über der Küste aufragt. Wegen seiner Form ist der Felsen schon früh Kultstätte gewesen. Man vermutet, dass er auch als Abschlagplatz zur Herstellung von Äxten gedient hat. Archäologen stießen an dieser Stelle auf Münzen aus römischer Zeit.

Buchtenschönheit

Plémont Bay

Zwischen Grosnez Point und der östlich davon gelegenen Halbinsel Plémont liegt **eine der landschaftlich schönsten Buchten** Jerseys, die Plémont Bay, die ihre Schönheit allerdings nur bei Niedrigwasser entfaltet. Bei Hochwasser ist sie komplett überflutet, worauf man bei Erkundungen unbedingt achten muss. Bei Ebbe wird ein herrlicher,

SUNSET MIT MUSIK

An einem Wochenende rund um die Sommersonnenwende finden sich Musikfans im natürlichen Amphitheater am Mont Grantez im Nordwesten Jerseys ein. Mit Blick auf die St. Ouen's Bay lauscht man bei den Sunset Concerts – auf der Picknickdecke oder im Liegestuhl – Künstlern der Insel, während die Sonne untergeht. Ein gut gekühlter Weißwein vom nahen La Mare Wine Estate sorgt für das Tüpfelchen auf dem i.

feiner Sand frei, zwischen den steilen Felsen tun sich Spalten und Höhlen auf, und an einigen Stellen bleiben flache Wasserstellen in kleinen Pools zurück, die sich erwärmen und auch für Kinder hervorragend zum Baden und Planschen geeignet sind.

In der südöstlich von Plémont Bay gelegenen Bucht **Grève de Lecq** gibt es einen hübschen kleinen Hafen mit einer Straßenpromenade, daran ein paar Cafés und Hotels. An dem herrlichen Strand findet man einen feinen, leicht rötlichen Sand. Etwas oberhalb der Bucht steht auf dem Parkplatz ein Martello-Turm – der erste seiner Art auf der Insel. In den ehemaligen Kasernen aus dem 19. Jh. gegenüber dem Parkplatz zeigt der National Trust eine **Ausstellung zu Flora und Fauna** der Insel mit Schwerpunkt auf dem nördlichen Küstenstreifen.

Ausstellung: Mai – Sept. Mi. – So. 11 – 16 Uhr | Spende von 2 £ von Nichtmitgliedern des Trust erwünscht | www.nationaltrust.je

Gartenparadies

Judith Quérée's Garden

Südlich von Grève de Lecq, am Rande des kleinen Weilers Leoville, befindet sich mit Judith Quérée's Garden **einer der schönsten Gärten der Insel**. Obwohl gerade einmal 1000 m² klein, bietet er doch eine ungewöhnlich große Vielfalt an Pflanzenarten. Beispielsweise finden Besucher dort mehr als 200 Sorten Klematis, eine der Lieblingspflanzen der Besitzerin.

Sehenswert ist auch der **Sumpfgarten** mit seinen über 150 verschiedenen Irisarten. Im Garten verteilen sich mehrere Skulpturen – einige nicht zu übersehen, andere versteckt.

Creux Baillot Cottage, Le Chemin des Garennes, Leoville
Nur geführte Touren nach Voranmeldung unter Tel. 48 21 91
www.judithqueree.com

ST. PETER

Einwohnerzahl: 5000

Zumindest eine von einst acht Wassermühlen, die Moulin de Quétivel, plätschert noch im hügeligen St. Peter's Valley – einem romantischen Platz im Inselinneren Jerseys.

St. Peter Village ist eines der typischen Dörfer im Inselinneren mit einem Eigenleben, das den Touristen meist verborgen bleibt. Besucher zieht es meist sowieso in die romantisch-ländliche Umgebung. Auf dem Gemeindegebiet von St. Peter liegt der Flughafen von Jersey.

Wohin in St. Peter und Umgebung?

Der Höchste

St. Peter's Parish Church

Schon von weitem fällt der Turm der Kirche von St. Peter auf – er ist mit 37 m der höchste auf Jersey. Der dreischiffige Bau geht auf eine erste Kirche aus dem Jahr 1053 zurück, die etwa den heutigen Chorraum einnahm und allmählich erweitert wurde. Beachtenswert ist das kunstvolle Granitgewölbe der Vierung. Am linken Nebenaltar fällt eine in die Granitwand geschlagene Nische auf.

Der Weg der Mühlen

St. Peter's Valley

Zu den landschaftlich schönsten Gebieten im Inselinneren gehört St. Peter's Valley, das von der A 11 einmal der Länge nach durchquert wird. Entlang der Straße befanden sich einst acht Mühlen, daher rührt noch der eigentliche Straßenname **»Le Chemin des Moulins«**. Die Schönheit der leicht hügeligen und bewaldeten Gegend erschließt sich Fußgängern auf dem Weg, der ab der Kreuzung A 11/B 89 parallel zu dem kleinen Wasserlauf in Richtung Nordwesten verläuft. Weiter nördlich bieten sich mehrere schöne Green Lanes zu Wanderungen an.

Die **Moulin de Quétivel,** eine hübsche alte **Wassermühle**, die von Jerseys National Trust unterhalten wird, liegt inmitten der landschaftlichen Idylle von St. Peter's Valley. Sie ist eine von einst acht Mühlen in diesem Tal und heute eine der letzten Inselmühlen überhaupt. Das heutige Haus wurde im 18. Jh. gebaut, eine Mühle existierte aber schon seit dem 14. Jh. an dieser Stelle. Sie ist voll funktionstüchtig, kommt allerdings nur noch selten zum Einsatz. Ein Video und eine Ausstellung informieren über Mühlentechniken und Landwirtschaft. Zur Mühle gehört auch ein kleiner Kräutergarten.

Mai – Sept. Mo. – Fr. 10 – 13 Uhr | Eintritt 4 £ | www.nationaltrust.je

ST. PETER ERLEBEN

GREENHILLS HOTEL €€€€

Für Ruhesuchende ist das Landhotel in einem historischen Granithaus der perfekte Platz. Zum Wohlfühlprogramm gehören Pool und Garten. Natürlich ist auch der Serivice vollendet und vom Restaurant schwärmen auch Gourmets.

Mont de l'Ecole
Tel. 48 10 42
www.seymourhotels.com

THE VICTORIA €€

Der liebevoll Vic in the Valley genannte Traditionspub liegt inmitten der Hügellandschaft des St. Peter's Valley. Gute Pubküche und nettes Ambiente – im Sommer auf der Terrasse, im Winter vorm Kaminfeuer.

La Vallee de St. Pierre
Tel. 48 54 98
www.thevictoria.je

Die Moulin de Quétivel ist einer der schönsten Stopps auf dem »Weg der Mühlen« durch St. Peter's Valley.

Turmhoch

La Rocco Tower

Vor der Küste der weiten St. Ouen's Bay sieht man den La Rocco Tower, den man bei Ebbe sogar zu Fuß erreichen kann. Der La Rocco Tower ist einer der originalen Martello-Türme der Insel. Zwischen 1796 und 1801 wurde er erbaut und ursprünglich nach General Gordon, dem damaligen Lieutenant-Governor, benannt. Seinen heutigen Namen trägt der Turm nach der kleinen Felsinsel, auf der er steht.

ST. SAVIOUR

Einwohnerzahl: 13 900

Wer auf Jersey Rang und Namen hat, strömt im Sommer nach St. Saviour, wenn der Gouverneur von Jersey im Government House seine jährliche Gartenparty gibt. Wer nicht dazugehört, sollte zumindest die Pfarrkirche von St. Saviour besuchen, die zählt nämlich zu den schönsten der ganzen Insel.

St. Saviour reicht von der Südküste weit nach Norden und mit einem kleinen Querkeil nach Osten. Das schmale Nadelöhr, das die Rampe von Dicq nahe des Havre des Pas in St. Helier als Küstenzugang bildet, verdeutlicht die Regelung, nach der jede Gemeinde Zugang zum Meer haben sollte.

Wohin in St. Saviour?

Wo die Jersey-Lillie begraben liegt

Pfarrkirche

Zu den schönsten Kirchen auf der Insel zählt die **Pfarrkirche von St. Saviour**. Die Kirche wurde aus einem rötlichen Granit als zweischif-

ST. SAVIOUR ERLEBEN

LONGUEVILLE MANOR €€€€

Das beste Hotel der Insel in einem prächtigen Herrensitz. Historisches Ambiente, gediegene Zimmer und Lounges, ein Park mit herrlichem Baumbestand und Wasserläufen und natürlich Annehmlichkeiten unserer Zeit wie Pool und Tennisplatz sprechen für sich. Auch das Restaurant gehört zu den besten Adressen der Insel, ►Abb. S. 279.
Longueville Road
Tel. 72 55 01
www.longuevillemanor.com

figer Bau errichtet. Unüblich ist auf den Inseln der viereckige stumpfe Turm, der keine Spitze aufweist und dadurch einen besonders wehrhaften Charakter hat. Berühmtheit erlangte die Kirche von St. Saviour aber eigentlich nicht wegen ihrer Schönheit, sondern wegen ihres Friedhofs, auf dem sich das **Grab von Lillie Langtry** (▶ Interessante Menschen S. 244) befindet, die im Pfarrhaus auf der Straßenseite gegenüber aufwuchs.

TRINITY

Einwohnerzahl: 3400

Trinity steht im Ruf, die ländlichste alle Gemeinden auf Jersey zu sein, zumindest wohnen hier weniger Menschen als anderswo. Umso mehr Tiere hat die Gemeinde zu bieten – nämlich im weit über die Kanalinseln berühmten Jersey Zoo.

Ländlich und grün ist der größte Teil von Trinity, aber auch weite Teile der felsingen Nordküste gehören zur Gemeinde. Und nicht zuletzt **Les Platons**, die höchste Erhebung der Insel, die stolze 138 m misst. Aber die Stars der Region sind zweifellos die Tiere, für die Gerald Durell ein einzigartiges Refugium schuf.

Wohin in Trinity?

Durrell Wildlife Conservation Trust

Der Zoo, der kein Zoo ist
Etwa 2 km östlich der Dorfkirche liegt die Einfahrt zu dem weit über Jerseys Grenzen hinaus bekannten »Zoo, der kein Zoo ist«. Studenten, Tierschützer und -freunde kommen aus aller Welt wegen des berühmten Tierparks nach Jersey. Etwa 200 000 Besucher jährlich werden hier gezählt. Der Zoo ist eine Gründung von **Gerald Durrell** (▶ Interessante Menschen), der Ende der 1950er-Jahre die Ländereien des Augrès Manor für sein Vorhaben erwerben konnte. Was den Zoo von Gerald Durrell von anderen unterscheidet, ist die **tierfreundliche Anlage**, die die Vorlieben der Tiere und nicht die der Besucher in den Vordergrund stellt. So sollte man sich nicht wundern, wenn Tiere, die versteckte Plätze lieben, auch von der Bildfläche verschwunden sind. Hauptanliegen des Durrell Wildlife Conservation Trust ist die **Aufzucht von bedrohten Tierarten**, die sich im Schutz des Zoos so weit entwickeln können, dass sie anschließend in lebensfähigen Gruppen – zunächst unter schützender Beobachtung – in die Freiheit zurückgeführt werden können. So konnte u. a. der

Da unten liegt Bouley Bay.

Mauritius-Falke, von dem es zu Beginn der 1970er-Jahre nur noch vier Exemplare gab, Ende der 1990er-Jahre von der roten Liste gestrichen werden. **Wahrzeichen des Zoos ist der Dodo**, ein flugunfähiger Kranichvogel, der seit dem 17. Jh. ausgerottet ist.
Auf dem wunderschönen 25 ha großen Gelände gibt es u. a. einen Wasserlauf mit Flamingos, Kranichen und Reihern, eine Spielfläche für Orang-Utans, ein Reptilienhaus mit seltenen Schlangen- und Schildkrötenarten, ein Gehege für Fledermäuse, ein Lemurenwäldchen, ein Dunkelraum für Aye-Aye, eine Lemurenart aus Madagaskar, und viele Vogelarten. Die Hauptattraktion ist jedoch sicherlich das große Freigehege für Gorillas, wo man das soziale Leben dieser Menschenaffen bestens beobachten kann.
tgl. 9.30 – 18, Winter bis 17 Uhr | Eintritt Erw. 18 £, Kinder 14 £
www.durrell.org

TRINITY ERLEBEN

TRINITY ARMS €
Einfaches, günstiges Lokal in einem alten Landhaus
La Rue des Picots
Tel. 86 46 91

UNDERCLIFF GUEST HOUSE €€
Apartments und Ferienwohnungen in schöner Umgebung nahe der Bucht. Das hübsche alte Haus hat einen großen Garten und einen kleinen beheizten Outdoor-Pool.
Bouley Bay
Tel. 86 46 91
www.undercliffjersey.com

FORT LEICESTER €€€
Self-Catering-Haus im Besitz von Jersey Trust, geschmackvolles Ambiente in einem alten Fort.
Bouley Bay
Tel. 63 33 04
www.jerseyheritage.or

Faszinierende Blütenpracht

Eric Young Orchid Foundation

Südlich des Durrell Wildlife Conservation Trust empfiehlt sich der Besuch der von Eric Young gegründeten **Orchideenfarm**. In den Gewächshäusern werden Orchideen aufgezogen und neue Orchideen gezüchtet, Besucher erleben die unglaubliche Farben- und Formenvielfalt dieser faszinierenden Gewächse. Das eigentliche Ausstellungshaus ist zudem sehr ansprechend gestaltet.

Feb. – Mitte Dez. Mi. – Sa. 10 – 16 Uhr | Eintritt Erw. 6,50 £, Kinder 2 £ | www.ericyoungorchidfoundation.co.uk

Spielplatz für Tüftler

Steam, Motor & General Museum

Das Pallot Steam, Motor & General Museum südwestlich der Trinity-Kirche zeigt die Sammlung von Lyndon »Don« Pallot (1910 – 1996) – ein Sammelsurium, das allerlei **interessante Maschinen** wie Dampflokomotiven, Dampfwalzen, dampfbetriebene Orgeln und Harmoniums, Traktoren und ein paar Autos aus den 1950er-Jahren umfasst. Pallot betrieb eine Landmaschinenwerkstatt und genoss einen überragenden Ruf als Reparaturgenie.

April – Okt. Di., Fr. 10 – 17 Uhr | Eintritt Erw. 8 £, Kinder 3 £
www.pallotmuseum.co.uk

Nichts los

Bouley Bay

Die kleine Bouley Bay ist die einzige in der Gemeinde Trinity, die man mit dem Auto erreichen kann. Eine schmale Straße führt in zahlreichen Windungen durch ein Wäldchen hinunter. Unten liegt die malerische Bucht, an der – bis auf ein Hotel – nicht viel los ist. Und genau das ist das Schöne. Wer mehr will, kann vom Bouley Bay Dive Centre aus die Unterwasserwelt erkunden.

GUERNSEY

Fläche: 65 km² | **Bevölkerungszahl:** 63 700

Schon Victor Hugo und Auguste Renoir verliebten sich in die westlichste der Kanalinseln, die Wind und Wetter stärker ausgesetzt ist als etwa Jersey. Die Klippen sind hier etwas steiler als beim Nachbarn, die Buchten etwas abgeschiedener, die Landschaft etwas herber – Guernsey ist eine Insel für Romantiker und Individualisten.

Insel der »Diamanten«

Landschaft und Klima

Guernsey, die zweitgrößte Kanalinsel, liegt etwa 30 km nordwestlich von Jersey und 36 km südwestlich von Alderney. Die 65 km² große Insel bildet ein Dreieck, dessen Süd- und Ostküste mit knapp 10 km fast gleich lang sind. Die Nordküste verläuft mit einer Länge von 13,5 km in Südwest-Nordost-Richtung. Auf Guernsey sind die Temperaturen im Schnitt etwa 2 °C niedriger als auf Jersey, das tiefer im schützenden Golf von St. Malo liegt. Deshalb wird dem Pflanzenwachstum auf Guernsey in **Gewächshäusern** auf die Sprünge geholfen – diese sind ein **Markenzeichen der Insel**, wie bei der Ankunft per Flugzeug an einem Sonnentag deutlich wird, wenn von unten zahlreiche glitzernde »Diamanten« das Sonnenlicht reflektieren.

Das **Inselinnere** ist relativ stark zersiedelt. Doch findet man im Süden und Südwesten noch abgelegene, idyllische Fleckchen mit lieblichen Wiesenlandschaften, die sich über flaches Hügelland ziehen. Zur Küste hin gibt es an einigen Stellen im Süden kleine Wäldchen. Der Norden und Nordosten ist überwiegend Flachland, im äußersten Nordosten erstreckt sich Guernseys ausgedehnteste Dünenlandschaft.

Der antike Name der Inseln lautete **Sarmia**. Im Mittelalter bildete sich allmählich der heutige Name Guernsey heraus, dessen Bedeutung bis auf die Endsilbe -ey für »Insel« nicht bekannt ist. Möglicherweise leitet er sich von einem Normannenführer namens Guernin ab. Bezeichnungen wie Garnereia, Gernere, Gerneroi oder Guernereye sind ebenfalls überliefert.

Wilde Klippen, sanfte Buchten

Küste

Da die Inseloberfläche von Süden nach Norden abfällt, hat Guernsey zwei vollkommen unterschiedliche Küsten. Die **Südküste**, die bis auf über 90 m ansteigt, ist durchweg Steilküste – vor allem im Südosten gibt es äußerst malerische Buchten zwischen dicht bewachsenen Steilhängen und kleineren pittoresken Felsformationen. Die Küste, die sich **von Nordosten nach Südwesten** zieht, ist dagegen größtenteils flach, hier findet man die langen Sandstrände und kleinere, von Dünen gesäumte Sandbuchten. Die flachen Strände und Buchten werden bei Niedrigwasser deutlich breiter, und in den meisten zeigen sich dann zwischen längeren oder kürzeren Sandstränden auch felsige Abschnitte. Die **Ostküste** steigt südlich von St. Peter Port abrupt an und ist landschaftlich ähnlich eindrucksvoll wie die Südküste, in nördlicher Richtung geht das Häusermeer von St. Peter Port unmittelbar in die kleine Hafenstadt St. Sampson und das Industriegebiet von Guernsey über.

Die Verwaltung der Insel

Bailiwick of Guernsey

Guernsey ist die Hauptinsel des Bailiwick of Guernsey, zu dem auch Alderney, Sark, Herm und die kleinen Eilande bzw. Felsen Brecqhou, Jethou, Lihou, Ortac, Burhou und Les Casquets gehören. Insgesamt leben im Bailiwick etwa 67 000 Menschen. Alderney und vor allem Sark haben jedoch eine relativ große Unabhängigkeit mit eigener Gesetzgebung und eigenem Gericht. Das Inselparlament des Bailiwick of Guernsey (States of Deliberation) besteht aus 43 Mitgliedern, davon 40 mit vollem Stimmrecht: dem **Bailiff**, 38 gewählten Abgeordneten, zwei Vertretern von Alderney sowie dem Procureur und dem Comptroller, beide von der Krone ernannt. Bailiff, Procureur und Comptroller sind allerdings nicht stimmberechtigt. Die States tagen jeweils am letzten Mittwoch im Monat.

Die Klippen sind ein wenig steiler, die Buchten etwas einsamer auf Guernsey. Das gilt auch für Marble Bay an der Ostküste.

GUERNSEY
0
1 km
0,5 Miles
© BAEDEKER
Saline Bay
Cobo Bay
Albeck
Vazon Bay
CASTEL
Perelle Bay
Richmond
L'Erée Bay
Lihou Island
Fort Saumarez
L'Erée
King's Mills
ST. SAVIOUR
Les Lohiers
Rocquaine Bay
Les Buttes
Le Catillion
Fort Grey
ST. PETER IN THE WOOD
ST. PIERRE DU BOIS
Airport
Pleinmont
TORTEVAL
La Villiaze
Les Laurens
FOREST
Baie de la Forge
Belle Elizabeth
Havre de Bon Repos
Corbière Bay
Le Gouffre

Fontenelle Bay
Mont Cuet
L'Ancresse Bay
Golfplatz
L'Ancresse
La Fontenelle
Grande Havre
Clos du Valle
Pulias
Le Marais
Bordeaux
VALE
Bordeaux Harbour
Oatlands Village
Saltpans
Vingtaine de l'Epine
ST. SAMPSON
VALE
Camp du Roi
La Tonelle
Les Quartiers
Belle Greve Bay
La Chaumiere
ST. PETER PORT
Castle Cornet
Bailiffs Cross
Havelet Bay
ANDREW
Le Mont Durant
Fort George
Soldiers Bay
Les Huriaux
Les Naftiaux
Sausmarez Manor
Fermain Bay
La Villette
ST. MARTIN
La Fosse
Moulin Huet Bay
St Martin's Point
La Bette Bay
Saint's Bay
Telegraph Bay
Jerbourg Point
Icart Point

Die Insel Guernsey selbst ist in die **zehn Gemeinden** (»parishes«) St. Peter Port, Castel, Forest, St. Andrew, St. Martin, St. Peter in the Wood, St. Sampson, St. Saviour, Torteval und Vale unterteilt. Diese Gemeinden sind traditionell sowohl kirchliche als auch politische Einheiten. Die Verwaltung innerhalb einer Gemeinde liegt in den Händen der »Douzaine«, einem traditionell – und dem Namen entsprechend – aus zwölf Gemeindemitgliedern bestehenden Rat.

Die Insel der »Esel«

Die Insulaner

Insbesondere von den Jersianern werden die Inselbewohner von Guernsey als **»donkeys«** bezeichnet – als sture, spießige Esel – was die Konkurrenz zwischen den Inseln deutlich zum Ausdruck bringt. Auf Guernsey heißt es, dass wer mit 25 Jahren noch nicht in festen Händen ist und auch noch nie in London war, ein »donkey« sei. Letztlich sind die Menschen auf Guernsey aber stolz darauf, »donkeys« zu sein, und eine bekannte Karikatur, die anlässlich der Befreiung von der deutschen Besatzung Ende des Zweiten Weltkriegs entstand, zeigt einen selbstbewussten und frechen Esel, der den Deutschen einen kräftigen Huftritt gibt.

Die meisten Insulaner wohnen in der Hauptstadt St. Peter Port; daneben gibt es viele Dörfer, deren Häuser teilweise weit zerstreut in der Landschaft liegen, sowie das kleinere Städtchen St. Sampson. Wie auf Jersey gibt es auf Guernsey ein Krankenhaus, Kirchen verschiedener Glaubensrichtungen, alle Schularten mitsamt diverser Ausbildungsmöglichkeiten. Die Bevölkerung stammt zu 53,5 % von der Insel selbst, also nur gut 34 000 Bewohner sind gebürtig von Guernsey. Der Rest der Inselbevölkerung sind **gut betuchte Zugewanderte**. Da die Bevölkerungsdichte mit 965 Personen pro km² inzwischen sehr hoch ist, versucht man, die Zuwanderung durch Gesetze einzudämmen. Andererseits ist man an den Steuereinnahmen der Zuwanderer interessiert. Ebenso wie auf Jersey gibt es auf Guernsey neben einem **lokalen Immobilienmarkt** – der nur **für Einheimische** und Personen, die einen auf der Insel benötigten Beruf ausüben, zugänglich ist – einen offenen Markt für die Zugezogenen, auf dem erheblich höhere Preise gezahlt werden müssen.

Wovon leben die Insulaner?

Wirtschaft

Finanzgewerbe und Unternehmungsdienstleistungen spielen in der Wirtschaft Guernseys mit einem Anteil von etwa 40 % am Bruttoinlandsprodukt immer noch die bedeutendste Rolle. Es gibt zahlreiche Banken auf der Insel, außerdem haben Tausende von Firmen, meist **Briefkastenfirmen**, hier ihren Sitz. Anders als auf Jersey liegt das Gewicht der Finanzindustrie auf hauseigenen Versicherungsgesellschaften steuersparender Konzerne. Die Bedeutung des **Tourismus** ist in den vergangenen Jahrzehnten spürbar zurückgegangen, sein Beitrag zum Bruttoinlandsprodukt beträgt nur noch 4 %. Den Besu-

Mögen die Straßen noch so schmal sein – Kühe haben Vorfahrt auf Guernsey.

chern der Insel stehen aber immerhin noch ca. 5200 Betten in etwas mehr als 2000 Zimmern zur Verfügung. Stark entwickelt hat sich der Einzelhandel, nicht zuletzt begünstigt durch die zahlreichen Tagestouristen, die von Frankreich aus anreisen. Der einstmals so bedeutende **landwirtschaftliche Sektor** ist gesamtwirtschaftlich mittlerweile fast vernachlässigbar.

Neben der **Milchwirtschaft** ist für Guernsey der Anbau in **Gewächshäusern** wichtig. Früher wuchsen Weinreben in den Gewächshäusern, daher tragen sie noch heute den Namen **»vineries«**. In den »vineries« wurden dann lange hauptsächlich Tomaten gezogen, die berühmten **»Guernsey-Toms«**, die 1865 von Spaniern nach Guernsey gebracht worden waren. Über Jahrzehnte waren sie ein bedeutender Exportartikel für den englischen Markt, in der Zeit des Ersten Weltkriegs gab es einen regelrechten Boom. Ein erster großer Einbruch kam mit der Ölkrise in den 1970er-Jahren, als es relativ kostspielig wurde, die Treibhäuser zu heizen. Mit Englands Beitritt zur EU verlor Guernsey die Monopolstellung im Tomatenhandel. Heute werden in den »vineries« in erster Linie Schnittblumen – Rosen, Fresien und Nelken – sowie Topfpflanzen für den Export angebaut.

Die Insel bereisen

Verkehr

Auf Guernsey sind insgesamt knapp 62 000 Fahrzeuge gemeldet – das **Autokennzeichen** besteht nur aus einer maximal fünfstelligen Zahl, lediglich bei Verlassen der Insel bekommen die Autos das zusätzliche Kennzeichen GBG. Guernseys **schmale Straßen** sind meist sehr befahren, und die hohe Verkehrsdichte ist eines der Probleme auf der Insel, besonders in St. Peter Port, wo Parkraum sehr knapp ist. Das Straßennetz ist gut ausgebaut, eine der Hauptstraßen führt um die gesamte Insel herum. Der öffentliche Verkehr wird durch ein dichtes **Busnetz** abgedeckt. Auf dem Guernsey Airport werden jährlich knapp 1 Million Passagiere ins Ausland und zu den Kanalinseln Alderney und Jersey abgefertigt. Die Nachbarinseln Sark und Herm sind durch einen regelmäßigen **Schiffsverkehr** mit St. Peter Port verbunden, ebenso Jersey.

Nicht gar so königstreu

Geschichte

Guernsey wurde nach der letzten Eiszeit ab 10 000 v. Chr. allmählich vom Kontinent abgetrennt. Die frühesten kulturellen Hinterlassenschaften sind Megalithanlagen, die die Besiedlung um etwa 4500 v. Chr. dokumentieren. Nahe der King's Road in St. Peter Port entdeckte man die relativ gut erhaltene Leiche eines eisenzeitlichen Kriegers, der ein Schwert mit Dekorationen im La-Tène-Stil bei sich trug.

In römischer Zeit gab es in St. Peter Port eine Hafensiedlung; der Fund eines Wracks zeugt von einem relativ engen Kontakt der Insulaner zum römischen Gallien. Die **Christianisierung** der Insel erfolgte ab etwa 600 durch den keltischen Missionar St. Sampson.

Im 11. Jh. wurde Guernsey in zwei gleich große Lehnsgüter aufgeteilt. Nachdem sich die Inseln im 13. Jh. als letzter Teil des Herzogtums Normandie für den englischen König als Regenten ausgesprochen hatten, war Guernsey jahrhundertelang ständig den **Angriffen der Franzosen** ausgesetzt. Bis ins 19. Jh. wurden Küstenbefestigungen gebaut. Die Bewohner von Guernsey waren im Vergleich zu den Jersianern stets weniger loyal dem englischen König gegenüber, was **zur Zeit des englischen Bürgerkriegs** im 17. Jh. zu massiven Spannungen zwischen dem damaligen königstreuen Gouverneur Sir Peter Osborne und der Bevölkerung führte. Im frühen 17. Jh. lebten etwa 7500 Menschen auf Guernsey. Mit zunehmendem Reichtum, den Seehandel, Piraterie und Schmuggel auf die Insel brachten, wuchs die Bevölkerungszahl bis 1800 auf über 16 000, und Ende des 19. Jh.s waren es doppelt so viele.

Während der Amtszeit von Lieutenant-Governor Doyle von 1803 bis 1816 wurde der schmale **Meeresgraben »Braye«** trocken gelegt, wodurch die Insel Clos du Valle an den Inselkörper angeschlossen wurde; außerdem wurde in dieser Zeit das Straßennetz ausgebaut. 1879 eröffnete eine **dampfbetriebene Straßenbahnlinie** zwischen

St. Peter Port und dem Hafen St. Sampson, von wo aus im 19. Jh. ein Großteil des wichtigen Granitexports abgewickelt wurde.
Wie auch auf den anderen Inseln brachte die **deutsche Besatzung** einen großen Einschnitt für die Insel. Von den etwa 42 000 Insulanern wurden 17 000 evakuiert. Nach dem Krieg wurde die Wirtschaft schnell wieder angekurbelt. Als das Geschäft mit Tomaten rückläufig war, senkte man die Einkommenssteuer und zog so die Finanzindustrie auch nach Guernsey; der Tourismus wurde ausgebaut.

Literarisch verewigt

Schmuggler

In seinem Roman **»Les Travailleurs de la Mer«** beschreibt **Victor Hugo** (1802 – 1885) den Schmuggel sehr eindrücklich:
»In jener Zeit kamen die spanischen Schmugglerschiffe bis nach Guernsey. Sie brachten Zigarren aus Havanna und Wein von Xeres, welchen die Engländer Sherry nennen. [...] Über alle Zweifel sicher ist, daß keine Woche verging, ohne daß in der Baie des Saints oder bei Pleinmont ein oder zwei dieser Schiffe anlangten. Das nahm sich beinahe wie ein regelmäßiger Verkehr aus. Eine Höhle am Meer bei Sercq hieß oder heißt heute noch ›der Laden‹, weil die Schmuggler in dieser Grotte ihre Ware feilhielten. [...] An vielen Punkten der englischen und der französischen Küste herrschte zwischen dem Schmugglervolk und dem konzessionierten, steuerpflichtigen Handel ein heimliches Einverständnis. Die Konterbande fand bei so manchem reichen Geldmann Einlaß, freilich nur durch die Hintertür, und ergoß sich unterirdisch in den Handel und durch das ganze Geäder des Geschäftsverkehrs. Ehrliche Kaufleute von vorne, Schmuggler von hinten: das war die Geschichte vieler Vermögen. [...] Wie dem auch sei, der von der Justiz verfolgte Schleichhandel erfreute sich gewogener Gönner in der Welt der Begüterten und stand so mit der ›besten Gesellschaft‹ in Verbindung. Die Diebeshöhle, in der einst der Schmugglerhauptmann Mandrin mit dem Grafen von Charolais zusammentraf, präsentierte sich nach außen hin ehrbar und zeigte der Gesellschaft eine untadelige Fassade, genau wie ein gutes Bürgerhaus.«

★ CASTEL

Einwohnerzahl: 8800

Mit feinen, flach ins Meer abfallenden Sandstränden und kristallklarem Wasser am langgestreckten Cobo Beach punktet die größte Gemeinde der Insel. Kein Wunder, dass sich hier Familien, Surfer, Sonnenhungrige und Wasserratten im Sommer tummeln.

Die »gute Stube aus der guten alten Zeit« im Folk & Costume Museum

Der Ort Castel bzw. Câtel im Westen der Insel ist zweifellos das Strandparadies Guernseys. Neben der Cobo Bay mit dem Küstendorf Cobo lockt aber auch ein Küstenpfad: Wer genug vom Baden hat, nimmt den Naturlehrpfad, der von der Cobo Beach zum schönen Saumarez Park führt.

Wohin in Castel?

Cobo Bay

Familienfavorit

Die Cobo Bay mit langen Sandstränden zwischen Felsabschnitten ist bei Touristen und Einheimischen gleichermaßen beliebt und eignet sich ausgezeichnet zum Surfen. Vor allem Familien mit Kindern kommen an diesen Badeplatz, an dem man den Tag mit Strandboccia oder Sandburgenbauen verstreichen lassen kann. An der Uferstraße stehen außer den Häuschen von Cobo auch kleinere Hotels.

Südlich oberhalb der Cobo Bay liegt versteckt in einem Pinienwäldchen die Ruine des **Fort Guet**, das zu Beginn des 19. Jh.s gebaut wurde. Bereits im 16. Jh. hatte es hier oben einen **Beobachtungspunkt** gegeben. Von oben bietet sich ein schöner Blick den Ort und die Bucht.

Die benachbarte **Vazon Bay** gibt bei Niedrigwasser einen noch breiteren Sandstrand frei, auf dem hin und wieder Strandbike-Rennen stattfinden. Wie in der Cobo Bay gibt es auch hier felsige Abschnitte.

CASTEL ERLEBEN

WAVES APART HOTEL €€€€
Modernes Hotel mit geschmackvollen Apartments nahe der Vazon Bay.
Vazon Bay Road
Tel. 25 62 46
www.wavesguernsey.com

FLEUR DU JARDIN HOTEL €€€
Schönes Landhotel in einem restaurierten Bauernhaus, geschmackvoll eingerichtete Zimmer. Außerdem: ein herrlicher Garten mit Pool und ein gutes Restaurant.
King's Mill, Castel
Tel. 25 79 96
www.fleurdujardin.com

COBO BAY HOTEL €€€
Punktet mit tollem Blick auf diie Cobo Bay und Zugang zum Sandstrand. Außerdem gibt es Sauna, Sonnenterrasse und ein gutes Restaurant.
Cobo Bay
Tel. 25 71 02
www.cobobayhotel.com

Auch die Vazon Bay wird sowohl von Familien mit Kindern als auch von Schwimmern gern besucht und ist eine hervorragende Surfbucht.

Burg und Bunker

Fort Hommet Gun Casemat

Auf dem Landvorsprung zwischen den beiden Buchten wurde im 19. Jh. das Fort Hommet errichtet, von dem noch Reste erhalten sind. Die Deutschen nutzten auch diesen strategischen Punkt und errichteten Bunker, die Teil der **Verteidigungslinie »Stützpunkt Rotenstein«** an der Westküste waren. Einer der 1943 gebauten Bunker ist als Museum Fort Hommet Gun Casemat eingerichtet.
April – Okt. Sa. 14 – 16.30 Uhr | Eintritt Erw. 2,50 £, Kinder 1 £

Die gute alte Zeit ...

Saumarez Park Folk & Costume Museum

Südöstlich der Cobo Bay liegt das einstige Anwesen der Saumarez-Familie, das heute als Park öffentlich zugänglich und beliebtes Ausflugsziel für Familien ist. Der größte Teil ist eine englische Gartenanlage mit weiten Rasenflächen und altem Baumbestand, außerdem gibt es einen Rosengarten und einen kleinen Japanischen Garten. Das Herrenhaus ist heute Altersheim.
In den ehemaligen Stallgebäuden hat der National Trust das **Folk & Costume Museum** eingerichtet, in dem man einen Einblick in das frühere ländliche Leben auf Guernsey erhält und vor allem etwas über das Dasein der Inselkinder erfährt. Nachgebildet wurden eine Küche, ein Schlafzimmer, eine »gute Stube«, ein Schulraum, ein Waschhaus. Zudem sind hier auch eine Cider-Scheune und eine Sammlung landwirtschaftlicher Geräte und alter Kutschen zu sehen.
April – Okt. tgl. 10 – 17 Uhr | Eintritt frei
www.nationaltrust.gg

Mittelalterliche Bibelszenen

Castel Parish Church

Die Kirche Sainte Marie du Câtel steht südöstlich des Saumarez Parks auf einem Hügel, auf dem es früher eine Burg gab. Von dieser einstigen Burg rührt wohl auch der Name der Gemeinde. Die Kirche wurde bereits im 12. Jh. erwähnt. Innen sind **Wandmalereien** aus dem 13. Jh. erhalten, die u. a. eine Abendmahlsszene zeigen sowie Abbildungen von verwesenden Leichen. Vor der Kirche steht eine Art **Menhir**, wahrscheinlich aus dem 6. Jh., von dem man annimmt, dass er ähnlich wie die bekannte Gran'mère du Chimquière (► St. Martin) eine weibliche Gottheit verkörpert. Ein steinerner Sitzplatz davor war im Mittelalter vermutlich für den Richter bestimmt.

FOREST

Einwohnerzahl: 1600

Mit der Petit Bôt Bay besitzt Forest gewiss nicht die spektakulärste, sicher aber eine der romantischsten Buchten der Insel. Und weil der Name »Forest« Programm ist, liegt diese am Ende eines hübschen bewaldeten Tals.

Landschaftliches Schmuckstück der Gemeinde ist die idyllische kleine Badebucht **Petit Bôt**, in die sich zwei Sträßchen hinunterwinden. Aus zwei Tälern fließen kleine Wasserläufe hinunter in die Bucht. Die hübsche Petit Bôt Bay liegt geschützt zwischen begrünten Felsen und ist auch für Kinder geeignet. Bei Flut hat sie einen Kiesstrand, bei Niedrigwasser kommt ein Sandstrand zum Vorschein. Bei Ebbe kann man zwei Höhlen erkunden.

Wohin in Forest?

Über den Klippen

Cliffpath

Wunderschön ist auch auf dem Gemeindegebiet von Forest der Küstenabschnitt, den man auf dem Klippenwanderweg (»cliffpath«) erwandern kann (► S. 133). Auch außerhalb der Badesaison ein Grund für einen Aufenthalt im Ort.

Schatz des Mittelalters

Forest Parish Church

Unweit der Hauptstraße Le Bourg steht mitten in den hügeligen Wiesen die zweischiffige Pfarrkirche Sainte Marguerite de la Forêt. 1048 wurde das Kirchlein in der Royal Charter erstmals erwähnt, jedoch existierte es wohl auch zu diesem Zeitpunkt schon länger. Ältester

FOREST ERLEBEN

LE GOUFFRE €€
Am besten sitzt man in dem Lokal am Cliffpath natürlich auf der Terrasse mit Meerblick. Aber auch das Essen ist sehr fein – vor allem die Meeresfrüchte. Aber auch der Kuchen ist köstlich.
Le Gouffre, Tel. 26 41 21

LE CHENE HOTEL €€€
Angenehmes ländliches Familienhotel mit Pool in der Nähe der Bucht.
Forest Road
Tel. 23 55 66
www.lechene.co.uk

Teil ist das östliche Ende des Südschiffs, wo heute die Orgel steht, anschließend baute man den Glockenturm. Der etwas **gedrungene Kirchturm mit den vier kleinen Spitztürmchen an der Basis** ist typisch für die Bauweise auf Guernsey.

Besatzung und Befreiung

German Occupation Museum

Südlich der Forest Parish Church informiert das German Occupation Museum über die **deutsche Besatzung**. Sehr anschaulich werden der Alltag der Insulaner während der Kriegsjahre und die Auswirkungen der Nahrungsmittelknappheit auf das häusliche Leben anhand von privaten Fotoalben, Dokumenten, Bekanntmachungen, Zeitungsausschnitten, Waffen und Geräten gezeigt. Eine ganze Straße (Occupation Street) wurde mit Figuren, Fahrzeugen, Telefonzelle etc. nachgestellt. Gezeigt wird außerdem ein informatives Video über diese Zeit auf Guernsey und über die Befreiung der Insel. Nach dem Rundgang kann man sich in einem idyllischen kleinen Teegarten niederlassen.
April – Okt. tgl. 10 – 14, Nov. – März 10 – 13 Uhr | Eintritt Erw. 6 £, Kinder 3 £ | www.germanoccupationmuseum.co.uk

★ ST. ANDREW

Einwohnerzahl: 2300

Hat die Gemeinde auch keinen Zugang zur Küste – hier steht die meistbesuchte Sehenswürdigkeit der Insel: die Little Chapel. Die möglicherweise kleinste Kirche der Welt wurde mit Hilfe von Spenden aufwändig restauriert und präsentiert sich wieder als Schmuckstück.

Die Gemeinde im südöstlichen Inselzentrum ist tatsächlich die einzige Inselgemeinde ohne Küstenabschnitt. Nach Westen hin ist St. Andrews sehr ländlich geprägt und hat geradezu romantische Flecken mit leicht gewellten Wiesen und Feldern, im Osten spürt man noch die Nähe des benachbarten St. Peter Port.

Wohin in St. Andrew?

Mini-Lourdes aus Porzellan

Little Chapel

Ein ansehnliches Kuriosum und das bestbesuchte Touristenziel Guernseys ist die Little Chapel nordöstlich vom Flughafen. Sie macht ihrem Namen alle Ehre, denn sie ist angeblich die **kleinste Kirche der Welt**. Das mit Muscheln und Porzellanscherben übersäte Kirchlein ist das Werk von Bruder Déodat, Mitglied der De La Salle Bruderschaft, die 1904 nach Guernsey kam, als sie in Frankreich verboten worden war. Déodat verliebte sich in das in der Tat sehr hübsche Tal und beschloss, hier eine **Miniaturausgabe der Kirche von Lourdes** zu bauen. Er begann seine Arbeit im März 1914, riss die halbfertige Kirche aber wieder ein, da sie bereits in diesem Zustand Gegenstand von Witzen und herber Kritik geworden war. Schließlich baute er doch weiter – allerdings zerstörte er sie 1923 angeblich nochmals, als der Bischof von Portsmouth hier eine Messe halten wollte, als großgewachsener Mann aber nicht aufrecht in der kleinen Kirche stehen konnte. Die heutige Little Chapel wurde 1925 fertig, das Porzellan nach einem Aufruf in der Zeitung von vielen Insulanern gebracht.

Lazarett in der Unterwelt

German Military Underground Hospital

Unweit östlich der Little Chapel kann man in einer wunderschönen, leicht hügeligen Wiesenlandschaft das **German Military Underground Hospital** besichtigen. Es bringt seine Besucher nicht nur physisch zum Frösteln. Die unterirdischen Schächte, die von Zwangsarbeitern aus Frankreich, Spanien, Marokko, Algerien, Belgien, Holland, Polen und Russland in den Berg gehauen werden mussten – eine Arbeit, bei der es zahlreiche Tote gab –, dienten nach der Invasion der Alliierten in der Normandie für drei Monate als Krankenhaus für deutsche Verwundete. Es war für 800 Patienten angelegt und sollte im Notfall die drei- bis vierfache Anzahl aufnehmen können. Nach drei oder vier Wochen in dem sonnenlichtlosen Krankenlager waren die Verwundeten aschfahl, nach sechs Wochen wurden sie nach draußen gebracht, als man sicher war, dass es keinen Angriff der Alliierten auf die Insel gab. Das Inventar nahmen die Deutschen teilweise mit, teilweise wurde es 1945 von den Briten ausgeräumt. Heute gehen Besucher oft allein durch die grauenvollen, leeren Gänge, in

In jahrelanger Detailarbeit verzierte Bruder Déodat sein Miniatur-Lourdes.

denen es von den Decken tropft und jeder Schritt widerhallt. An einigen Stellen sind noch ein paar rostige Feldbetten zu sehen.
April u. Okt. Mo.–Fr. 10 – 16, Mai– Sept. tgl. 10 – 16 Uhr | Eintritt Erw. 5 £, Kinder 2,50 £ | www.germanundergroundhospital.co.uk

ST. MARTIN

Einwohnerzahl: 6600

Als Auguste Renoir 1883 einen Monat auf Guernsey verbrachte, schuf er 15 Gemälde, von denen die meisten Küstenabschnitte der Gemeinde St. Martin zeigen. Warum Renoir diese Gegend so liebte, erschließt sich bei einer Wanderung auf dem Küstenweg..

Die Gemeinde St. Martin im Südosten der Insel Guernsey bietet mit ihren wunderbaren Buchten, Klippen und Landzungen einen der schönsten Küstenabschnitte der Insel. Auch der kleine Ort selbst mit dem hübschen kleinen Herrenhaus lohnt einen Besuch; hier kann man schöne Spaziergänge durch die teilweise sehr malerischen Straßen in Richtung Icart Point unternehmen.

Wohin in St. Martin?

Mittelalter trifft Frühgeschichte

St. Martin's Parish Church

St. Martin's Parish Church wartet schon an der Eingangspforte zum Friedhof mit einer der wichtigsten Inselsehenswürdigkeiten auf. Der berühmte Menhir, die **Gran'mère du Chimquière** (Großmutter des Friedhofs), gilt als **Erd- oder Muttergottheit**. Sie stammt aus zwei unterschiedlichen Epochen. Zwischen 2500 und 1800 v. Chr. wurde der 1,5 m hohe Granitmenhir zu einer weiblichen Figur mit Brüsten, verschränkten Armen und einem Gürtel bearbeitet. In spätrömischer Zeit um 200 – 300 n. Chr. verstärkte man die Gesichtslinien, meißelte Locken um das Gesicht herum und gab ihr einen Mantelumhang. Zu bestimmten Anlässen wird die Gran'mère du Chimquière mit der Bitte um Fruchtbarkeit und Glück mit Münzen bedacht oder mit Blumensträußen und Blumenkränzen um den Hals oder im Haar geschmückt.
Die zweischiffige Kirche geht auf das 11. Jh. zurück, lange Zeit war sie die **Familienkirche der Sausmarez**. Innen sind Gedenktafeln für Mitglieder der Sausmarez und der Familie Andros zu sehen. Ein Fenster an der Südseite zeigt St. Martin und das Wappen von Tour, wo der Heilige im 4. Jh. das Amt des Bischofs innehatte. Außerdem sind die

Wappen von Frankreich und England zu sehen sowie das Wappen von Coutance, da die Kanalinseln jahrhundertelang dem Bischof von Coutance unterstanden.

Sausmarez? Saumarez?

Sausmarez Manor

Sausmarez Manor ist Sitz der Familie Sausmarez, ein Familienzweig der Samarès auf Jersey, der seit dem 13. Jh. auch auf Guernsey bezeugt ist. Heute trifft man hier auf den Familiennamen in zweifacher Version: Sausmarez und Saumarez. Die **Namensänderung** ging unter männlichen Familienmitgliedern der Sausmarez vonstatten, die in der englischen Armee tätig waren und ungern ihren französischen Namen präsentierten. Sausmarez Manor geht auf ein erstes, wesentlich kleineres Herrenhaus aus dem 13. Jh. zurück, das senkrecht zu dem heutigen Bau stand und von dem nur noch wenige Überreste erhalten sind. Im 16. Jh. wechselte der Besitz an die Familie Andros, nachdem George Sausmarez ohne Erben gestorben war; John Andros ließ ein Haus in der heutigen Ausrichtung im Tudorstil bauen, durch Veränderungen um das Jahr 1700 erhielt es die Granitfassade mit dem **»widow's walk«**, dem Ausguck ganz oben auf dem Dach.
Mitte des 18. Jh.s konnte die Familie Sausmarez den Sitz wiederum übernehmen. Unter Thomas Sausmarez und seiner Frau, die insgesamt 28 Kinder hatten – von denen allerdings zwölf starben – wurden innen umfassende bauliche Veränderungen vorgenommen. Die größeren Räume teilte man, um für die vielen Personen mehr Zimmer zu

Ganz oben auf Sausmarez Manor konnte man vom »widow's walk« Ausschau halten.

ST. MARTIN ERLEBEN

LA BARBARIE HOTEL €€€€
Das Hotel mit seinen 38 individuell eingerichteten Zimmern befindet sich in einer ehemaligen Priorei aus dem 16. Jahrhundert.
Saints Bay, Tel. 23 52 17
www.labarbariehotel.com

FERMAIN VALLEY HOTEL €€€€
Gediegenes Hotel in der schönen Bucht. Großzügige Zimmer und viele Annehmlichkeiten wie Pool, Sauna und große Terrasse. Reataurant und Brasserie.
Fermain Lane
Tel. 23 56 66
www.fermainvalley.com

HOTEL JERBOURG €€€
Herrliche Lage hoch auf den Klippen mit Blick zu den Nachbarinseln. Nur einen Katzensprung vom Klippenpfad entfernt. Weitere Pluspunkte: der Pool und das tolle Fischrestaurant.
Jerbourg Point
Tel. 23 88 26
www.hoteljerbourg.com

LES DOUVRES €€€
Das kleine Hotel mit 18 Zimmern verfügt über einen großen Garten und einen solarbeheizten Außenpool.
La Fosse de Haut
Tel. 23 87 31
www.lesdouvres.com

schaffen. George Sausmarez, einer der Söhne von Thomas Sausmarez, ließ nochmals Umbauten vornehmen, aus dieser Zeit stammt die gelungene Eingangshalle. Heute noch ist das Haus in Besitz der Familie Sausmarez und wird derzeit von Peter de Sausmarez bewohnt. Teile des Herrenhauses sind im Rahmen von englischsprachigen Führungen zugänglich.

Führungen (45 – 50 Min.) April, Mai Mo. – Sa. 11.30, Juni – Sept. 10.30, 11.30, 14.30 Uhr | Eintritt Erw. 10 £, Kinder unter 14 J. 5 £
www.sausmarezmanor.co.uk

Moderne Kunst unter Palmen

Sausmarez Manor Garden

Um das Haus zieht sich ein weites Gartengelände, auf dem u. a. eine kleine Eisenbahn, der sogenannte Manor Train, eine Runde dreht. Man kann über den Sculpture Park Path spazieren und sich anschließend im Tearoom oder im Grünen niederlassen. Sehr lohnend ist schließlich ein Bummel durch den **subbtropischen Garten**, der um einen Teich herum durch große Kamelien- und Rhododendronbüsche, Bambus, Hortensien, Palmen, Eukalyptus und Mimosen führt. In dem als **Sculpture ArtPark** bezeichneten Teil des Gartens ist außerdem hervorragende **Openair-Kunst** zu sehen: eine der umfangreichsten Sammlungen Großbritanniens mit zeitgenössischen Skulpturen von ca. 90 Künstlern.

tgl. 10 – 17 Uhr | Führungen (20 Min.) Erw. 7 £, Kinder 3 £

 Auf dem Klippenweg

Zu Fuß am schönsten

Wanderung

Den wahrhaft malerischen Küstenabschnitt auf dem Gemeindegebiet von St. Martin lernt man am besten bei Wanderungen auf dem Klippenweg kennen. Bewaldete Steilküste wechselt mit blumenübersäten und farnbewachsenen Hängen, man kommt an pittoresken Felsformationen und idyllischen Buchten vorbei. Der Klippenweg beginnt südlich von St. Peter Port und führt entlang der Südostküste und der gesamten Südküste bis nach Pleinmont. Überall stehen Bänke zum Ausruhen. Im Folgenden wird der Abschnitt beschrieben, der zu St. Martin gehört.

Dichteridylle

Fermain Bay

Die Fermain Bay östlich des Sausmarez-Hauses gehört zu den schönsten Buchten auf Guernsey – schon Victor Hugo hat es häufig in dieses Idyll gezogen. Der Weg in die Fermain Bay führt durch ein bewaldetes Tal, das von einem Bach durchflossen wird. Bei Ebbe gibt es in der windgeschützten Badebucht einen Sand- und Kiesstrand. Wer nicht nur Baden und Faulenzen möchte, kann bei Ebbe im Süden der Bay die **Höhle Le Grand Creux** besichtigen. Der Turm am Ufer ist ein »unechter« Martello-Turm, der noch vor 1794, also vor der Schlacht bei Korsika, gebaut wurde.

Malerwinkel mit Weitblick

Jerbourg Point bis Icart Point

Sehr eindrucksvoll ist ein Spaziergang um die **Südostspitze** von Guernsey, bei dem man von der Ostküste aus zunächst noch die Nachbarinseln liegen sieht und schließlich bei Richtungsänderung die landschaftliche Schönheit der Südküste vor sich hat. Im Norden der Jerbourg-Halbinsel steht die **Doyle Column**, die an den Lieutenant-Governor von Guernsey und seine Leistungen für die Insel zu Beginn des 19. Jh.s erinnert.

Die **Moulin Huet Bay** ist die östlichste Bucht an der Südküste. Sie liegt geschützt zwischen der Jerbourg-Halbinsel und Icart Point. Landschaftliches Charakteristikum sind die kleinen kahlen Felsen am südöstlichen Ende der Bucht. Die Schönheit der Moulin Huet Bay zog nicht nur Victor Hugo, sondern auch **Auguste Renoir** an, der fast alle seine Guernsey-Gemälde hier malte. Der Name leitet sich von einer Wassermühle ab, die es hier noch Mitte des 19. Jh.s gegeben hat. Die Gewässer eignen sich hervorragend zum Schnorcheln.

Im westlichen Teil der Moulin Huet Bay schließt sich die **Saint's Bay** an, eine kleine Bucht mit Sand- und Kiesstrand, in die ein Bach durch das bewaldete Tal hinunterfließt. Von hier aus hat man den schönsten Blick auf die Felsen in der Moulin Huet Bay.

Der Klippenweg oberhalb der Moulin Huet Bay und der Saint's Bay führt in westlicher Richtung zum Icart Point, dem **südlichsten Punkt von Guernsey** ca. 100 m über dem Meeresspiegel.

ST. PETER IN THE WOOD

Einwohnerzahl: 2100

Vom Wald, dem der Ort seinen Namen verdankt, ist in St. Peter praktisch nichts geblieben. Der raue Charme der Küste ist jedoch nach wie vor anziehend. Besonders Lihou Island, eine kleine Gezeiteninsel vor der Nordwestküste, ist ein kleines Juwel.

Der größte Teil des Gemeindebezirks zieht sich an der Westküste mit der Rocquaine Bay entlang, außerdem gehört zu St. Peter in the Wood noch ein gesondertes Gebiet an der Südküste, das auf zwei Seiten von der Nachbargemeinde Torteval umschlossen wird.
Die längste Bucht an der Westküste ist die **Rocquaine Bay**, die – wie auch die Bezeichnung verrät – sehr steinig und felsig ist. Zwischen den Felsabschnitten gibt es Sandstrände, an denen man baden kann. Zur Rocquaine Bay gehören die L'Eree Bay im Norden und die Portelet Bay im Süden. Bei L'Eree befand sich ein **erster Flugzeuglandeplatz** auf Guernsey, bevor der Guernsey Airport 1939 in Betrieb genommen wurde.

Wohin in St. Peter in the Wood?

»Cup and Saucer«

★ Fort Grey

Auf einem Felsen in der Rocquaine Bay ließ Guernseys Lieutenant-Governor John Doyle 1803 einen Martello-Turm bauen, den er mit dem Namen Fort Grey nach dem damaligen Gouverneur versah. Zuvor stand an dieser Stelle das Rocquaine Castle. 1891 wurde der Turm an einen Fischer verpachtet, der dafür im Jahr fünf Schilling zahlte. Nach einer Auseinandersetzung über die Instandsetzung des Damms zu dem Turm hinüber übernahmen die States of Guernsey den Besitz wieder. Im Volksmund heißt der flache, weiß getünchte Turm auch **»the cup and saucer«** – »Tasse und Untertasse«.

Von den Schrecken der Seefahrt

Shipwreck Museum

In dem Turm, der im Zweiten Weltkrieg von Deutschen besetzt wurde, ist 1975 das sehr interessante kleine Shipwreck Museum eingerichtet worden, das sich der **Geschichte der Schiffsunglücke vor den Kanalinseln** und speziell vor der Westküste von Guernsey widmet. Zwischen 1734 und 1974 wurden mehr als hundert Schiffswracks geortet und systematisch dokumentiert. Viele Schiffskatastrophen sind einzeln dargestellt, der Hergang des jeweiligen Unglücks

ST. PETER IN THE WOOD ERLEBEN

THE LONGFRIE INN €€€€
Bodenständiges Lokal mit großem Biergarten und regionaler Küche.
Route de Longfrie
Tel. 26 31 07
www.thelongfrieinn.com

ST. PETER COUNTRY COTTAGES €€€
Idyllisch liegen die beiden Ferienhäuser mit herrlichem Garten und Pool auf dem Gelände einer ehemaligen Farm.
Rue de la Gallie
Tel. 26 42 42
www.paluch.co.uk

beschrieben und die zu beklagenden Verluste aufgelistet. So erfährt man etwa, dass 195 Menschen starben, als die »HMS Boreas« 1807 sank – oder auch, dass 18 Inselbewohner auf der »Titanic« mitgereist sind, von denen sechs die Katastrophe überlebten.
Apr. – Nov. tgl. 10 – 16.30 Uhr | Eintritt Erw. 4 £, Kinder 1,50 £

Turm der Erinnerung

Fort Saumarez

Auf dem Landvorsprung, der die Rocquaine Bay im Norden begrenzt, steht das Fort Saumarez, ein originaler Martello-Turm, der im Zweiten Weltkrieg wiederum von Deutschen für ihre Zwecke umgebaut wurde. Am Parkplatz hier oben ist ein Denkmal für die tödlich verunglückten Seeleute der **»Prosperity«** aufgestellt worden, die am 16./17. Januar des Jahres 1975 in den Felsen vor der Insel leckschlug. Die »Prosperity« war mit einer Holzladung auf der Fahrt von Finnland nach Piräus/Athen. 20 Meilen westlich von Hanois hatte sie einen Maschinenschaden, wurde bei schlechtem Wetter auf die Felsen getrieben und brach bei Perelle auseinander.

Spuren der Frühgeschichte

Le Creux ès Faies

Jenseits des Parkplatzes kann man ein sehr interessantes, von einem Grabhügel bedecktes, 9 m langes Ganggrab besichtigen, das zwischen 3000 und 2500 v. Chr. gebaut worden ist. Le Creux ès Faies wurde 1840 von dem Archäologen F. C. Lukis freigelegt, dabei wurden auch Grabbeigaben aus der Zeit um 1800 v. Chr. gefunden, darunter Pfeilspitzen und Scherben von Schnurkeramik.

Spielball der Gezeiten

Lihou Island

Sehr viel Spaß macht ein Ausflug hinüber nach Lihou Island im Norden der Rocquaine Bay. Lihou Island ist in Privatbesitz; es gibt kein Café und keinerlei Aufenthaltsmöglichkeiten. Die Insel ist **nur bei Niedrigwasser** über einen Damm zu erreichen, auf dem meist aber

WILDE INSEL

Die Gezeiteninsel Lihou vor der Nordwestküste Guernseys ist bei Ebbe über einen Damm erreichbar. Die felsige, windzerzauste Küste, die Gezeitentümpel und eine Klosterruine machen das kleine Eiland zu einem einzigen Abenteuerspielplatz mit hohem Romantikfaktor. Aber nicht vergessen, sich vor der Flut wieder auf den Rückweg zu machen!

kleinere oder größere Wasserlachen zurückbleiben – Barfußlaufen oder Gummistiefel können also vonnöten sein. Am Anfang des Übergangs gibt eine Tafel genaue Auskunft über die Zeiten, in denen der Damm betreten werden kann – die **wasserfreie Zeit ändert sich täglich** und schwankt zwischen einer und vier Stunden, an einigen Tagen im Monat gibt es gar keine Möglichkeit, auf die Insel zu kommen. Diese Zeiten sollte man genauestens beachten, da ein Betreten des Wegs bei auflaufendem Wasser äußerst gefährlich sein kann. Auf der 10 ha großen Insel gibt es eine reichhaltige Pflanzenwelt, im Frühjahr sieht man vor allem Unmengen von Grasnelken und Hyazinthen. Einige Gebiete, in denen Vögel brüten, dürfen in dieser Zeit nicht betreten werden. Bereits im frühen Mittelalter stand auf der Insel das **Kloster Ste. Marie de Lihou**, das zur Abtei Mont St. Michel gehörte und später zum Bauernhaus umfunktioniert wurde. Im 18. Jh. wurde es zerstört, die Ausgrabungsreste kann man heute beim Rundgang über die Insel in Augenschein nehmen.

Geistliches Zentrum der Gemeinde

St. Peter's Parish Church

Die Kirche von St. Peter in the Wood steht an einem Hang inmitten eines Friedhofs. Sie ist bereits in einem Dokument aus dem 11. Jh. erwähnt, der heutige Bau stammt aber im Wesentlichen aus dem 14./15. Jh. Interessant ist ein vorchristlicher **Menhir**, der als waagerechter, langer Stein in der Nordostecke unten **in die Kirchenmauer eingebaut** wurde. Der Boden der Kirche ist der Hanglage etwas angeglichen und steigt etwa 1,5 m zum Altar hin an. Links und rechts vom Altar sieht man die zehn Gebote und das Glaubensbekenntnis auf Französisch.

La Longue Pierre

Westlich der Route des Paysans steht mitten in einem Feld gut sichtbar ein **Menhir** namens La Longue Pierre. Als Seezeichen, wie manche andere Menhire, hat La Longue Pierre sicher nicht gedient, da er zu weit im Landesinneren steht. Es heißt, dass eine Frau, die sich ein Kind wünscht, ihn berühren soll.

★★ ST. PETER PORT

Einwohnerzahl: 19 300

Verwinkelte Gassen, die sich die Hügel hinaufziehen, eine zauberhafte Architektur, Jachthäfen mit unzähligen großen und kleinen Booten, hübsche Grünflächen und Plätze: Guernseys Hauptstadt St. Peter Port ist einfach liebenswert und wohl ohne Zweifel der schönste Ort der Insel.

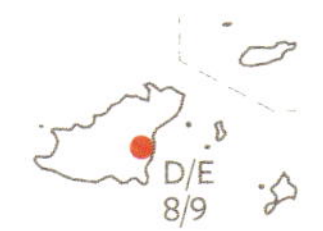

Insel-hauptstadt mit Flair

St. Peter Port ist die einzige größere Stadt auf Guernsey, Hauptort der gleichnamigen Gemeinde, Geschäftszentrum und Verkehrsknotenpunkt der Insel. Von den 64 000 Insulanern leben mehr als 19 000 in der Hauptstadt. Sie zieht sich an der Ostküste von Guernsey oberhalb der weiten Hafenbucht Havelet über hügeliges Gebiet. Am südlichen Rand der Stadt steigt die Steilküste unvermittelt an, am nördlichen Rand geht St. Peter Port unmerklich in das Stadt- und Hafengebiet von St. Sampson über. Im Zentrum gibt es eine hübsche kleine Fußgängerzone und wunderschöne Parkanlagen. Geschäfte aller Art und kleine Kaufhäuser sind in der Hauptstadt zu finden, außerdem gibt es ein gutes kulturelles Veranstaltungsprogramm und jede Menge Restaurants und Pubs.
Zahlreiche blank geputzte Messingschilder an den Hauseingängen zeugen von der **regen Finanzwelt**. Wichtig für St. Peter Port ist außerdem der Hafenbetrieb, in den **Jachthäfen** Queen Elizabeth II.

Marina, Albert Marina und Victoria Marina stehen ca. 1400 Liegeplätze zur Verfügung, darüber hinaus besitzt St. Peter Port einen lebhaften **Verkehrshafen** mit einem großen Terminal und mehreren Rampen für Personen- und Fährverkehr.

Schmuggler, Freibeuter & Co.

Stadtgeschichte

Spätestens in römischer Zeit diente die Bucht von St. Peter Port als Hafen, an dessen Ufer es eine Ansiedlung gab. Bei Ausgrabungen im Jahr 1983 fand man bei La Plaiderie Hausreste aus der Zeit um 100 – 400 n. Chr. mit einem typisch römischen Kanalisationssystem. Ein Jahr später entdeckte man ein **gallorömisches Schiffswrack** im Hafengebiet. Vermutlich war der vor Westwinden geschützte Ankerplatz an der Ostseite der Insel ein wichtiger Zwischenhafen für Handelsschiffe auf dem Weg vom Mittelmeer nach England. Bereits Mitte des 11. Jh.s gab es unten am Hafen eine Kirche, in deren Nähe sich auch das Marktgeschehen abspielte. Als sich die Kanalinseln nach 1204 zunehmend gegen **französische Angriffe** zur Wehr setzen mussten, wurde zum Schutz des wichtigsten Inselhafens auf dem Felsen an der Hafeneinfahrt das Castle Cornet errichtet. **Legaler Seehandel, Freibeuterei und Schmuggel** brachten St. Peter Port im Lauf der Jahrhunderte enorme Reichtümer ein. In der schnell wachsenden Stadt wurden im 19. Jh. viele große Bürgerhäuser hochgezogen, und man begann mit dem Hafenausbau. Bis dahin landeten die Passagierschiffe noch an einem weiß angemalten Felsen (White Rock), an den heute der Name des White-Rock-Pier erinnert. Dem Hafenausbau, der sich bis ins 20. Jh. hinzog, ging eine groß angelegte **künstliche Gewinnung von Landfläche** voraus. So sind nicht nur der heutige nördliche Teil des Hafens mit der großen Parkfläche und den Hafeneinrichtungen auf einstigem Meeresboden gebaut, sondern auch die Uferstraße und ufernahe Bereiche.

Wohin im ★★ Stadtzentrum?

Zu Fuß durch das Herz der Stadt

Gässchen, Winkel, Treppen

Einen ersten Eindruck von St. Peter Port erhält man bei einem kleinen Rundgang, der vom St. Julian's Pier mit relativ guten Parkmöglichkeiten beginnen kann.

Die Straße **Le Pollet** vermittelt einen guten Eindruck davon, wie eng die Hauptstraßen des Städtchens im 18. Jh. waren. Mit dem Gebäude Moores Central Hotel ist noch eines der alten Stadthäuser erhalten. Hier zweigt die Straße **La Plaiderie** ab, in deren unterem Bereich man auf das römische Kanalisationssystem stieß. Man fand in den Gebäuderesten außerdem Gefäße, Glas und Münzen aus den verschiedenen Gebieten des römischen Reichs.

BAEDEKER ÜBERRASCHENDES

6x

EINFACH UNBEZAHLBAR

Erlebnisse, die für Geld nicht zu bekommen sind

1. BADEFREUDEN

Schwimmbäder der ganz besonderen Art sind **Venus Pool und Jupiter Pool** auf Little Sark. Bei Ebbe kann man in den bis zu fünf Meter tiefen natürlichen Felsbecken nach Lust und Laune plantschen.
(▶ S. 191)

2. INSELKUNST

Die **Harbour Gallery** in St. Aubin, die größte Kunstgalerie der Kanalinseln, zeigt bei freiem Eintritt Werke von über 100 Inselkünstlern.
(▶ S. 68)

3. STEINZEITLICH

Das eindrucksvolle Ganggrab **Le Déhus** steht Besuchern täglich bis zur Dämmerung offen. Gut zu wissen: Der Lichtschalter ist direkt neben der Tür.
(▶ S. 155)

4. AUSSICHTSREICH

Vom **Victoria Tower** in St. Peter Port blickt man bei guter Sicht bis nach Frankreich. Den Schlüssel gibt es im Guernsey Museum.
(▶ S. 144)

5. KLEIN, ABER FEIN

Die vielleicht kleinste Kirche der Welt, die **Little Chapel** auf Guernsey, ist über und über mit Muscheln, Kieseln und Porzellanscherben bedeckt.
(▶ S. 129)

6. AUGEN- UND OHRENSCHMAUS

Jeden Sonntagnachmittag gibt es in den **Candie Gardens** in St. Peter Port kostenlose Konzerte – mit Traumblick auf Herm, Sark und Jethou. (▶ S. 141)

Die **High Street**, die frühere »Grande Rue«, zieht sich oberhalb des Hafens parallel zur Uferstraße. Sie ist die Haupteinkaufsstraße von St. Peter Port – hier findet man die wichtigsten Geschäfte, außerdem kleinere Kaufhäuser und jede Menge Banken. In der ersten Hälfte des 19. Jh.s wurden viele Wohnungen in der High Street zu Geschäften umgebaut.
Die **Smith Street**, ebenfalls Fußgängerzone, zweigt von der High Street ab. Hier befindet sich die **Hauptpost** von Guernsey. An der Mauer des Postamts ist noch ein alter Grenzstein zu sehen; um 1700 war hier bereits die nördliche Stadtgrenze. Ein kurzer Abstecher führt in die Rue du Manoir zum **Royal Court House**, einem auffälligen Granitgebäude, in dem der Royal Court 1803 zum ersten Mal getagt hat. Auch der Bailiff von Guernsey hat hier sein Büro.

Eine Kirche wird Konzertsaal

St. James Concert Hall

Nicht weit ist es dann zur klassizistischen **St. James-The-Less-Church,** die 1818 nach Entwürfen des Architekten Edward Way als Garnisonskirche errichtet wurde. Die Innengestaltung übernahm John Wilson. Man baute eine Kirche eigens für die englischsprachige Garnison, da in den übrigen Inselkirchen der Gottesdienst auf Französisch abgehalten wurde. Heute dient die Kirche als Konzert- und Veranstaltungshalle. In den Räumen sind unter der Bezeichnung **The**

Castle Cornet sicherte den Hafen von St. Peter Port.

Guernsey Tapestry zehn Wandteppiche zu sehen, die im Zuge des Millenniumprojekts entstanden und auf sehr interessante Weise 1000 Jahre Geschichte des Bailiwick illustrieren. Jede Inselgemeinde hat einen Teppich hergestellt.

März – Okt. Mo. – Sa. 10 – 14, Nov. – Feb. Do. 11 – 14 Uhr | Eintritt Erw. 6 £, Kinder frei | www.guernseytapestry.org.gg

Einkaufen früher und heute

Les Arcades

Ende der 1820er-Jahre errichtete man zwischen High Street und Markthalle ein neues Einkaufsviertel, dem viele alte Wohngebäude zum Opfer fielen: Les Arcades. Alle Häuser dieses systematisch angelegten Karrees wurden über tiefe Kellergewölbe gebaut. Unter der Straße befinden sich mehrere Zisternen zur Wasserversorgung, aber auch für den Brandfall. Das Arcade-Viertel war ursprünglich etwas größer geplant, außerdem sollten die Straßen eine Glasüberdachung erhalten. Diese Vorhaben scheiterten jedoch an den hohen Baukosten. Sehenswert sind einige schöne Häuserfassaden mit noch originalen Details.

Auch die **Markthalle** gegenüber dem Arcade-Viertel wurde in den 1820ern gebaut. Bei der Eröffnung waren 36 kleine Läden gegen eine Pachtgebühr hier ansässig. Die Finanzierung des staatlichen Markthallenprojekts ging in die Geschichte Guernseys als **»The Guernsey Swindle«** ein, bei dem indirekt durch Inflation – man brachte zusätzliche Ein-Pfund-Noten in Umlauf – vor allem ärmere Leute mit festem Einkommen zur Kasse gebeten wurden. Die Markthalle wurde 2006 zur Shopping Mall umgebaut.

Gotteshaus mit Geschichte

St. Peter Port Town Church

Die Town Church von St. Peter Port wurde erstmals 1048 in einer Urkunde erwähnt, mit der Wilhelm der Eroberer die Kirche »St. Petri de Portu Maris« der Abtei von Marmoutier übertrug. Vermutlich stand hier schon wesentlich früher eine Kirche. Die umfassendsten Veränderungen stammen aus dem 15. und 19. Jh., die heutige Innengestaltung geht im Wesentlichen auf John Wilson's Arbeit im Jahr 1822 zurück. Im Inneren sind die Fenster interessant, die Szenen aus dem Leben des Kirchenheiligen zeigen, sowie das **»Old Contemptibles Window«** von 1975 mit einer Antikriegsthematik. Gedenktafeln erinnern an die großen Inselfamilien wie die Sausmarez, Priaulx, Carey. Im südlichen Querschiff bei der Orgel fällt ein in den Granit gemeißelter Tierkopf auf, von dem es heißt, es sei ein Löwe oder ein Schaf. Neben dem gotischen Schnitzaltar sind die zehn Gebote in französischer Sprache zu sehen. Die umliegenden Häuser wurden ehedem extrem nah an die Kirche gesetzt, einige nur 3 m entfernt. Das »Albion-House« – heute ein Pub – wirbt denn auch damit, dass es **die einer Kirche nächstgelegene Gaststätte** auf den britischen Inseln ist und mit diesem Rekord im Guinness-Buch landete.

ST. PETER PORT ERLEBEN

VISITOR INFORMATION CENTRE
North Esplanade, St. Peter Port
Guernsey GY1 2LQ, Tel. 22 35 52
www.visitguernsey.com

Angesagte Ausgehtadresse ist vor allem das »Laska« im Albert House an der South Esplanade. Die beliebteste Bar ist »The Doghouse«, wo es auch ab und zu Live-Musik gibt.

❶ CHRISTIES €€€
Sehr beliebt und immer voll. Kein Wunder, das Bistro-Restaurant bietet gute, relativ günstige Küche. Die besten Plätze mit Blick auf den Hafen.
Le Pollet
Tel. 72 66 24
www.christies.gg

❷ LE NAUTIQUE €€€€
Der aus Deutschland stammende Chef ist ganz auf Seafood eingestellt. Den tollen Blick auf's Meer gibt's obendrauf.
Quay Steps
Tel. 72 17 14
www.lenautiquerestaurant.co.uk

❸ THE SWAN INN €€
Alteingesessenes, gemütliches Gastropub.
St. Julians Avenue
Tel. 72 89 69
http://theswaninn.gg

❹ THE BOATHOUSE €
Maritimes Ambiente am Rande der Marina und reichlich frischer Fisch.
Victoria Pier
Tel. 70 00 61
www.thechrisitesgroup.gg

❺ THAI TOO €
Kleines thailändisches Restaurant mit sehr authentischer Küche
13 Mill Street
Tel. 22 00 29
www.food.gg/thaitoo

❶ LA FREGATE €€€€
Altes Herrenhaus mit modernem Anbau und Garten oberhalb des Zentrums. Alle Zimmer mit Meerblick, einige mit Balkonen. Sehr gutes Restaurant, Parkplatz.
Les Cotils, Tel. 72 46 24
www.lafregatehotel.com

❷ DUKE OF NORMANDIE €€€
Zentral und dennoch ruhig. Mit allem, was man braucht.
Lefebre Street
Tel. 72 14 31
www.dukeofnormandie.com

❸ MOORES HOTEL €€€
Schönes Stadthotel in bester Lage im Zentrum nahe des Hafens, seit 60 Jahren von derselben Familie geführt
Le Pollet
Tel. 72 44 52
www.mooresguernsey.com

❹ HOTEL ZIGGURAT €€€
Gute Stadtadresse in einem schlichten Boutiquehotel oberhalb vom Hafen und Zentrum.
5, Constitution Steps
Tel. 72 30 08
www.hotelzigurat.com

❺ LES COTILS €€
26 einfache, aber gemütliche Zimmer in einem Herrenhaus im Park.
am Cambridge Park
Tel. 72 77 98
www.lescotils.com

1 Christies
2 Le Nautique
3 The Swan Inn
4 The Boathouse
5 Thai Too

1 La Fregate Hotel
2 Duke of Normandie
3 Moores Hotel
4 Hotel Ziggurat
5 Les Cotils

Original viktorianisch

Cornet Street

Die Cornet Street war Teil des mittelalterlichen Zentrums von St. Peter Port. Das 1680 gebaute vierstöckige Haus Nr. 26, in dem heute der National Trust seinen Sitz hat, ist das älteste in ursprünglichem Zustand erhaltene Haus der Stadt. Im Erdgeschoss befindet sich ein Laden aus viktorianischer Zeit, den man nahezu original erhalten und als Museumsladen bzw. Souvenirshop eingerichtet hat.
Oberhalb der Cornet Street kommt man zum **Mignot Plateau**, von dem aus sich ein hervorragender Blick über die Dächer auf den Hafen, Castle Cornet und die Nachbarinseln bietet. Hier oben befand sich früher der im 14. Jh. gebaute Tour Beauregard, von dem aus die Bucht mit dem Castle Cornet überwacht wurde.

Noch einmal zurück

Am Quay entlang

Dann geht es zurück unten am Quay entlang und über eine der kleinen Treppen wieder hinauf zur High Street, der man bis zur Smith Street folgt. Durch die Smith Street gelangt man in westlicher Richtung zu den Candie Gardens mit dem Guernsey Museum.

Bücher, Pflanzen und Blicke

Candie Gardens

Die Candie Gardens entstanden auf dem ehemaligen Anwesen der Priaulx-Familie, die 1871 Haus und Gärten den States of Guernsey vermachte. Zu dem übereigneten Bestand gehörte auch die **Priaulx Library**, eine umfangreiche Bibliothek mit Publikationen über die Kanalinseln, die heute im einstigen Wohnhaus der Familie am oberen Ende des Parks der Öffentlichkeit zugänglich ist – ein Blick in die Räume lohnt sich! Der herrlich gelegene Park wurde 1896 neu gestaltet. Hier wandelt man heute auf zwei Ebenen mit Kamelien, verschiedenen Palmenarten, Magnolien, Azaleen und Hortensien. Vom oberen Teil aus bietet sich ein weiter Blick auf den Hafen und bis hinüber nach Herm, Jethou und Sark, an klaren Tagen bis Jersey. Am Rand einer großen Rasenfläche wurde 1914 das von Jean Boucher gearbeitete Standbild eines windzerzausten **Victor Hugo** aufgestellt. Das Zitat an dem Denkmal stammt aus seinem Roman »Les Travailleurs de la Mer«. Am oberen Ende des Parks zwischen Priaulx-Bibliothek und Museum wurde 1897 eine Victoria-Statue zum 60. Jahrestag der Inthronisierung von Queen Victoria aufgestellt.
Bibliothek: Mo. – Sa. 9.30 – 17 Uhr | www.priaulxlibrary.co.uk
Candie Gardens: tgl. bis zur Dämmerung

Inselgeschichte

Guernsey Museum at Candie

Das Guernsey Museum at Candie ist in einem flachen, 1977 gebauten und 1993 erweiterten Gebäude untergebracht, und nebenan wurde in einem viktorianischen Musikpavillon ein lichtdurchfluteter »Teagarden« eingerichtet. Das Museum vermittelt einen Einblick in die **Geschichte des Bailiwicks**. Ein Teil der ausgestellten Objekte

Da möchte man doch gleich einkehren: The Swan in der St. Julian's Avenue

stammt aus der Sammlung des Archäologen F. C. Lukis. Jeder kann den Museumsbesuch nach Belieben ausdehnen. Von den Räumlichkeiten her ist das aus mehreren Achtecken zusammengesetzte Gebäude nicht einmal besonders groß, aber durch diverse Bild- und Tonmedien kann man sich per Display in tiefere Ebenen der Inselgeschichte einschalten. Zu den Ausstellungsstücken gehören u. a. archäologische Funde aus Stein-, Bronze- und Eisenzeit, eine Kopie des Menhirs Gran'mère du Chimquière (Original vor der Kirche in St. Martin), ein Schema des Le Déhus Dolmen, Gemälde und Porzellan des Sammlers Wilfried Carey sowie mittelalterliche Dokumente.
tgl. 10 – 16, Apr. – Okt. 10– 17 Uhr, | Eintritt Erw. 7 £, Kinder 2 £
www.museums.gov.gg

Victoria Tower

An der Arsenal Road wurde an der Stelle einer Windmühle 1846 in Erinnerung an den Besuch von Queen Victoria der Victoria Tower errichtet, bei dem in einer kleinen Gartenanlage deutsche Kanonen von Krupp aus den Jahren 1917 und 1918 stehen. Sie wurden der Insel nach dem Ersten Weltkrieg übergeben.
Über die St. Julian's Avenue oder die kleinen Gassen und Treppen nördlich des Parks kommt man wieder hinunter zum Hafen.

Wohin noch?

Die Welt des Dichters

Victor Hugos Haus

Ausgesprochen lohnend ist der Besuch des Hauteville-Hauses im südlichen Stadtbereich. Das einstige Wohnhaus von Victor Hugo in der Straße Hauteville Nr. 38 ist seit dem Jahr 1927 Eigentum der Stadt Paris und kann im Rahmen von Führungen besichtigt werden. Man bekommt dabei einen Einblick in die Wohnkultur des 19. Jh.s und auch eine Vorstellung der Person Victor Hugos, der **selbst das gesamte Haus innenarchitektonisch gestaltet** hat. Geradezu überwältigend zeigen sich Schaffenskraft und Fantasie des Dichters auch bei der Einrichtung der Räume. Alte Stuhllehnen z. B. sind als solche unkenntlich als Wanddekoration aufgehängt, Schalen in geflieste Wände eingearbeitet. Fast alles in Hauteville House hat seine symbolische Bedeutung, hier sind Initialen zu entdecken, dort Sinnsprüche. Unter dem Dach richtete sich Hugo eine Schlafkammer mit zahlreichen Wandschränkchen, Kläppchen und Verstecken und ein verglastes Arbeitszimmer ein, von dem aus er den Hafen und die Nachbarinseln überschauen und nach Frankreich blicken konnte. Hugo hat in seiner Zeit auf Guernsey u. a. an den Werken »Marie Tudor« und »Les Voix intérieures« gearbeitet sowie einen Großteil von »Les Misérables« und den Anfang von »La Légende des siècles« geschrieben, und auf Guersey entstand auch der Roman »Les Travailleurs de la Mer«, der als einziger Roman des französischen Schriftstellers auf den Kanalinseln spielt (▶ Baedeker Wissen S. 147).

April – Sept. tgl. außer Mi. 10 – 16 Uhr | Eintritt Erw. 12 £, Kinder frei
Nur geführte Touren | https://victorhugo.visitguernsey.com/hauteville

Hübscher Bummel

Trinity Square

Von der Town Church führen die Straßen Fountain Street und Le Bordage in südwestliche Richtung hinauf zum **Trinity Square**, einem recht idyllischen kleinen Platz, an dem die 1789 erbaute Trinity Church steht. Das Viertel rundum lohnt einen kleinen Erkundungsgang, es besteht aus verwinkelten Sträßchen mit vielen kleinen Läden.

Nicht mehr unter Dampf

Piquet House

Am Piquet House unten am Busbahnhof war einst die Endstation der Dampfstraßenbahn, die St. Peter Port mit St. Sampson verband. Piquet House war 1818 als Wachhaus für die Guernsey Militia gebaut worden. Am Granitgebäude gegenüber ist an der zum Piquet House gerichteten Ecke eine verblassende gelbe Zahl auszumachen – eine Straßennummerierung aus deutscher Besatzungszeit

La Valette Underground Museum

Noch einmal Besatzungszeit

Unter der Anhöhe Les Terres zeigt das La Valette Underground Museum in einem Tunnelsystem, das als Treibstofflager für deutsche U-

EXIL AUF GUERNSEY

Victor Hugo, überzeugter Republikaner, ließ sich nicht von seinen Prinzipien abbringen – selbst wenn sie ihn ins Exil trieben.

1851 hatte er Frankreich verlassen müssen und ging mit seiner Familie nach Brüssel, von wo er nach drei Jahren wegen eines polemischen Artikels ausgewiesen wurde. Er zog nach Jersey. Als er sich dort zur Schrift eines Mitexilanten bekannte, die sich gegen Queen Victoria und ihre Solidarität mit Napoleon III. richtete, musste er 1855 auch das traditionell königstreue Jersey verlassen. Das liberalere Guernsey nahm ihn auf. Anfangs wohnte er mit seinen beiden Söhnen in St. Peter Port im Hôtel de L'Europe zwischen High Street und The Quay. Im Mai 1856 bezog die Familie das Haus Hauteville 38, das Hugo mit so viel Hingabe einrichtete, dass seine Frau Adèle panisch registrierte, dass dies wohl kein Provisorium sein könne – in der Tat blieb die Familie 15 Jahre in dem großen Haus. Hugo unternahm ausgedehnte **Spaziergänge**. Zu seinen Lieblingsplätzen erklärte er die Fermain Bay und die Moulin Huet Bay.

Dauerschatten

Meist begleitete ihn seine Geliebte **Juliette Drouet**, eine Pariser Schauspielerin. Schon früher war sie ihm ständig hinterhergereist und blieb dann ebenfalls 15 Jahre auf Guernsey. Hier wohnte sie zunächst im Crown Hotel an der North Esplanade, dann in dem kleinen Haus Havelet 8 und schließlich ganz in der Nähe von Hauteville House in der Beauregard Lane 1 im Haus »La Fallue«. Juliette war eine Art Dauerschatten im Leben der Familie Hugo. Adèle billigte die Beziehung, zumal auch sie eine Nebenbeziehung hatte, doch wollte sie Ehe und Familienleben der Form halber aufrechterhalten. Allerdings konnte die Pariserin Hauteville House und der Kleinstadt nicht viel abgewinnen und sah, wie ihre Kinder unter dem öden Inseldasein litten. So zog sie mit ihnen nach zehn Jahren auf Guernsey wieder nach Brüssel und ließ ihren Mann mit seiner Geliebten zurück.

Eine eigene Insel

Gemeinsame Spaziergänge führten Juliette und Victor immer wieder durch St. Peter Port, wo sie im Victoria Tower ihre Initialen hinterließen. Sie besuchten Haunted House, das in Hugos Roman »Les Travailleurs de la Mer« eine wichtige Rolle spielt, und sein Inselchen zwischen Portinfer und Port Soif, das er 1868 gekauft hatte. Dem Namen »Juliette« setzte Hugo wohl mit dem Gilliatt in »**Les Travailleurs de la Mer**« ein Denkmal. 1870 kehrte er nach Frankreich zurück. Dreimal noch kamen Victor und Juliette nach Guernsey zurück: 1872 für ein Jahr, 1875 für eine Woche und 1878 für vier Monate.

Victor Hugo erwanderte sich Guernsey.

Boote diente, eine reichhaltige Sammlung von Dokumenten aus der Besatzungszeit, darunter auch Briefe und Erinnerungsstücke von Insulanern, die nach Biberach deportiert wurden.
März – Mitte Nov. tgl. 10 –17 Uhr | Eintritt 7,50 £ | www.lavalette.tk

Familienattraktion

Bathing Pools

Das 1865 eröffnete **Seewasserschwimmbad** im Süden von St. Peter Port hat schon so illustre Persönlichkeiten wie Victor Hugo und Pierre-Auguste Renoir als Gäste begrüßt. Die Bathing Pools wurden vor kurzem renoviert und bestehen aus vier verschiedenen Becken. Der u-förmige Horseshoe Pool erlaubt den direkten Zugang in die geschützte Bucht. Der Eintritt in die Bathing Pools ist kostenlos.
www.thebathingpools.com

Castle Cornet

April – Okt. tgl. 10 – 17 Uhr | Eintritt Erw. 11 £, Kinder 3 £
www.museums.gov.gg

Burgschönheit im Hafen

Hafenfestung

Die größte Attraktion der Inselhauptstadt ist die äußerst malerisch in der Hafenbucht vor St. Peter Port gelegene Burg. Man erreicht sie zu Fuß über den Castle Pier, der erst im 19. Jh. im Rahmen des Hafenausbaus gebaut wurde. Zuvor kam man nur bei Niedrigwasser zu Fuß auf das Burginselchen. Auf dem Pier selbst stehen begrenzt Parkplätze zur Verfügung. Wenn man auf den Burgwällen spazieren geht, bieten sich immer wieder **traumhafte Ausblicke auf das Stadtpanorama.** In den Gebäuden des Castle Cornet sind Museen und Ausstellungen zu sehen, für deren Besuch man etwas Zeit einplanen sollte.

Geschichte

Mit dem Bau des Castle Cornet wurde 1204 begonnen, als die Kanalinseln als letzter Rest des Herzogtums Normandie den englischen König als ihren Souverän anerkannten. Damit wurden die Inseln zum militärischen Vorposten gegen Frankreich und mussten vor französischen Angriffen geschützt werden. Als strategisch günstiger Ort bot sich der Felsen in der Bucht von St. Peter Port an, von dem aus der Ankerplatz und das kleine Städtchen überwacht werden konnten. Die Burg war nicht nur militärische Anlage, sondern auch Sitz des Gouverneurs und zudem bis 1811 Gefängnis. Nach vielen ergebnislosen Überfällen der Franzosen führte 1338 ein Angriff von Admiral Bahuchet zum gewünschten Erfolg, und Castle Cornet gehörte für sieben Jahre zu Frankreich. Im 16. Jh. wurde die Burg unter Guernseys Gouverneur Sir Thomas Leighton zunächst im Tudorstil ausgebaut, in einer zweiten Bauphase zog man den namhaften Festungsarchitekten Paul Ivy hinzu, der Elizabeth Castle auf Jersey gebaut hatte. Wäh-

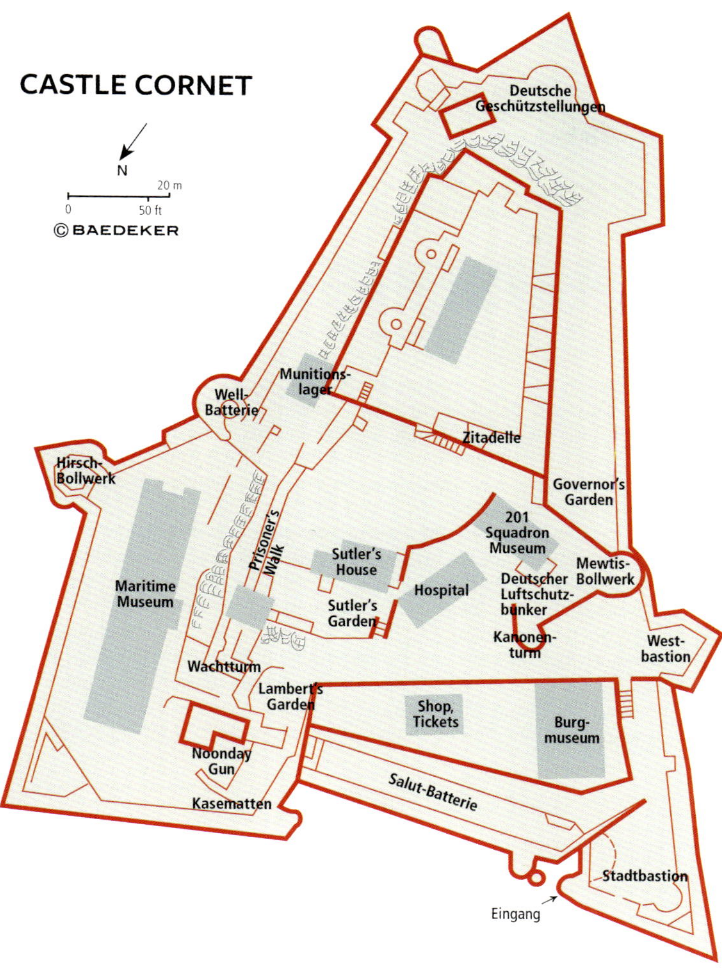

rend des englischen Bürgerkriegs im 17. Jh. verschanzte sich der königstreue Gouverneur Sir Peter Osborne gegen die Inselbevölkerung, die auf Seiten Cromwells stand, für neun Jahre im Castle Cornet und nahm von dort aus St. Peter Port unter Beschuss. Ein nichtmilitärischer Vorfall erschütterte die Burg im Jahr 1672, als eine Explosion durch einen Blitzeinschlag ausgelöst wurde. Sieben Personen, darunter die Frau und die Mutter des damaligen Gouverneurs Lord Hatton, kamen dabei ums Leben. Castle Cornet wurde auch noch im 20. Jh. als militärische Einrichtung benutzt – zuletzt unter deutscher Besatzung, die hier Luftabwehrgeschütze stationierte. Im Jahr 1947 erhielten die States of Guernsey die Burg vom britischen König George VI. als Geschenk.

Besichtigung

Gleich am Eingang ist in einem Gebäude aus dem 18. Jh. im Burgmuseum eine interessante **Ausstellung zur Geschichte** von Castle Cornet zu sehen, die sich der Entwicklung und den wichtigsten Ereignissen in der Zeit vom Mittelalter bis zur deutschen Besatzung widmet. Auf der mittleren Ebene kommt man zur **»Noonday-Gun«-Kanone**, die jeden Mittag um 12 Uhr mit einem kugellosen Schuss abgefeuert wird. Der Gang durch das Burggelände führt an verschiedenen Burgtürmen, Toren und Garnisonsgebäuden vorbei. Zu sehen sind auch der Garten des Gouverneurs aus dem 18. Jh. und Lambert's Garden, den John Lambert, General unter Cromwell, angelegt hat, als er zwischen 1661 und 1670 in dem Gefängnisturm oberhalb des Gartens inhaftiert war. Als einer der ältesten Teile der gesamten Burganlage ist der schmale, von hohen Mauern eingefasste Prisoner's Walk aus dem 13. Jh. erhalten.

Das sehr sehenswerte **Maritime Museum** informiert umfassend über die Geschichte des Hafens von St. Peter Port und die Schifffahrt der Kanalinseln. Zu sehen sind Schiffsmodelle, Wracks und historische Dokumente. Von großer Bedeutung war der Hafen für die Fischerei, den Seehandel, den Fährverkehr sowie für den einst blühenden Schmuggel immer schon. Interessant ist auch ein Film über die Restaurierung eines römischen Handelsschiffs, das im Hafengebiet entdeckt wurde. Auch der verunglückten »Stella« (▶ Baedeker Wissen S. 164) ist ein Teil der Ausstellung gewidmet, u. a. ist die Schiffs-

BLUMENTEPPICHE

Im Frühjahr säumen den Klippenpfad, der sich südlich von St. Peter Port an der Küste entlang durch den Wald schlängelt, Abertausende von Hasenglöckchen, »Bluebells«. Unter den alten Bäumen breitet sich die blaue Pracht wie ein riesiger, farbenfroher Teppich aus.

glocke zu sehen. Das **201 Squadron Museum** ist der Guernsey-Staffel der Royal Air Force gewidmet. Zu sehen sind Gerätschaften und Fotos aus der Zeit ab 1914. Im **Militia Museum** im Hospital-Gebäude ist die Geschichte der Royal Guernsey Militia und der Light Infantry dargestellt.

ST. SAMPSON

Einwohnerzahl: 9000

Die zweitgrößte Stadt Guernseys, benannt nach dem Schutzheiligen der Insel, ist ein geschäftiger Platz, an dem man eher arbeitet als Urlaub macht. Ein paar Hingucker wie die wohl älteste Inselkirche hat sie aber dennoch zu bieten.

Der Ort St. Sampson blickt auf eine recht bedeutende Geschichte zurück, da der Hafen **wichtigster Exporthafen von Granitgestein** war. Im Norden der Insel gab es in der ersten Hälfte des 19. Jh.s mehr als 100 Steinbrüche, und in den 1830ern wurden jährlich im Schnitt 43 000 Tonnen Gestein exportiert. An der Küste um St. Sampson gab es außerdem zahlreiche Werften. Der heutige Hafen von St. Sampson wurde zwischen 1866 und 1880 angelegt. Man füllte dabei große Wasserflächen mit Felsbrocken aus den Steinbrüchen auf. St. Sampson und St. Peter Port verband zwischen 1879 und 1934 eine Dampfstraßenbahn. Ihre Endstation lag an der Hafenstraße The Bridge. The Bridge war im Übrigen tatsächlich einmal eine Brücke. Sie führte auf die benachbarte Insel Clos du Valle hinüber, die erst seit 1807 durch Trockenlegung mit Guernsey direkt verbunden ist. Auf dem Gemeindegebiet befinden sich die einzigen Industriebetriebe der Insel und der zweitwichtigste Hafen.

Wohin in St. Sampson und Umgebung?

Zentren weltlicher und geistlicher Macht

Stadtzentrum

Die **Kirche von St. Sampson's Parish Church** geht auf das 12. Jh. zurück. Allerdings gab es an dieser Stelle schon wesentlich früher eine Kirche – vielleicht die erste Kirche der Insel überhaupt. Vermutlich ist in diesem Küstenbereich um 600 der Missionar St. Sampson gelandet, um die Insel zu christianisieren.
Zwischen St. Peter Port und St. Sampson stehen die Reste von **Ivy Castle**, einer Burg aus dem 13. Jh., die schon früh zerstört, von den Deutschen Jahrhunderte später aber noch einmal mit Bunkern ver-

sehen wurde. Die Anlage war einst eine in sumpfiges Gebiet gebaute Wasserburg mit dem Namen Château de Marais (»marais« = Sumpf).

Oatlands Village Oatlands Village etwa 2 km südwestlich von St. Sampson ist eine ziemlich kommerzielle Angelegenheit. Mehrere Häuschen mit kleinen Läden (Kunsthandwerk u. a.) umziehen den Innenhof eines alten Bauernhofs. In ein paar Räumen ist ein kleines Puppenstubenmuseum eingerichtet. Wahrzeichen sind zwei **konische Backsteinkamine** alter Brennöfen. Für Kinder gibt es verschiedene Attraktionen.
tgl. 9 – 17 Uhr | Eintritt frei | www.oatlands.gg

ST. SAVIOUR

Einwohnerzahl: 2800

Wenn die Geschichte Guernseys eintauchen möchte, ist die Gemeinde im Westen der Insel keine schlechte Wahl. St. Saviour verfügt über eine ganze Reihe architektonisch und historisch interessanter Denkmäler von prähistorischen Monumenten bis zu mittelalterlichen Kirchen.

Ob am Trépied Dolmen wirklich die Hexen tanzten?

St. Saviour ist überwiegend ländlich geprägt. An der Küste gibt es nur einen kleinen Sandstrand in der ansonsten sehr felsigen Perelle Bay, die für ein ausgeprägtes Badeleben nicht sonderlich geeignet ist. So ist die Region ein Platz für stille Genießer, die Ruhe statt Rummel schätzen.

Wohin in St. Saviour?

Reinstes Mittelalter

St. Apolline Chapel

Kultureller Höhepunkt von St. Saviour ist die St. Apolline Chapel, die einzige mittelalterliche Kapelle auf Guernsey, die intakt und ohne bauliche Veränderungen erhalten geblieben ist. 1392 wurde die kleine Kirche mit Erlaubnis der Abtei Mont St. Michel gegründet und gebaut. Zwei Jahre später erteilte Richard II. die Erlaubnis, einen Priester hier wohnen zu lassen. Gewidmet ist das Kirchlein der heiligen **Apollonia**, der **Schutzheiligen der Zahnärzte und Zahnleidenden**. Die Kapelle wurde jahrhundertelang als Stall genutzt und verkam im Verlauf der Zeit. 1873 wurde sie von den States of Guernsey erworben, aber erst 100 Jahre später, in den 1970er-Jahren, restauriert. Im Innenraum sind noch Fresken aus dem 14. Jh. erhalten, die eine Abendmahlsszene zeigen.

Treffpunkt der Hexen

Le Trépied Dolmen

In Küstennähe oberhalb der Perelle Bay liegt etwas erhöht ein **Megalithgrab,** der Le Trépied Dolmen aus der Zeit zwischen 3000 und 2500 v. Chr., der 1840 freigelegt wurde. Das Grab hat eine Länge von 5 m, drei Deckensteine sind noch erhalten. Bei der Freilegung wurden Grabbeigaben aus späterer Zeit – um 1800 v. Chr. – entdeckt. Dem Ort wird nachgesagt, dass er Treffpunkt der Hexen von Guernsey war. Auf dem Landvorsprung im Nordosten der Bucht sind zwei Menhire erhalten, außerdem das im 18. Jh. erbaute Fort Richmond.

ST. SAVIOUR ERLEBEN

AUBERGE DU VAL €€

Das idyllisch gelegene Restaurant ist bei Einheimischen wie Touristen gleichermaßen beliebt. Zurecht sind die Besitzer stolz auf die Qualität ihrer Speisen – täglich frisch zubereitet und ergänzt durch eine Weinkarte mit moderaten Preisen. Es werden, wo möglich, nur die besten Zutaten aus dem eigenen Garten verwendet, die das lokale Angebot an frischem Gemüse und Kräutern ergänzen.
Sous L'Eglise
Tel. 26 38 62

Menhir mit Kreuz

St. Saviour's Parish Church

Südlich des Wasserreservoirs steht etwas erhöht die Pfarrkirche von St. Saviour, die größte der ländlichen Kirchen auf Guernsey. Wie die meisten anderen Inselkirchen geht sie zwar auf das 12. Jh. zurück, der heutige Bau entstand aber im 14./15. Jahrhundert. Am Eingang zum Friedhof steht ein alter menhirähnlicher Stein, in den ein Kreuz tief eingemeißelt wurde.

TORTEVAL

Einwohnerzahl: 1000

Die Buchten und Strände der Gemeinde gewinnen keinen Schönheitspreis – hier treffen sich die Ruhesuchenden, die sich gern den Wind um die Nase wehen lassen. Fantastische Aussichten gibt's obendrauf.

Torteval ist die südwestlichste und die flächenmäßig kleinste Gemeinde von Guernsey. Sie zieht sich an der Südküste entlang, wobei sie ein Teilgebiet der Gemeinde St. Peter in the Wood umschließt, und nimmt die gesamte Südwestspitze Pleinmont ein.

Wohin in Torteval?

Altantikwall und Gruselhaus

Pleinmont-Hochebene

Der Südwesten von Guernsey ist ein Hochplateau, das zu allen Seiten steil abfällt. Auf der Pleinmont-Hochebene ist eine Serie von deutschen Geschützstellungen angelegt worden. Der 1942 gebaute mehrstöckige **Pleinmont-Tower** kann heute besichtigt werden. U. a. gibt es eine kleine Informationsausstellung über das Projekt **»Atlantikwall«** (► S. 234). In der Nähe des Parkplatzes südwestlich des Pleinmont-Towers sieht man die Überreste des **Haunted House**, das es bereits zu Victor Hugos Zeiten gab. In seinem Roman »Les Travailleurs de la Mer« verewigte er es als Schrecken einflößendes Haus, in dem Schmuggler ihren illegalen Tätigkeiten nachgingen.

Im Norden senkt sich die Pleinmont-Hochebene in die Portelet Bay hinab. Unten sieht man eine eindrucksvolle kreisförmige Steinkonstellation, die Forschern bis heute Rätsel aufgibt. Ihren Namen **»Table des Pions«** trägt sie nach einem Brauch der Insulaner, die einmal jährlich die Inselstraßen nach Schäden untersuchten und abliefen und zum Schluss an diesem »Tisch« einen Imbiss einnahmen.

Pleinmont-Tower: So., Mi. 14 – 16.30 Uhr | Erw. 3 £, Kinder 1,50 £

Leuchtfeuer im Küstennebel

Hanois-Leuchtturm

Auf den Hanois-Felsen vor der gefährlichen Südwestküste von Guernsey wurde 1862 ein Leuchtturm in Betrieb genommen. Ausschlaggebend für den Bau war die Katastrophe der »Boreas« im Jahr 1807, die einem Lotsenschiff, das in Seenot geraten war, helfen wollte und nach gelungener Rettungsaktion selbst mit der gesamten Besatzung vor den Hanois-Felsen unterging. Die 1000-Watt-Lampe in dem Leuchtturm hat eine Reichweite von 23 Seemeilen. 1995 wurde eine automatische Solaranlage eingebaut. Bis dahin war der Leuchtturm als letzter auf den britischen Inseln noch bemannt.

VALE

Einwohnerzahl: 9500

Dünengesäumte Strände, geschützte kleine Buchten, beeindruckende Megalith-Monumente, mittelalterliche Kirchen und Befestigungsanlagen – die nördlichste Gemeinde Guernseys hat einiges zu bieten.

Von den 27 ausgewiesenen Badestränden der Insel befinden sich allein sieben auf dem Gebiet der Gemeinde Vale. Die L'Ancresse Bay und die Pembroke Bay im nördlichsten Teil der Insel verfügen über die längsten Strände auf Guernsey, der feine Sand und das sanfte Gefälle im Wasser machen sie zu idealen Familienstränden. Gleiches gilt für die nahe gelegene Ladies Bay, die auch bei Wind- und Kitesurfern sehr beliebt ist. Weniger bekannt und hauptsächlich von Einheimischen frequentiert ist die kleine Bucht Baie de la Jaonneuse zwischen Ladies und Pembroke Bay. Ein Favorit unter Surfern ist Portinfer, der Strand mit der wohl höchsten Dünung, und nirgends auf Guernsey brechen die Wellen so dramatisch. Auch für Nichtsurfer ein spektakuläres Schauspiel.

Der nordöstliche Teil des Gemeindebezirks war ehedem die Insel Clos du Valle, die durch die schmale **Meerenge Braye du Valle** von Guernsey getrennt war. Sie verlief zwischen St. Sampson Harbour im Osten und der Bucht Le Grand Havre im Westen. Noch bis 1806 war Clos du Valle bei Hochwasser eine Insel, bei Niedrigwasser konnte man von Guernsey aus auf zwei Dämmen hinübergehen. Unter dem tatkräftigen Lieutenant-Governor John Doyle wurde der Graben 1807 trockengelegt und zugeschüttet, anschließend wurden Verbindungsstraßen hinüber nach Vale gebaut.

Auf dem flachen Gemeindegebiet von Vale liegt die ausgedehnte **Dünenregion L'Ancresse Common**. An der Küste stehen mehrere

schöne Martello-Türme, die aber alle vor 1794 gebaut wurden und in dem Sinne keine originalen Martello-Türme sind. Insgesamt 15 solcher Türme wurden zur Zeit des amerikanischen Unabhängigkeitskriegs gegen Französische Angriffe gebaut und durchnummeriert. Einer davon, der Rousse Tower an der Bucht Grand Havre, ist restauriert worden und kann besichtigt werden

Rousse Tower: April – Okt. tgl. bis Sonnenuntergang

Wohin in Vale?

Malerische Ruine

Vale Castle

Unmittelbar nördlich von St. Sampson Harbour thront Vale Castle oberhalb der Küste. Die Burg wurde im 14. Jh. gebaut, sie sollte damals die Meerenge zwischen Guernsey und Clos du Valle sichern. Heute ist es eine malerische Burgruine. Stehengeblieben sind die Außenmauern und eine Toreinfahrt. Ein Besuch der Festung lohnt sich vor allem wegen der weiten Aussicht aufs Meer und auf die Nachbarinseln.

Grab mit Wächter

Le Déhus Dolmen

Folgt man der Hauptstraße Richtung Norden, kommt man zum Le Déhus Dolmen, einer der interessantesten Grabanlagen der Kanalinseln. Sie ist durch eine kleine Tür verschlossen, die tagsüber bis zur Dämmerung offensteht. Zur Besichtigung kann man im Innenraum Licht machen (Lichtschalter innen direkt neben der Tür). Das 10 m lange Grab, das von einem Grabhügel bedeckt wird, weist mehrere Seitenkammern auf. In der Hauptkammer ist vor allem einer der Decksteine von Interesse, den man gesondert anstrahlen kann. In den Stein sind ein Männergesicht mit Bart sowie Pfeil und Bogen eingemeißelt – **»Gardien du Tombeau«** (»Grabwächter«) wird die Figur genannt. Vermutlich hatte der heutige Deckenstein vor dem Grabbau als einzeln und aufrecht stehender Stein eine andere Funktion. Die Grabanlage stammt aus der Zeit um 3500 v. Chr., in der ersten Hälfte des 19. Jh.s nahm F. C. Lukis eine erste Freilegung vor. Bereits im Jahr 1775 hatte John de Havilland diesen Flecken käuflich erworben und zur Auflage gemacht, dass Le Déhus nicht zerstört werden sollte, aber komplett erforscht wurde der Dolmen erst in den 1930er-Jahren.

Hafenjuwel

Beaucette Marina

Im Nordosten von Vale lohnt sich ein Besuch der winzigen Beaucette Marina, dem einzigen in Privatbesitz befindlichen Hafen der Insel. Der fast runde Jachthafen mit etwa 250 Liegeplätzen ist aus einem küstennahen Steinbruch entstanden, der über Jahrzehnte stilllag. In

»Nr. 5« ist einer von 15 solcher Türme an der Küste von L'Ancresse Common.

VALE ERLEBEN

PENINSULA HOTEL €€€
Das Traditionshaus punktet mit herrlicher Lage an der Nordwestküste. Garten und Restaurant – spezialisiert auf Fisch – sind weitere Vorzüge.
Les Dicqs
Tel. 84 84 00
www.peninsula.gg

den 1960er-Jahren ließ die Vale Investment Ltd. in die schmale Granitwand zwischen Steinbruch und Küste eine Öffnung schlagen. So entstand ein absolut geschützter Hafen, der 1969 eingeweiht wurde.

Im Schatten des Ginsters

Ganggrab La Varde

Im Dünengebiet im Norden von Vale, in dem sich ein großer Golfplatz befindet, gibt es mehrere etwas versteckte Megalithgräber. La Varde ist recht gut zu finden, da das Grab ein wenig erhöht auf einem Hügel liegt. Das Ganggrab ist mit etwa 10 m Länge eines der größten auf der Insel. Es wurde um 3500 v. Chr. gebaut und etwa bis 2000 v. Chr. benutzt. 1811 stieß **F. C. Lukis** (▶ Interessante Menschen, S. 246) mehr oder weniger zufällig auf die Anlage. Erst nach diesem Erlebnis begann er sich als Hobby-Archäologe zu betätigen und fing an, die Kanalinseln systematisch nach Megalithgräbern zu durchforsten. 1837 begann er mit der Freilegung von La Varde und entdeckte Keramikscherben, Steinwerkzeug und Pfeilspitzen. **Les Fouaillages** weiter südwestlich ebenfalls auf dem Golfplatz ist etwas schwieriger zu finden. Das Grab, das von Ginsterbüschen umgeben ist, gilt als **eines der ältesten Steinmonumente Europas** überhaupt. Um 4500 v. Chr. ist an dieser Stelle vermutlich ein Cairn, ein aus losen Steinen aufeinandergeschichteter Haufen, entstanden. Ca. 2500 v. Chr. wurde die Anlage verändert, indem man eine Grabkammer – umgeben von einem Kreis aus Findlingen – über das erste Monument setzte. Das Grab wurde erst 1977 entdeckt und zwischen 1979 und 1981 freigelegt.

Zeuge des Mittelalters

Vale Parish Church

Die Kirche von Vale steht weithin sichtbar auf einer Anhöhe. Sie geht auf einen Bau aus dem 12. Jh. zurück, der sich an der Stelle des heutigen Chores befand. Diese Kirche war unter dem Namen St. Michel du Valle bekannt, sie war von der Abtei Mont St. Michel, der damals das Lehnsgut im Norden Guernseys gehörte, gebaut worden. Bereits im 6. oder 7. Jh. muss es hier eine christliche Gemeinde gegeben haben, ein Grabstein aus dieser Zeit ist neben der Kirche gefunden worden. Auch eine frühe christliche Abtei soll hier existiert haben.

ALDERNEY

Fläche: 7,9 km² | **Bevölkerungszahl:** rund 2150

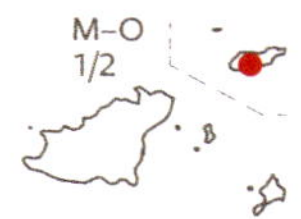

Ein Festival klassischer Musik lockt neuerdings mehr und mehr Besucher auf die Insel – Alderneys größter Schatz sind jedoch seine Bewohner, die offen, humorvoll, spontan und einem guten Schluck nie abgeneigt sind und Besuchern mit entwaffnender Freundlichkeit begegnen.

Die Größte unter den Kleinen

Lage und Landschaft

Alderney (frz. Aurigny) ist die nördlichste der Kanalinseln und mit nur 15 km Entfernung zum nordfranzösischen Cap de la Hague **die Frankreich am nächsten gelegene.** Nach Jersey und Guernsey ist Alderney die **drittgrößte Kanalinsel;** mit einer Fläche von 7,9 km² kann man sie allerdings eher als größte der drei kleinen Inseln bezeichnen. Sie bildet ein lang gezogenes Oval, das sich über gut 5 km von Südwesten nach Nordosten erstreckt, die Breite beträgt höchstens 2 km, an der schmalsten Stelle weniger als 1 km.

Die Insel senkt sich in Nordostrichtung leicht ab. An der flacheren Nordküste gibt es in der Saline Bay und in der Braye Bay lange Strände, in der Saye Bay und in der Corblets Bay kleinere Strände. An der Südostseite ist die einzige größere Strandbucht die Longis Bay. Westlich der Longis Bay steigt die Küste an und zieht sich als Steilküste um den Inselsüden bis nach Nordwesten. Der Südküste sind die kleinen Felseninseln Cocque Lihou, La Nache, Fourquie, Sister Rocks und L'Etac de la Quoire vorgelagert.

Alderney liegt im Bereich sehr **starker Meeresströmungen**, die der Schifffahrt seit jeher schwer zu schaffen machen – zumal die küsten-

INSEL-MEDITATION

Jeden Montag, Mittwoch und Freitag um 14.15 Uhr kann man sich im Meditation Centre in der Straße La Trigale in St. Anne unentgeltlich einer 45-minütigen Meditation anschließen. Im Anschluss gibt es Tee und Kaffee. Oder einfach nur im schönen Garten entspannen.

nahen Gewässer klippenreich sind. Die **»The Swinge«** genannte Strömung umzieht die Insel im Norden, **»The Race«** im Süden. Leuchttürme im Nordosten und westlich von Alderney markieren die gefährlichen Bereiche. **Zahlreiche Wracks** ruhen vor den Küsten von Alderney, in Leuchtturmnähe wurde 1992 ein Wrack aus elisabethanischer Zeit gefunden, Teile sind im Alderney Museum zu sehen.

Ein ganz besonderes Völkchen

Die Insulaner

Etwa 2000 Menschen leben auf Alderney, viele sind **Zuwanderer**, vor allem aus Großbritannien. Einziger Inselort ist St. Anne, hinzu kommen noch vereinzelt Häusergruppen im Osten der Insel. Auf Alderney gibt es fünf Kirchen für unterschiedliche Konfessionen, ein Krankenhaus und eine Schule. Schüler können bis zum Alter von 16 Jahren auf der Insel bleiben und müssen zu weiterführenden Schulen dann nach Guernsey wechseln. Auf Alderney ist man unter sich und ist sich der **Inselsituation** vollkommen bewusst. Bewusst sind auch die Zuwanderer hier, die neben den Steuervorteilen die Natur und die Nähe der Freunde zu schätzen wissen. Alle möglichen Veranstaltungen werden ersonnen, man amüsiert sich, trifft sich – und ist offen für Fremde.

Wer als Besucher nach Alderney kommt, findet schnell Kontakt zu den Insulanern, die **kaum »touristenmüde«** sind, und hat das Gefühl, wohlwollend aufgenommen zu werden. Da hier alles in Miniaturformat existiert, hilft man sich mit humorvollen Übertreibungen, die auch einen Einblick in die Insulanermentalität geben: Das Hauptsträßchen von St. Anne ist für die Insulaner die **Champs-Elysées**, die kleine Eisenbahn wird fix zum **Orient-Express** und der Fußballplatz zum **Wembley Stadion**. Alles wird ernst genommen, und selbst auf dem kleinsten Inselflohmarkt finden sich zahlreiche Verkäufer und Käufer ein. Fast schon sprichwörtlich lange fließt seit eh und je der Alkohol auf Alderney. Zu Zeiten, als auf den anderen Kanalinseln noch strengere **Ausschankzeiten** galten, war Alderney regelrecht berühmt-berüchtigt, weil in den Pubs noch bis nach Mitternacht gezapft wurde.

Inselpolitik

Verwaltung und Verkehr

Verwaltungstechnisch gehört die Insel zum **Bailiwick of Guernsey**. Alderney hat aber seit 1949 ein eigenes Inselparlament, die States of Alderney, in dem zehn gewählte Insulaner und der gewählte Präsident sitzen. Zwei davon vertreten Alderney in den States of Deliberation, dem Inselparlament von Guernsey. Grundsätzliche kommunalpolitische Änderungen müssen von Guernsey abgesegnet sein, wie Fragen in Erziehung und Gesundheit. Ansonsten macht Alderney seine eigene Inselpolitik mit eigenen Gesetzen und eigener Rechtsprechung in lokalen Angelegenheiten.

Von den anderen Kanalinseln gibt es saisonalen Schiffsverkehr nach Alderney sowie Flugverbindungen mit Aurigny Airways. Die

6X ERSTAUNLICHES

Hätten Sie das gewusst?

1. ALTERTÜMLICH

Eines der ältesten Bauwerke der Welt: Das Ganggrab **La Houge Bie** im Südwesten Jerseys (ca. 3500 v. Chr.) ist älter als die Pyramiden von Gizeh oder das berühmte Stonehenge auf der großen Insel.
(▶ **S. 62**)

2. ABGEFAHREN

Die einzige Eisenbahn der Kanalinseln fährt auf Alderney: der **»Orient-Express«** mit Dampf. und Diesellok und zwei ausrangierten Wagen der Londoner U-Bahn.
(▶**S. 171**)

3. EINZELHAFT

Die Haftanstalt auf der kleinen Insel Herm schaffte es als **kleinstes Gefängnis der Welt** ins Guinness-Buch der Rekorde. Die einzige Zelle ist allerdings schon lange unbewohnt.
(▶ **S. 198**)

4. MÜHLEN-GEKLAPPER

Im St. Peter‘s Valley auf Jersey liegt mit der **Moulin de Quétivel** die letzte von ursprünglich acht Wassermühlen. Sehr lohnend ist der Spaziergang zum Mühlenteich.
(▶ **S. 110**)

5. HOCH HINAUS

Einmal alles überblicken? **Les Platons**, mit 136 m die höchste Erhebung der Kanalinseln, liegt bei **Trinity** auf Jersey. Unübersehbar durch den Fernsehturm.
(▶ **S. 113**)

6. HIER GEHT DIE POST AB!

Der **älteste Briefkasten** der Britischen Inseln, der noch in Betrieb ist, steht **in St. Peter Port** auf Guernsey in der Union Street. Leicht zu erkennen, denn im Gegensatz zu allen anderen Briefkästen auf Guernsey ist er rot statt blau.

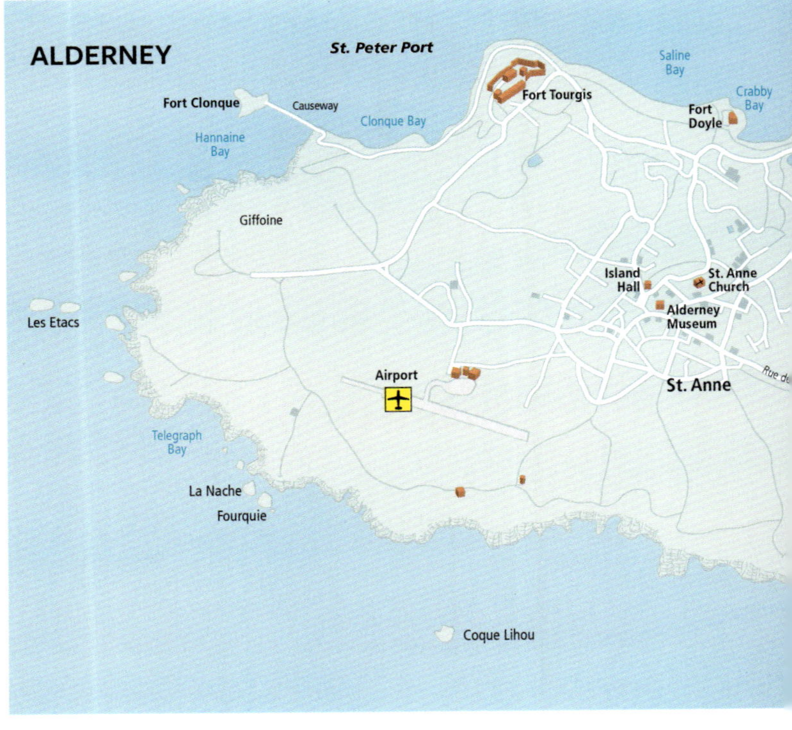

kleinen Maschinen mit 18 Sitzen fliegen ca. 15 Minuten nach Guernsey und nach Jersey. Schon 1935 wurde auf Alderney der **erste Flughafen der Kanalinseln** eröffnet, da die Insel wegen der gefährlichen Strömungen immer schon schwer zu erreichen war. Anders als auf Herm und Sark fahren auf Alderney **Autos**. Etwa 1000 Autos sind gemeldet, das amtliche Kennzeichen ist GBA. Das Straßennetz ist kurz, aber fast alle Teile der Insel sind schnell zu erreichen. Nur die steile Südküste ist lediglich durch Wanderungen zu erkunden. Alderney besitzt auch die **einzige Eisenbahn der Kanalinseln**, die allerdings heute nur noch Touristenattraktion ist.

Wovon leben die Insulaner?

Wirtschaft

Auch auf Alderney ist die Finanzwirtschaft wichtigste Einnahmequelle. E-Commerce hat zunehmend an Bedeutung gewonnen und die

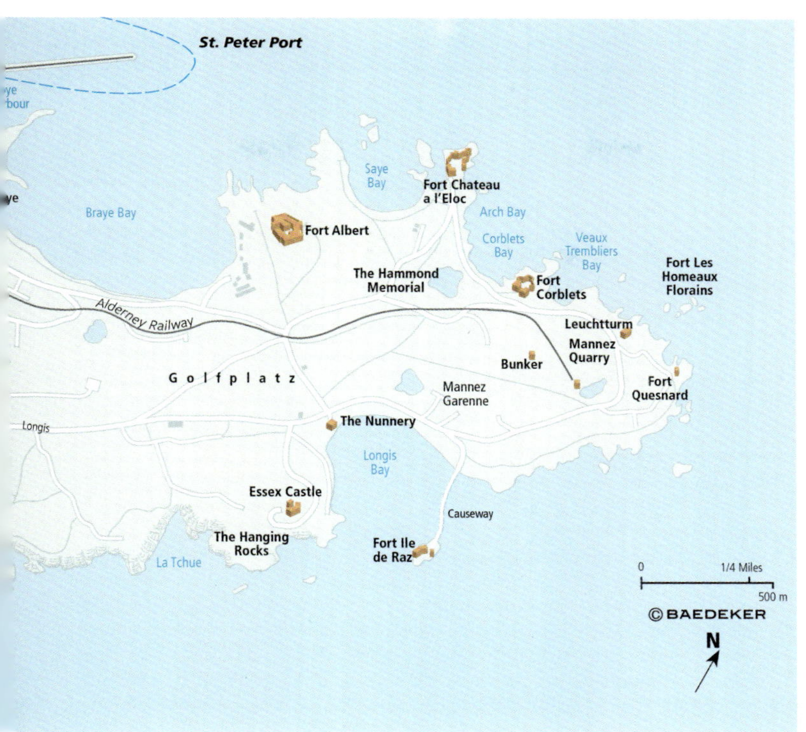

Insel hosted die Domainregistrierung für beide Bailiwicks wie auch für Dutzende von Betreibern von Glücksspiel-Websiten. Seit dem Krieg bezieht die Insel auch Zuschüsse aus Guernsey in Millionenhöhe. Unter den Touristen spielen Segler eine nicht unerhebliche Rolle. Traditionelle Berufe sind auf Alderney kaum noch zu finden. Nur noch ein Dutzend Fischer leben und arbeiten auf der Insel, und nur noch zwei Farmen, die Rinder- und Schweinezucht bzw. Milchwirtschaf betreiben, haben überlebt.

Von der Frühgeschichte bis heute

Geschichte

Von einer frühen Besiedlung der Insel weiß man durch prähistorische Funde auf der Ebene Longis Common. Hier stieß man auch auf Münzen aus römischer Zeit, als Alderney Riduna genannt wurde. Spuren der keltischen und normannischen Bevölkerung fand man in der Longis Bay.

DIE TITANIC DER KANALINSELN

BAEDEKER WISSEN

Am 30. März 1899, Gründonnerstag, verließ der Dampfer »Stella« um 11.25 Uhr mit zehn Minuten Verspätung den Hafen von Southampton. Um 17.30 Uhr wurde das Schiff auf Guernsey erwartet, zwei Stunden später auf Jersey. Viele Passagiere wollten Ostern auf den Kanalinseln verbringen. Doch dann ereignete sich die größte Schiffskatastrophe der zivilen Seefahrt in den Gewässern der Kanalinseln: Um 16.08 Uhr war die »Stella« komplett versunken.

Gegen 14.30 Uhr passiert die »Stella« zweimal Seenebelbänke, und **Captain Reeks** ging auf halbes Tempo. Dann fuhr der Dampfer bei guter Sicht mit voller Geschwindigkeit weiter. Ab 15 Uhr gab es wieder Nebelfelder, Reeks aber ließ die »Stella« auf Volldampf laufen und setzt einen Posten am Bug ein, um das Casquets-Nebelhorn zu orten. Um 15.55 Uhr glaubte man die gefürchteten Casquets-Felsen noch vier Meilen von der eigenen Position entfernt. Fünf Minuten später hörte Reeks plötzlich das Dröhnen eines Nebelhorns unmittelbar vor dem Schiff, der Posten brüllte »Stop!«. Ein riesiger Felsberg tauchte knapp 75 m vor dem Dampfer auf. Kapitän Reeks ließ den Dampfer mit voller Kraft rückwärtslaufen und warf das Ruder herum. Aber die »Stella« schrammte an den L'Auquière-Felsen, ein zweiter Felsen riss den Rumpf auf. Acht Minuten später war die »Stella« versunken.

Opfer und Überlebende

Der 49 Jahre alte Reeks versank mit der »Stella«, nachdem er dafür gesorgt hatte, dass vier Rettungsboote losgemacht wurden. Berühmtheit erlangte ein weiteres Crew-Mitglied: die Stewardess **Mary Ann Rogers**. Sie gab einer Frau ohne Rettungsgürtel ihren eigenen und ertrank, bevor sie ein Rettungsboot erreichen konnte. Der 14-jährige Bening Arnold, mit seinem elfjährigen Bruder und seiner Mutter auf der »Stella«, überlebte dank seines Fußballs. Seine Mutter hatte den Ball noch am Rettungsgürtel befestigen können. Durch den Fußball über Wasser gehalten, erreichte der Junge eines der Rettungsboote – als einziger seiner Familie.

Die Rettungsboote wurden an Alderney vorbei zum Cap de la Hague gezogen. Doch als um Mitternacht die Tide wechselte, trieben sie wieder zurück. Mitten in der Nacht driftete ein Boot unmittelbar am Alderney Breakwater vorbei, doch die Ruderer waren so entkräftet, dass sie das Ufer nicht erreichten. Vier Menschen starben an Bord. Nach 23 Stunden – gegen 15 Uhr am Freitagnachmittag – wurden die Überlebenden von einem französischen Schlepper bei Cherbourg geborgen. Zwei Boote waren bereits am Morgen gegen 7 Uhr von der »Vera«, dem von Southampton kommenden Nachtdampfer, gerettet worden, ein weiteres zehn Meilen westlich der Casquets-Felsen durch die »Lynx«, das Nachtboot von Weymouth.

In einem der Rettungsboote überlebten die 29-jährige Sängerin Greta Williams und ihre Schwester Theresa aus London. Greta sang in ihrer Verzweiflung **»O Rest in the Lord«** stundenlang aus dem »Elias« von Mendelssohn – Momente, an die sich viele der Mitpassagiere später erinnerten.

Ein Wettrennen?

Die Zahl der Opfer ist nicht gesichert, es gab keine Passagierliste. Vermutlich wurden 112 Passagiere gerettet, knapp 100 ertranken. Noch Wochen später wurden Leichen an die Küsten gespült. Bereits einen Monat nach der Katastrophe erklärte man den Kapitän zum Hauptverantwortlichen. Doch wie hatte ein so erfahrener Mann den Dampfer trotz Nebels auf Hochtouren laufen lassen können? Hatte es ein Wettrennen gegeben?

Denn **zwei konkurrierende Reedereien** betrieben den Fährverkehr zwischen Südengland und den Kanalinseln: die London South Western Railway (LSWR) auf der Southampton-Linie, die Great Western Railway (GWR) ab Weymouth. Die GWR hielt sich für die schnellste und beste. Um mithalten zu können, ließ die LSWR daher drei Dampfer bauen, die »Stella«, die »Lydia« und die »Frederica«, die zeitgleich mit der Konkurrenz ankommen sollten. So starteten die Schiffe gleich hinter den Casquets-Felsen ein Rennen. Der Sieger hatte eindeutige Vorteile, denn im Hafen von St. Helier konnte jeweils nur ein Schiff anlegen; die Passagiere des Schiffs, das später ankam, mussten mit einem kleinen Boot an Land gebracht werden. Nach dem »Stella«-Unglück wurde allerdings verfügt, dass die Schiffe der beiden Gesellschaften an unterschiedlichen Tagen zu fahren hatten.

Mary Ann Rogers opferte sich für die Passagiere der »Stella« (Illustration von 1899).

1559 erhielt Alderney wie auch Guernsey und Jersey einen **eigenen Gouverneur**. Doch fast durchgängig hatten die Gouverneure auf Alderney einen schweren Stand und waren von den Insulanern ungern gesehen. Der letzte Gouverneur, John Le Mesurier, verkaufte 1825 seine Rechte an die britische Regierung, und Alderney wurde von nun an dem Lieutenant-Governor von Guernsey unterstellt.

Mitte des 19. Jh.s wurde im nahen französischen Cherbourg der Militärhafen ausgebaut und modernisiert. Großbritannien befürchtete Überfälle von Frankreich und reagierte mit der **Befestigung** der Kanalinseln. Besonders stark wurde Alderney, das in Sichtweite der französischen Küste liegt, mit Verteidigungsanlagen geschützt. Entlang der Küste entstanden mehrere viktorianische Forts.

Auch Alderney wurde **von den Deutschen besetzt**. Etwa zehn Tage bevor die Deutschen landeten, verließen im Juni 1940 fast alle Inselbewohner ihre Heimat. Insofern konnten die Deutschen hier relativ unbeobachtet agieren. Mehrere **Arbeitslager** wurden eingerichtet, in denen Kriegsgefangene Zwangsarbeit verrichteten, das Arbeitslager »Sylt« wurde 1943 in ein Konzentrationslager, das »KZ Aurigny«, umgewandelt.

Der deutsche Schriftsteller und Essayist **Gerhard Nebel** (1903 bis 1974) war während der deutschen Besatzung auf Alderney. In seinem Tagebuch aus dem Jahr 1942 »Bei den nördlichen Hesperiden« beschreibt er die Insellandschaft:

»Nach Dienstschluß Streifzug durch den westlichen Teil der Insel, der mir noch unbekannt war. Ich wanderte an der Clonque-Bai entlang, doch war der Pfad durch Stacheldraht bald versperrt. Auf der Insel ist jede Bewegung sehr schnell durch solche Zurüstungen gehemmt, die teils Abwehrzwecken dienen, teils Minenfelder einzäunen. Da man nicht weiß, welchen Sinn der gerade begegnende Draht hat, tut man besser, nicht in ein derart verschlossenes Gelände einzudringen. Ich mußte mich also vom Meer entfernen und steigen, um von oben her mein Ziel, die Schlucht, die auf die Trois Vaux-Bai führt, zu erreichen. Der ganze Westen ist unberührt, wegelos und in ursprünglichem Zustand. Auch vom Wurm der Befestigung ist er noch nicht angefressen. Die kahle Baumlosigkeit der Landschaft setzte mir zu. (...) Alderney erscheint mir als ein armes, preisgegebenes Wesen, das zwischen dem Wind, dem Meer und dem überwältigenden Licht zerrieben wird. Vor allem der Wind spielt sich als despotischer Herrscher auf und nicht einmal das Gras läßt er sich frei entwickeln.«

Erst Monate nach der Befreiung der Kanalinseln kamen die ersten Insulaner zurück. Im Lauf der Jahrzehnte wanderten auch auf Alderney wegen der günstigen Steuergesetze viele Europäer aus Großbritannien und vom Kontinent ein.

ALDERNEY ERLEBEN

ALDERNEY VISITOR INFORMATION CENTER

Victoria Street 51
Tel. 82 23 33
www.visitalderney.com
www.movetoalderney.com

ALDERNEY CHAMBER MUSIC FESTIVAL

Ende August/Anfang September findet seit 2017 das Festival klassischer Musik mit begabten jungen Künstlern statt. (▶ Das ist ... S.12)
https://acmf.co.uk

Wer auf den Kanalinseln nicht nur die Natur genießen, sondern sich auch abends amüsieren möchte, ist auf der Insel Alderney richtig. Immer gut besuchte Abendadressen in St. Anne sind die Marais Hall, Bar und Restaurant am Marais Square und The Vaults in der Braye Street, wo dem Vernehmen nach die besten Cocktails der Insel gemixt werden. Außerhalb des Städtchens zieht der Pub The Old Barn an der Longis Bay Road viele Leute an.

JACK'S BRASSERIE €€

Schönes helles Café und Restaurant unweit der Kirche, bei Einheimischen und Touristen gleichermaßen beliebt. Kleine Karte mit traditionellen Gerichten, bei gutem Wetter kann man draußen sitzen und dem Treiben in der »Hauptstraße« zusehen.
St. Anne
Victoria Street 56
Tel. 82 39 33

THE GEORGIAN HOUSE €€

Elegantes Restaurant in historischem Haus im georgianischen Stil. Sehr gute Fischgerichte – im Sommer auch im herrlichen Garten.
St. Anne
Victoria Street
Tel. 82 24 71
www.georgianalderney.com

THE OLD BARN €€

Restaurant und Bar mit internationaler Küche, nachmittags auch Cream Teas.
Longis Bay Road
Tel. 82 25 37

BRAYE BEACH HOTEL €€€€

Das beste Haus auf Alderney, in Strandnähe.
Braye Beach, Braye Street
Tel. 82 43 00
www.brayebeach.com

THE BLONDE HEDGEHOG €€€

Das nach den berühmtesten Einwohnern Alderneys benannte Haus ist ein Boutiquehotel mit sechs Zimmern in der ruhigen kopfsteingepflasterten Hauptstraße im Zentrum von St. Anne.
Le Huret
Tel. 82 32 30
www.blondehedgehog.com

VICTORIA €€

Sympathisches kleines Haus mit sechs Zimmern in Familienbesitz
St. Anne
Victoria Street
Tel. 82 24 71
www.victoriahotelalderney.com

★ ST. ANNE

Einwohnerzahl: 2000

Altmodisch im besten Sinne ist die kleine Stadt mit ihren Kopfsteinpflasterstraßen, bunten Häusern und Gärten. Stress ist hier ein Fremdwort und die Einwohner sind stets in Plauderlaune.

Alderneys Hauptort St. Anne ist das uneingeschränkte, da einzige Zentrum der Insel. »The Town«, wie die Insulaner sagen, liegt zentral zwischen dem Flughafen auf dem südlichen Hochplateau und dem Braye Harbour im Norden. Der Ort trägt seinen Namen nach einer Vorgängerkirche der heutigen St. Anne Church. Diese hieß zunächst St. Mary und wurde im 17. Jh. in St. Anne umbenannt. Auch Alderneys Hauptort trägt erst seit dieser Zeit seinen heutigen Namen.

Wohin in St. Anne?

★ Inselhauptstadt

Klein und bunt

Das schöne, teilweise etwas altmodische Ortsbild von St. Anne wird geprägt von beschaulichen Kopfsteinpflasterstraßen mit geschmackvollen, farbenfrohen Häuschen, vielen Gärten und alten Bäumen. An

Friedlich, beschaulich, britisch – in den Straßen der Inselhauptstadt St. Anne

der Victoria Street, der gemütlichen Hauptstraße, findet man alle möglichen Geschäfte, doch wird es in den anliegenden Nebenstraßen bereits sehr ruhig.
Die Victoria Street, die **»Champs-Elysées«** von St. Anne also, hat trotz ihres Zweitnamens einen angenehm dörflichen Charme. Niemand ist hier sonderlich hektisch, und wer seinen Alltagseinkauf erledigt hat, ist danach immer noch zu einem kurzen Kaffee aufgelegt. Cafés und Pubs gibt es genug, außerdem sind eine Post, eine Touristeninformation und viele Geschäfte vorhanden. Von einer verschlafenen Dorfstraße kann also keinesfalls die Rede sein. Man findet hier z. B. auch einige Läden, die geradezu großstädtisch und international wirken, und es gibt auch ein Kino, in dem die neuesten Filme aus aller Welt gezeigt werden.
Das **Kino** gibt viel von der Mentalität der Bewohner preis: Um es finanzieren zu können, gründete man eine Aktiengesellschaft. Allerdings waren die Mittel nicht so üppig, dass man sich zwei Projektoren hätte leisten können. Also muss nun immer nach der Hälfte des Films die Rolle gewechselt werden.

Einmal quer durch

Stadtbummel

An dem kleinen lauschigen Royal Connaught Square, an dem früher unter freiem Himmel Gericht gehalten wurde, steht zurückversetzt in einer Gartenanlage die **Island Hall**, ein großzügiges Gebäude aus dem 18. Jh., das für ein paar Jahrzehnte **Sitz der regierenden Familie Le Mesurier** war. Der Regierungssitz, den die Familie anschließend bezog, steht in unmittelbarer Nähe an der Straße Les Mouriaux. Auch dieses repräsentative Haus stammt aus dem 18. Jh. In der Nähe ragt ein Ungetüm von Betonturm auf, der von den Deutschen im Zweiten Weltkrieg als Wasserturm gebaut wurde.
Am **Marais Square** wurden die ersten Häuschen von St. Anne gebaut. Eine Viehtränke erinnert noch an den damaligen Betrieb auf dem Platz, wenn hier der Inselviehmarkt stattfand.
Am nördlichen Ende der Victoria Street kommt man über die Butes Road zum **Cricketplatz** von Alderney und zum **Festplatz Butes**, wo Open-Air-Veranstaltungen wie ein Jahrmarkt etc. stattfinden. Während der Cricketsaison wird jedes Wochenende hier gespielt. Der Platz liegt etwas erhöht, und man hat von hier aus einen schönen Blick auf den Hafen mit der langen Mole und auf das Fort Albert weiter östlich.

Ein Gotteshaus schreibt Inselgeschichte

St. Annes's Church

Von der Victoria Street zweigt eine kleine Straße ab, auf der man durch einen Torbogen, den Albert von Sachsen-Coburg-Gotha gewidmeten Albert Memorial Gateway, direkt auf die St. Anne Church zukommt. Die Kirche liegt in einem kleinen Tal, an dessen Seiten sich ein hübscher Friedhof mit alten Grabsteinen hinaufzieht. In unmittelbarer Nähe zur lebendigen Hauptstraße taucht man hier sofort in eine stille, friedliche Atmosphäre ein. Die zugleich massig und elegant wirkende St. Anne Church (19. Jh.) wurde vom Sohn des letzten Gouverneurs der Insel, **John Le Mesurier**, in Erinnerung an seine Eltern in Auftrag gegeben und 1850 geweiht. Den dreischiffigen Bau errichtete der Engländer George Gilbert Scott. Im Kircheninneren sieht man Gedenktafeln der Familie Le Mesurier, die zwischen 1714 und 1825 die Gouverneure von Alderney stellte. Eine Tafel erinnert an den auf Alderney geborenen Arzt Henry John Gauvain (1878 – 1945), der als Vorreiter auf dem Gebiet der Tuberkuloseforschung und -operation gilt. Interessant sind die drei als **Anne French Windows** bezeichneten Fenster von 1957, die dem lebenslangen Engagement der Insulanerin Anne French für Kinder auf Alderney und in aller Welt gewidmet sind.

Auf dem alten **Friedhof** mit verwitterten Grabsteinen neben dem Museum ragt ein Granitturm auf. Es handelt sich um das Überbleibsel der mittelalterlichen St. Anne Church, der Vorgängerkirche der heutigen Pfarrkirche.

GLOCKENSPIELE

Am Sonntag zur Mittagszeit erlebt man auf dem romantischen Friedhof der St. Anne Church auf Alderney zwischen verwitterten Grabsteinen ein Konzert der besonderen Art: Die zwölf Kirchenglocken, von Hand geläutet, vereinen sich zu einem magischen Klang.

Östlich von St. Anne

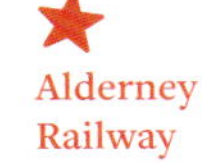

»Orient-Express«

Alderney Railway

Von der Victoria Street führt etwas östlich versetzt die Route de Braye zum Hafen hinunter. Kurz bevor man zum Strand der Braye Bay kommt, überquert man die Bahnschienen der Alderney Railway. Die Eisenbahn wurde 1847 gebaut und diente damals zum **Transport von Granitsteinen**, die in dem Steinbruch im Nordosten der Insel geschlagen und zur Verschiffung in den Hafen gebracht wurden. Heute ist der »Orient-Express« eine der Touristenattraktionen von Alderney, betrieben wird die Bahn von der Alderney Railway Society. Eine alte Lok, die Molly, zieht zwei ausrangierte U-Bahn-Wagen aus London vom Bahnhof an der Braye Bay etwa 3 km bis zum **Mannez Quarry**, der seit Beginn des 19. Jh.s existiert. Wenn die Bahn dort einrollt und in der Pause bis zur Rückfahrt Kaffee und Tee ausgeschenkt werden, erwacht dieser etwas trübe Ort zum Leben.

ab Braye Road Station: Juli, Aug. Sa., So. 14.30, 15.30, Ostern, Mai, Juni, Sept. So. 14.30, 15.30 | Fahrpreis Erw. ab 4 £, Kinder ab 2 £
www.alderneyrailway.gg

Es spritzt gewaltig

Braye Harbour

Der Hafen von Alderney spielt für den Tourismus nur eine untergeordnete Rolle. Der Wellenbrecher (»Breakwater«) schützt ihn vor Nordwestwinden, an stürmischen Tagen spritzt das Wasser meterhoch an der Mauer auf. Von den im 19. Jh. geplanten Befestigungen ist noch Fort Grosnez am Westende des Breakwaters erhalten.

Traumstrände an der Nordküste

Braye Bay

Eine der schönsten Buchten und »stadtnah« dazu ist die Braye Bay mit ihrem **langen, fast weißen Sandstrand.** In Hafennähe wird die malerische, vielbesuchte Bucht von Lagerhäusern aus dem 18. Jh. begrenzt, die heute einen schmucken Eindruck machen und in denen einige Pubs und Cafés zu finden sind.
Die halbrunde **Saye Bay** mit schönem Sandstrand ist durch die vorgelagerten Felsen eine hervorragend geschützte, kleine Badebucht. An der Bucht liegt der Campingplatz von Alderney, über dem das Fort Albert aufragt.
Östlich schließt sich die **Corblets Bay** an, die von der Saye Bay durch eine Felshalbinsel getrennt wird, auf der das **Château à L'Etoc** aus dem 19. Jh. steht. Die einstige Burg ist zu Wohnungen umgebaut worden. Auch in der Corblets Bucht liegt einer der Schmuckstrände der Insel mit hellem, feinem Sand, dazwischen ragen Felsen auf.

Blickpunkt

Fort Albert

Östlich der Braye Bay ragt das **Fort Albert** auf, die wohl bekannteste der Inselburgen aus dem 19. Jahrhundert. Es wurde im Zweiten Welt-

Nicht mehr weit bis zum Braye Beach

krieg von den Deutschen ausgebaut. Von oben hat man einen weiten Blick auf den Hafen und die umliegenden Buchten. Unterhalb sieht man das »Wembley-Stadion« von Alderney, das Arsenal-Fußballstadion, wo die Inselauswahl seit 1905 gegen die Mannschaften der andern Kanalinseln um die Muratti-Vase spielt.

Erinnerung an die Schrecken des Krieges

The Hammond Memorial

Mit einem Kreuz und Texten auf Polnisch, Hebräisch, Russisch, Französisch und Spanisch wird **an die Zwangsarbeiter erinnert**, die zwischen 1940 und 1945 in den Lagern auf Alderney interniert waren und ums Leben kamen. Gestiftet wurde das Denkmal von der Hammond-Familie, die einmal jährlich auch eine Gedenkfeier veranstaltet, zu der Überlebende oder deren Familien nach Alderney kommen. Von hier aus sieht man in die Longis Bay hinunter auf die kleine Île de Raz und bis zur französischen Küste hinüber.

Ein mächtiges Leuchtfeuer

Lighthouse

Östlich der Corblets Bay ragt direkt an der Straße der 1912 gebaute Leuchtturm von Alderney auf, der eine Höhe von 32 m und eine

Reichweite von ca. 28 Seemeilen, also rund 45 km, hat. Zudem ist er mit einem Nebelhorn ausgestattet, das man etwa 7 km weit hören kann.

Blick zur Normandie

Festungen auf der Ostspitze

Auch **Fort Les Homeaux Florains** gehört zu den Festungen aus viktorianischer Zeit. Erhalten ist nur eine Ruine. **Fort Quesnard** wurde während der Besatzungszeit mit einem Bunker versehen. Heute ist es exklusiv hergerichtet und in Privatbesitz. **Fort Houmed Herbé** liegt auf einer kleinen, vorgelagerten Felseninsel und ist weitgehend zerfallen. Von diesem östlichsten Teil der Insel sieht man deutlich das 15 km entfernte **Cap de la Hague** in der Normandie.

Der alte Hafen

Longis Bay

Die größte Bucht im Osten von Alderney ist die Longis Bay mit einem breiten Sandstrand. Der Strand wird zur Landseite hin fast durchgängig von einer deutschen Panzersperre begrenzt, wohl weil man von dieser Seite aus am ehesten einen Angriff der Alliierten erwartete. Bis ins 18. Jh., als man Braye Harbour anlegte, war hier der Hafen von Alderney, wovon noch Reste eines befestigten Wegs zeugen, der einst zur Hafenrampe führte.

Vom Ostende der Longis Bay aus kommt man bei Ebbe hinüber zu der Felseninsel **Île de Raz** mit dem kleinen Fort Raz, beide benannt nach der Strömung, die hier vorbeizieht. Von der Insel aus kann man eine grandiose Felsformation, die **Hanging Rocks**, weiter südwestlich sehen. Diese schrägen Felsen vermitteln den Eindruck, als könnten sie jederzeit ins Meer kippen

Oberhalb der Longis Bay erkennt man auf den Felsen Essex Castle, eine große **Befestigungsanlage**, die ebenfalls von den Deutschen genutzt und ausgebaut wurde. Der **Blick** von hier oben reicht auf der einen Seite bis zur französischen Küste und auf der anderen Seite bis Sark, Herm und Guernsey, bei klarer Sicht sogar bis Jersey. An dieser Stelle stand bereits seit dem 16. Jh. eine Burg, die um 1600 vom Grafen von Essex übernommen wurde, was den Namen erklärt.

Bei **The Nunnery** in der Longis Bay soll es nach Ansicht einiger Archäologen eine römische Befestigung, **Castrum Longini**, gegeben haben. Mittlerweile ist Castrum Longini aber von der Fachwelt weitgehend zur Legende erklärt worden. Erwiesen ist die Besiedlung dieses Küstenabschnitts aber in keltischer und normannischer Zeit. Von der Ende des 18. Jh.s gebauten Nunnery (»Nonnenkloster«) sind nur noch Reste erhalten. Um den Namen ranken sich verschiedene Geschichten: Die eine meint, dass an dieser Stelle ein Bordell für Soldaten betrieben wurde, eine andere will wissen, dass es sich um eine ironische Bezeichnung für eine Soldatenwache weit entfernt von entsprechenden Vergnügungen handeln soll.

6x UNTERSCHÄTZT

Genau hinsehen, nicht daran vorbeigehen, einfach probieren!

1. GERSTENSAFT

Die Bierspezialitäten der Inseln glänzen mit Vielfalt. Unbedingt probieren: Lieblingssorten wie **Herm Island Gold** oder **Patois Premium Ale**.

2. GEZEITENWECHSEL

Der **Tidenhub** auf den Kanalinseln ist der zweithöchste der Welt. Also nicht wundern, wenn beim Blick aus dem Fenster morgens das Meer weg ist. Es kommt wieder!

3. PFLANZENREICH

Der **Howard Davis Park** in St. Helier begeistert durch erstaunliche Pflanzenvielfalt. Unter den ca. 80 000 verschiedenen Pflanzen finden sich 1800 Rosenstöcke von über 80 verschiedenen Sorten. (▶ **S. 93**)

4. EINKAUFSTEMPEL

Können Sie Größe, Bekanntheit und Exklusivität betreffend das Londoner Nobelkaufhaus Harrods auch nicht toppen – älter sind De Gruchy und Voisin‘s in der **King Street in St. Helier** allemal. Und bieten außerdem ein tolles viktorianisches Ambiente zum Shoppen. (▶ **S. 82**)

5. KÖNIGLICHE KNOLLEN

Wer Kartoffeln nur als Beilage kennt, kann auf Jersey eine Überraschung erleben Hier wachsen Knollenfrüchte, die das Zeug zum Hauptdarsteller auf dem Teller haben: **die Jersey Royal**. (▶ **S. 269**)

6. RIESE AUS STEIN

Die »Kathedrale der Kanalinseln«, die **St. Anne's Church** auf Alderney, wirkt überdimensioniert auf der winzigen Insel. An den Wänden finden sich Graffiti deutscher Soldaten aus der Besatzungszeit. (▶ **S. 169**)

Westlich von St. Anne

Vogelparadiese

Vogelfelsen und -inseln

An der Westküste blickt man auf eine kleine Gruppe von Felseninselchen mit dem Namen Les Etacs. Auf den Vogelfelsen lebt eine **Kolonie von Basstölpeln**.

Weiter draußen im Meer erkennt man die Felsen Ortac und Les Casquets, die ebenfalls von Vögeln bevölkert werden, auch auf Ortac gibt es eine Tölpelkolonie. Die Felsen sind **berüchtigte Schiffsfallen**, u. a. wurden sie der »Stella« zum Verhängnis (▶ Baedeker Wissen S. 164). Seit 1724 gibt es auf den Casquetsfelsen Signalfeuer. Der heutige Leuchtturm wird automatisch betrieben und per Computer gesteuert. Über Les Casquets wird immer wieder eine Anekdote aus dem 19. Jh. erzählt. Um das Jahr 1840 wohnte hier die achtköpfige **Familie des Leuchtturmwärters**. Als ein Tischler aus Alderney zu Reparaturarbeiten herüberkam, verliebte er sich in die 20-jährige Tochter des Leuchtturmwärters. Sie ging mit ihm nach St. Anne zu leben, kehrte aber schnell wieder auf ihren Felsen zurück, da es ihr in der »großen Stadt« zu laut und zu hektisch war. In »Les Casquets« hat der Dichter Algernon Charles Swinburne diese Geschichte verarbeitet.

Im Atlantik nordwestlich von Alderney liegt **Burhou Island**, auf der Papageientaucher, Trottellummen und Tordalken leben. Sie ist ein Naturreservat, das zu betreten vom 15. März bis 27. Juli verboten ist.

Nur bei Ebbe

Fort Clonque

Fort Clonque aus dem 19. Jh., das auf einem kleinen, der Küste im Nordwesten vorgelagerten Inselchen steht, ist bei Ebbe über einen Damm zu erreichen. Das Fort kann gemietet werden und bietet Schlafmöglichkeiten für bis zu 13 Personen.

www.landmarktrust.org.uk

Riesig

Fort Tourgis

Als größte Befestigung des 19. Jh.s für Alderney war Fort Tourgis geplant, und es ist in der Tat riesig ausgefallen. Während die Briten es bis 1920 schlossen, wurde es von der deutschen Besatzungsmacht als »Stützpunkt Türkenburg« massiv aufgerüstet. Die Cambridge Battery mit einigen deutschen Hinterlassenschaften ist nach Restaurierung heute zugänglich.

Südlich sind die spärlichen Überreste einer der wenigen frühgeschichtlichen Grabanlagen der Insel, des **Roc à l'Epine,** erhalten.

Und noch eine Festung

Saline Bay

Auch die Saline Bay wird von einer Panzersperre abgeriegelt. In der Mitte der Bucht wurde im 19. Jh. Fort Platte Saline errichtet, im Osten steht Fort Doyle, ausnahmsweise aus der Zeit um 1800.

SARK

Fläche: 5,5 km² | **Bevölkerungszahl:** rund 500

So rau und steil Sarks Küsten sind, so lieblich ist das Inselherz. Fast schon symbolisch für eine Insel, die Jahrhunderte lang allen Veränderungen von außen trotzte, aber jeden Besucher verzaubert. Sark ist spürbar anders, und dafür lieben es Bewohner und Besucher gleichermaßen.

Wilde Küsten, grüne Wiesen

Landschaft

Das autofreie Sark (frz. Sercq) liegt etwa 10 km östlich von Guernsey und ist mit nur 5,5 km² die zweitkleinste der Kanalinseln. Ihre größte Ausdehnung in Nordsüdrichtung beträgt weniger als 5 km, in Ostwestrichtung 2,5 km, die Küstenlänge insgesamt wegen der starken Zerklüftung 65 km. Der Inselkörper setzt sich zusammen aus Great Sark und Little Sark im Südwesten, die durch einen schmalen Grat miteinander verbunden sind.

Sark ist ein landschaftlich sehr abwechslungsreiches, knapp 100 m hohes **Hochplateau**. Die Insel hat keine längeren Strände, sondern immer wieder **kleine Sand- und Kiesbuchten** zwischen zerklüfteter **Felsküste**. Die Wege hinunter in die Buchten sind steil, und ebenso steil sind die Wege wieder hinauf. Schon gleich nach der Ankunft bekommt man einen Eindruck von dieser Hochplateau-Situation, wenn man den stark ansteigenden Weg vom Hafen hinauf in das Dorf nimmt. Das Inselinnere ist reich an **Wiesen** und **kleinen Wäldern**.

An den Küsten von Sark gibt es einige natürliche Seewasserpools in Felsbecken und sehr viele **Höhlen**. Die Höhlen erkundet man am besten mit **ortskundiger Führung**, denn wenn man sich nicht auskennt, kann eine Höhlentour wegen der starken Gezeitenunterschiede sehr gefährlich sein.

Der letzte Feudalstaat

Die Sarkees und ihr Staat

Die Insel gehört verwaltungstechnisch zum Bailiwick of Guernsey, ist aber per Verfassung ein eigener kleiner Staat, in dem bis Dezember 2008 noch **altes normannisches Feudalrecht galt** (▶ Baedeker Wissen S. 180). Aus römischer Zeit ist der Name »Sarnia« für die Insel bekannt, in den »dark ages« (▶ Geschichte) hieß sie »Sargia«, im Mittelalter kam dann die französische Bezeichnung »Sercque« auf. Etwa 600 Sarkees leben auf der Insel, etwa 50 % der Inselbewohner sind **Zugewanderte**, zumeist Engländer. Über die Hälfte der 40 traditionellen Anwesen befindet sich mittlerweile in Besitz von nichtgebürtigen Insulanern, was mitunter zu Spannungen mit den Alteingesessenen führt.

Jugendliche können bis zum Alter von 13 Jahren auf Sark zur **Schule** gehen. Der weitere Unterricht erfolgt auf Guernsey. Dort können Jungen ein Internat besuchen, Mädchen wohnen privat oder in Wohngemeinschaften. Auch für ihre Berufsausbildung verlassen die meisten die Insel. Die **Wasserversorgung** der Häuser läuft über eigene Brunnen oder Regenwasser, also nicht über eine zentrale Versorgung, für die ordnungsgemäße Kanalisation in Sickergruben ist jeder Haushalt selbst zuständig. Geheizt wird mit Öl oder Propangas. Es gibt ein kleines, recht gutes **medizinisches Zentrum** mit einem Arzt, der auch einfache Operationen vornimmt; alle ernsthaften Krankheiten müssen auf Guernsey behandelt werden. Dafür – und für Zahnarztbesuche – gibt es einen gesonderten Bootsverkehr.

Tourismus & mehr

Wirtschaft

Relativ undurchschaubar sind die Direktorengeschäfte, mit denen ein Teil der Sarkees Geld verdient (► Baedeker Wissen, S. 52). Neben diesem unsichtbaren Gewerbe lebt Sark vor allem vom Tourismus, im Jahr kommen etwa 65 000 Gäste vor allem aus Großbritannien, Frankreich, Deutschland und Skandinavien auf die Insel. Auch Viehwirtschaft spielt eine Rolle.

Eine autofreie Insel

Verkehr

Auf Sark fahren keine Autos, man bewegt sich zu Fuß, per Fahrrad oder in einer Pferdekutsche über die Insel. Für bestimmte Zwecke

Auf Sark gibt es keine Autos. Wozu auch?

wurde die Benutzung von Traktoren genehmigt, von denen denn auch etwa 60 recht lautstark über die Insel rattern, was auffällt, weil ansonsten nur Naturlaute zu hören sind. Sark hat keinen Flughafen. Im Sommer gibt es mehrmals täglich Schiffsverbindungen zwischen Guernsey und Sark, seltener zwischen Jersey und Sark.
Der **tideunabhängige Maseline Harbour** ersetzte weitgehend den benachbarten, älteren Creux Harbour, der bei Ebbe trockenfällt. Der Creux Harbour (Creux = Vertiefung, Höhlung) wurde im 16. Jh. unter Helier de Carteret angelegt, der Creux Tunnel 1588 in den Felsen

SARK ERLEBEN

SARK VISITOR CENTER
The Avenue
Tel. 83 23 45
www.sark.co.uk

LA SABLONNERIE €€€€
Ein altes Herrenhaus inmitten der landschaftlichen Idylle von Little Sark. Komfortabel und gemütlich, mit Kamin-Lounge. Im Sommer genießt man den schattigen Garten mit Tearoom. Pferde und Kutschen stehen zur Inselerkundung zur Verfügung. Und auch das Restaurant ist vorzüglich.
Little Sark
Tel. 83 20 61
www.sablonneriesark.com

LE GRAND DIXCART B&B €€–€€€
B&B mit hübschen kleinen Zimmern.
Sark, GY10 1 SD
Tel. 83 29 43

geschlagen. Ein von einem Traktor gezogener Wagen bringt Besucher den Harbour Hill hinauf ins Dorf. Oben im Ort kann man sich Fahrräder mieten oder Kutschfahrten unternehmen.

Von der Frühgeschichte bis in die Gegenwart

Geschichte

Megalithfunde bezeugen menschliche Anwesenheit in der Zeit um 3000 v. Chr. Sark soll von **St. Magloire** christianisiert worden sein, der im Jahr 565 von Dol aus der Bretagne auf die Kanalinseln gekommen sein und im Nordwesten der Insel eine Abtei gegründet haben soll. Es heißt, er habe mit 62 Mönchen das Land kultiviert. 586 wird als sein Todesjahr angegeben. Sicher ist, dass auf dem Gelände der heutigen Seigneurie bis ins 14. Jh. eine Abtei existiert hat; von den Mönchen wurden eine Wassermühle und die noch existierenden Fischteiche angelegt.

Mitte des 14. Jh.s war Sark infolge zahlreicher Überfälle von Franzosen und vor allem durch die **Pest**, die zwischen 1345 und 1348 auf der Insel wütete, **quasi entvölkert** und blieb etwa 200 Jahre fast menschenleer. Angeblich wurde sie nur noch von Piraten bewohnt, die in den Gewässern der Kanalinseln auf Raubzug gingen. 1564 bekam Helier de Carteret aus Jersey den Auftrag zur Kolonisation der fast leeren Insel. Er verpflichtete sich, dafür zu sorgen, dass mindestens 40 Männer kontinuierlich hier lebten und die Insel bei Überfällen verteidigten. Das Land wurde in 40 »Tenements« (Pachtgrundstücke) aufgeteilt und an die »Tenants« verpachtet, über die Helier de Carteret als erster Seigneur der Insel herrschte. 1730 erwarb **Suzanne Le Pelley**, Eigentümerin des Tenements »La Perronerie«, Sark als königliches Lehen. Die Familie Le Pelley verlor die Insel, als sie durch eine Pleite mit den

BAEDEKER WISSEN

EUROPAS LETZTER FEUDALSTAAT

... besteht seit dem 16. Jh. auf der winzigen Insel Sark. Die Sarkies scheinen damit gut zurecht zu kommen: Trotz einiger weniger demokratischen Änderungen wie die erste freie Parlamentswahl 2008, rütteln sie nicht an den Grundfesten ihres Gemeinwesens. Und so kann der Seigneur of Sark weiterregieren.

▶ Das Feudalsystem auf Sark

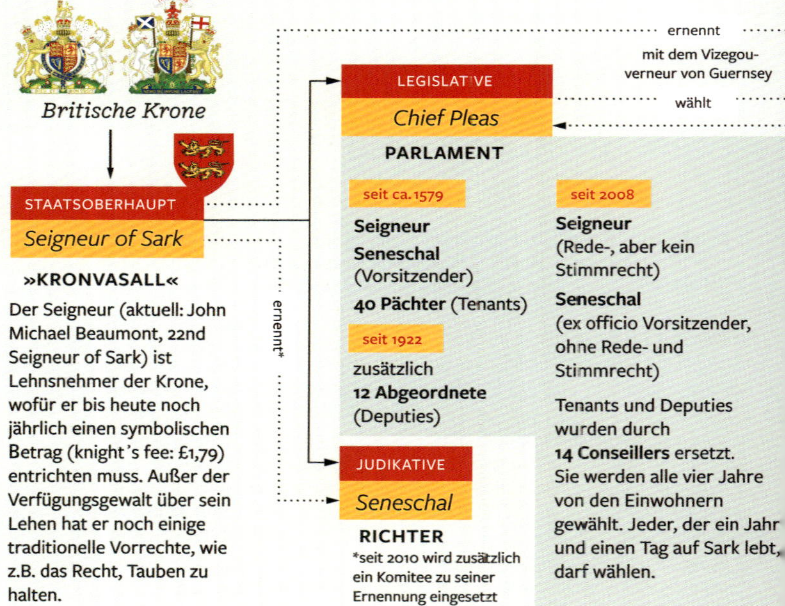

▶ Zeitleiste

Nachdem Sark bis Mitte des 16. Jh.s nur spärlich und unbeständig bewohnt war, wurde die Insel in den frühen 1560ern neu besiedelt, um die Kanalinseln zu verteidigen. Der erste Lehnsherr war Helier de Carteret, der Seigneur von St. Ouen auf der Insel Jersey.

1565

Patenturkunde »Letters patent«
Das Lehen wurde von Königin Elisabeth I. bestätigt. Eine der Bedingungen war, Sark mit 40 bewaffneten Männern besetzt zu halten.

1611

Patenturkunde
Die 40 Liegenschaften (»tenements«) sollten im ungeteilten Besitz bleiben. Jeder Eigentümer hatte einen Sitz in der gesetzgebenden Versammlung, den »Chief Pleas«.

WEITERE POLITISCHE ÄMTER

- **Prévôt**
ist für die Umsetzung der Gerichtsbeschlüsse zuständig

- **Greffier**
eröffnet die Versammlungen und führt Protokoll (auch bei Gerichtsverhandlungen)

- **Treasurer**
ist für die Finanzen zuständig

- **Constable**
übt die polizeiliche Gewalt aus

- **Vingtenier**
unterstützt den Constable

- **Procureur des Pauvres**
hilft den Bedürftigen

··· Vetorecht ···► **Guernsey Royal Court**

Der Guernsey Royal Court kann gegen jede (als unangemessen betrachtete) Entscheidung ein Veto einlegen.

··· wählen ····► **Douzaine**

Die zwölf Conseillers werden alle drei Jahre gewählt. Ihre Aufgaben umfassen unter anderem:
- Führung des Kataster-Registers
- Aufsicht und Koordinierung der »Public Works« (diese sind verantwortlich für Umweltangelegenheiten, Sauberkeit und Instandhaltung der Insel etc.)
- Empfehlung des Constables und des Procureurs

► **Katasteraufteilung**

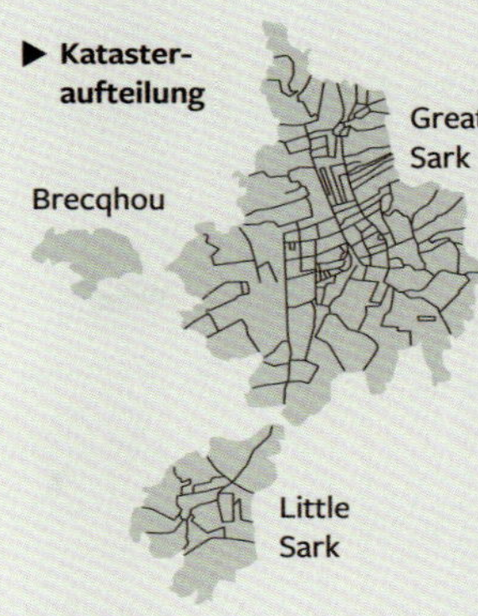

► **Feudalismus/Lehnswesen**
war die prägende Gesellschaftsform des Mittelalters.

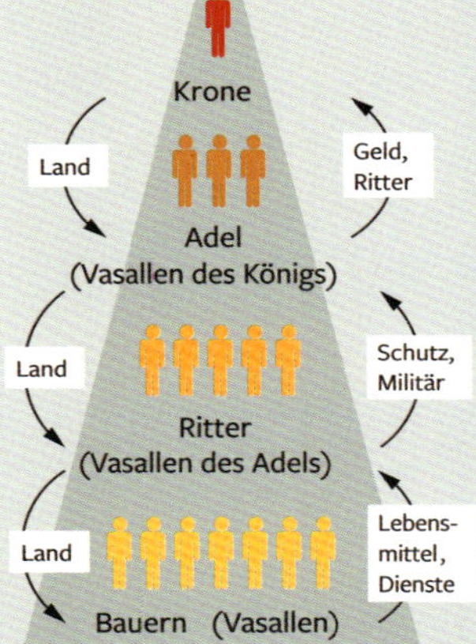

1675
Einführung des Seneschal-Amts, das die 12 »Jurats« (Geschworenen) ablöste.

1922
Verfassungsänderung:
- Jedes Mitglied der Chief Pleas hat nur noch eine Stimme (unabhängig von der Anzahl der Liegenschaften)
- Der Seneschal wird nur noch für drei Jahre ernannt (Wiederwahl ist möglich).

1951
Gesetzes-Reform »Reform Law«
Neben zahlreichen Änderungen hat der Seigneur nur noch ein aufschiebendes Vetorecht.

10. Dez 2008
Erste freie Wahlen eines demokratischen Parlaments – der »Conseillers«

auf Little Sark gefundenen Silberminen zahlungsunfähig wurde. Daraufhin kamen die Gläubiger der Le Pelleys, die Familie Collings, in den Besitz der Insel Sark. Deren prominentestes Mitglied, **Sibyl Hathaway** (▶ Interessante Menschen), wusste während der **deutschen Besatzungszeit**, die am 3. Juli des Jahres 1940 begann, für die Insel Schlimmstes zu verhindern. Damals beschlossen die Insulaner – anders als die Bewohner von Alderney –, auf ihrer Insel zu bleiben. Diese Kontinuität gilt als einer der Gründe für die lange Existenz des eigentümlichen Feudalsystems (▶ Baedeker Wissen, S. 180).

★ GREAT SARK

Typische Badeurlauber zieht es gewiss nicht nach Sark, aber Entdecker, Abenteuerlustige und Romantiker werden an den kleinen Buchten der Insel und am Inseldorf ihre wahre Freude haben. Etwa an der hübschen Dixcart Bay mit ihrem kleinen Strand und einem malerischen Felsentor – ein Ort wie gemacht als Kulisse für einen Piratenfilm.

Höhlen, Buchten und ein Dorf

Viele Buchten und Höhlen sind nur an bestimmten Tagen bei absolutem Niedrigwasser begehbar. Man muss die **Tidezeiten** genau im Kopf haben und wissen, wann auflaufendes Wasser einsetzt. Generell ist die Besichtigung von Höhlen mit ortskundigen Führern sicherer.

★ The Village

Nur nicht aus der Ruhe bringen lassen!

Idyllische »Inselhauptstadt«

Hübsch ist es, das Zentrum von Sark. Und ruhig ist es, sehr ruhig. Die meist schläfrige Stille des Dorfs wird nur unterbrochen, wenn das Schiff Tagestouristen bringt. Aber selbst diese schaffen es nicht, die Ruhe und Beschaulichkeit der »Inselhauptstadt« ernsthaft zu gefährden. Die meisten Insulaner kommen einmal am Tag her, um Einkäufe oder ähnliches zu erledigen, und die Jugend macht dienstags und samstags abends die Tanzfläche in der Mermaid Tavern am Dorfrand unsicher.

»The Village« besteht im Wesentlichen aus vier Sandstraßen, die sich jenseits des Orts noch fortsetzen. »Hauptstraße« ist die Avenue, an der fast alle Geschäfte und die Post zu finden sind. An der Kreuzung Avenue/Rue Lucas gibt es außerdem zwei für das ausgeprägte Sarker Bankdirektorenwesen nicht ganz unwichtige Einrichtungen, die **HSBC Bank** und die **Nat West Bank**. An dieser Ecke stehen auch Pferdekutschen zu Inselerkundung bereit.

Erinnerungen an die Besatzung

Sark Museum

Dieses Museum in einem kleinen Haus an der Rue Lucas zeigt u. a. Exponate aus der Zeit der deutschen Besatzung – Uniformen, Gasmasken, optische Geräte, Lampen, Schriftstücke und Fotos. Unter den Fotos befinden sich auch Aufnahmen, die »La Dame de Sercq«, Sibyl Hathaway, mit deutschen Offizieren zeigen.

Ostern – Ende September tgl. 14 – 16.30 Uhr

Nur 48 Stunden

Gefängnis

Neben dem Sark Visitor Centre am Ende der Avenue sieht man eine der »Sehenswürdigkeiten« der Insel, das Gefängnis. Das Mini-Gebäude besitzt **nur zwei Zellen**, die eigentlich auch immer leerstehen. Einer der Gründe dafür, dass überhaupt ein Gefängnis auf der kleinen Insel gebaut wurde, war die Tatsache, dass die Häftlinge weiter am Inselgottesdienst auf Sark teilnehmen sollten. Heute sind hier nur Haftstrafen bis zu 48 Stunden abzusitzen. Längere Strafen werden auf Guernsey verbüßt.

Ehemaliger Seigneurssitz

Le Manoir

Geht man die Rue du Moulin hinunter, sieht man rechter Hand Le Manoir, ein schönes Granithaus, das im 16. Jh. als Herrenhaus der Familie de Carteret gebaut wurde und bis 1730 Sitz des Seigneurs von Sark war.

Ein Stück Inselgeschichte

St. Peter's Church

An der Rue de Rade steht die 1820 gebaute einschiffige St. Peter's Church. Ein Besuch der kleinen Granitkirche lohnt sich allein wegen eines Einblicks in die Inselgeschichte, den man hier bekommt. Auf den vorderen Kirchenbänken sind Sitzkissen mit den **40 verschiedenen Wappen der Pachtgrundstücke** zu sehen. Die 40 Pächter beteiligten sich an den Baukosten der Kirche, indem sie ihre eigenen Kirchenbänke kauften. Interessant ist eine Dreierbank, die für die zwei möglichen Häftlinge des kleinen Inselgefängnisses und ihren Wärter, den »Constable«, reserviert ist. Auf den Sitzkissen sind in diesem Fall zwei gekreuzte Schlüssel eingestickt. Ein Kirchenfenster rechts vorne ist St. Magloire gewidmet, der als erster Missionar bereits 565 auf Sark war und die Abtei nahe der Seigneurie gegründet haben soll. Auch einige Gedenktafeln sind von Interesse. Eine Tafel vor dem Chor erinnert an den Seigneur Pierre Le Pelley, der den Bau der Kirche initiiert hatte und 1839 bei einem Unwetter vor Sark ums Leben kam. Ein Stein ist dem ersten Seigneur von Sark, Helier de Carteret, gewidmet. Auf einer kleinen Tafel wird der beiden Künstler Mr. und Mrs. Arthur Bassett Waller gedacht, die die Insel zwischen 1922 und 1972 in zahlreichen Gemälden und Zeichnungen verewigten. Auf dem Friedhof befindet sich das schlichte Grab der »Dame de Sercq«, Sibyl Hathaway.

OBEN: In der Seigneurie von Sark lebt Europas letzter Feudalherr. An ausgewählten Tagen führt er sogar Besucher durch sein Domizil.
UNTEN: Die herrlichen Gärten kann man dagegen vom Frühjahr bis zum Herbst bewundern.

Mühle des Seigneurs

Windmühle

Am Rande des Dorfes steht die frühere Windmühle aus dem Jahr 1571. Die Mühle wurde an der mit 120 m höchsten Stelle der Insel gebaut. Sie war im Besitz des Seigneurs, der allein das Recht hatte, eine Mühle zu betreiben. Die Windmühle wurde damals als Ergänzung zur Wassermühle L'Écluse gebaut; gemahlen wurde hier das Korn der Pächter. Die Flügel sind während der deutschen Besatzungszeit entfernt worden.

 Seigneurie

Führungen durch das Herrenhaus: nach Anmeldung | Preis: 8 £ plus Eintritt | **Gärten:** Ostern – Ende Sept. tgl. 9 – 18 Uhr | Eintritt Erw. 7 £, Kinder 3 £ | Gartenführungen nach Anmeldung, 4 £ plus Eintritt | www.laseigneuriedesercq.uk

Ein echter Feudalsitz

Erstes Haus am Platz

Wenn der Seigneur zu Hause ist, wird auf dem Turm seines Herrensitzes die Flagge hochgezogen. Kann man das Haus auch nur selten besichtigen – die herrlichen Gärten sind öffentlich zugänglich und gehören zu den schönsten auf den Kanalinseln.

Mönchsvolk

La Moinerie

Folgt man im Dorf der Rue de Rade nach Norden, kommt man ein Stück außerhalb zur Seigneurie. Kurz zuvor führt ein Weg hinunter zum Hotel La Moinerie, dessen Name (»Mönchsvolk«) noch an die frühere Abtei der Region erinnert. Reste des Priorats sind an der Westmauer in der Nähe des Herrenhauses erhalten.

Wenn der Seigneur führt ...

Herrenhaus

Die Seigneurie steht auf dem Gelände **»La Perronerie«**, dessen Besitzerin Suzanne Le Pelley 1730 Sark als Lehen erwarb. Sie wollte nicht von ihrem Anwesen wegziehen, und so befindet sich der Sitz des Seigneurs seitdem an diesem Ort.
Das Herrenhaus selbst geht auf einen ersten Bau aus dem 17. Jh. zurück, der mehrfach verändert und erweitert wurde. 1852 zog die Familie Collings in die Seigneurie ein und nahm sogleich Umbauten vor – aus dieser Zeit stammt auch der Granitturm. Seit 2018 ist es erstmals möglich, die Seigneurie im Rahmen von Führungen zu besuchen. Der Seigneur selbst oder seine Frau führen an ausgewählten Tagen Gruppen bis 10 Personen durch das Haus.

Exotische Pracht

Gärten

Die Gärten wurden vermutlich in der ersten Hälfte des 19. Jh.s angelegt. Man betritt das Gelände von der Rue de Rade aus durch ein Tor, das die Insulaner Sibyl Hathaway und R. W. Hathaway zu ihrer Hochzeit im Jahr 1929 schenkten. Linker Hand kommt man zunächst in die von einer Mauer eingefassten Gärten, in denen Rosen, Blumenstauden, exotische Sträucher und Bäume wachsen, viele mit ihren botanischen Bezeichnungen versehen. Kleine Buchsbaumhecken säumen symmetrisch angelegte Beete. Der Hauptweg zieht sich weiter durch einen Steinbogen in den Gemüsegarten und zum Irrgarten.

Frühes Nachrichtenwesen

Battery

An der Rückseite des Herrenhauses kommt man zur Battery, wo u. a. eine Kanone aufgestellt ist, die Elizabeth I. 1572 dem ersten Seigneur von Sark, Helier de Carteret, geschenkt hat. Hier steht der alte **Taubenturm** des Seigneurs. Der zweite Turm am Platz ist ein Aussichts- und Nachrichtenturm aus dem 18. Jh., von dem man einst das gesamte Anwesen überschauen und außerdem bis Guernsey schauen konnte, als die Bäume noch niedriger waren. Deshalb war es damals noch möglich, Nachrichtensignale nach Guernsey schicken. Eine Apfelmühle und eine **Telefonzelle**, in der das letzte mit Handkurbel betriebene Telefon der Britischen Inseln in Betrieb war, komplettieren die Battery.

Fische fürs Kloster

Fischteiche

Ein Stück den kleinen Pfad entlang kommt man zu den Fischteichen der ehemaligen Abtei. Dazu wurde der kleine Inselbach aufgestaut, der auch die Wassermühle L'Ecluse antrieb. Den Brunnen neben dem Teich haben ebenfalls die Mönchen im 7. oder 8. Jh. angelegt.

Wohin an der Westküste?

Ausweichhafen

Havre Gosselin

In der Verlängerung der Rue de Moulin Richtung Küste führt ein Pfad hinunter zum Havre Gosselin. Dort erinnert ein Denkmal an den Londoner Geschäftsmann Jeremiah Giles Pilcher, der 1868 von einem Unwetter überrascht wurde und ums Leben kam. Die Bucht des Havre Gosselin wird ab und zu noch als Hafen genutzt – insbesondere bei Windverhältnissen, die das Landen an der Ostküste unmöglich machen. Ein Stück weiter südlich liegt die **Victor Hugo's Cave**, die man nur mit einer Bootstour erreichen kann.

Privatinsel mit Palast

Brecqhou Island

Die **Gouliot Passage**, eine ca. 70 m breite Wasserstraße, trennt die Insel Brecqhou von Sark. Sie ist wegen ihrer erheblichen Strömungsgeschwindigkeiten berüchtigt.

Brecqhou ist seit 1929 in Privatbesitz und kann nicht besichtigt werden. Mehrfach ist sie als Tenement ge- und verkauft worden,

NATÜRLICHE AQUARIEN

In den Rock Pools genannten Gezeitentümpeln an der zerklüfteten Küste von Sark lassen sich bei Ebbe Meeresbewohner beobachten, die man sonst nicht ohne weiteres zu Gesicht bekommt: Seeanemonen, Seesterne, Krebse und Schnecken bevölkern diese natürlichen kleinen Aquarien. Der Rock Pool Guide, der im Visitor Centre von Sark kostenlos erhältlich ist, gibt Tipps für die besten Plätze.

wozu der Seigneur von Sark jeweils zustimmen muss. Auf Brecqhou gilt wie auf der Mini-Insel Jethou bei Herm ein **eigenes Steuersystem**, die Besitzer setzen selbst die Höhe der Einkommenssteuer fest. Derzeit gehört die Insel dem Zwillingspaar **David und Frederick Barclay**. Die britischen Medienunternehmer, denen die Telegraph Group Limited mit dem Londoner Daily Telegraph und dem Sunday Telegraph gehört, haben sich einen Palast bauen lassen, der einem neogotischen Schloss ähnelt. Das sorgte für Aufregung, da er unter strengster Geheimhaltung hochgezogen wurde – Bauunternehmer und Handwerker waren zu absolutem Schweigen verpflichtet. Das war ganz im Sinne der Besitzer, denn die Barclays bestreiten die Zugehörigkeit Brecqhous zu Sark und streben an, sich von Sark zu lösen.

Seltene Tiere

Gouliot Caves

Die Gouliot Caves erreicht man zu Fuß nur an bestimmten Tagen im Jahr, wenn es besonders schwache Tiden mit sehr niedrigen Wasserständen gibt. Sicherheitshalber sollte man sie nur mit kundigen Führern besichtigen. Eine Attraktion des Ausflugs sind die in der Höhle lebenden **Seeanemonen**.

Felsfenster mit Weitblick

★ Window in the Rock/ Port du Moulin

Der Weg zur Bucht Port du Moulin ist verhältnismäßig gut ausgeschildert. Man geht abwärts über einen waldigen Pfad an einem kleinen Wasserlauf entlang. Dieser Bach wurde bei der Seigneurie zu Fischteichen aufgestaut und trieb die Wassermühle L'Ecluse an; er mündet in der Bucht, die ihren Namen nach dieser Mühle trägt. Der Weg endet oberhalb der Bucht an einem freien Platz mit einer Felswand, durch die ein **unnatürlich eckiger Durchgang** geschlagen wurde. Ein Warnschild weist darauf hin, dass jenseits des »Fensters« die Küste steil abfällt – und in der Tat sollte man schwindelfrei sein, wenn man sich dem Ausgang des »Window« nähert.
Senkrecht darunter liegt die Kiesbucht, die von Mönchen der Abtei als Hafen benutzt wurde. Sie zogen die angelandeten Güter von einem Felsvorsprung aus in die Höhe. Seigneur W. T. Collings ließ im 19. Jh. die fensterähnliche Öffnung anlegen, so konnten die Waren sicherer hochgezogen werden.
Von dem Felsdurchbruch aus hat man einen Blick nach Herm mit dem hellen Shell Beach, nach Jethou und nach St. Peter Port auf Guernsey, sowie wenige hundert Meter entfernt auf den von Vogelkolonien bevölkerten Felsen **Les Autelets**. Der Bucht westlich vorgelagert ist der Felsen **Tintageu** mit der **Pegâne Bay** dahinter. Die **Saignée Bay** liegt auf der anderen Seite jenseits von Les Autelets. Wer in die Bucht hinuntergeht, sollte sich vorher nach den Zeiten der Tide erkundigen, um nicht vom auflaufenden Wasser überrascht zu werden.

Literaturreife Schmugglerhöhlen

Nordspitze

Vom Ende der Eperquerie Road, die die Hochebene des Eperquerie Common überquert, führt ein Pfad bis zur Nordspitze der Insel, der noch die Felseninsel La Grune mit dem nördlichsten Punkt Bec du Nez vorgelagert ist. Westlich unterhalb der Landspitze liegen die **Boutique Caves**, die Victor Hugo in seinem Roman »Les Travailleurs de la Mer« unter der Bezeichnung **»Der Laden«** erwähnt, da hier früher Schmuggler ihre Waren lagerten und tauschten. Die Boutique Caves sind nur bei Ebbe zu besichtigen.

Wohin an der Ostküste?

Bucht an Bucht

Les Fontaines Bay, Banquette Landing

Die Les Fontaines Bay mit ihren bizarren Felsdurchbrüchen und den **Fern Caves** im Süden ist landschaftlich besonders eindrucksvoll.
Weiter südlich führt ein etwas schwer erkennbarer Pfad, der zum Farmgelände der Le Fort-Farm gehört, zum Banquette Landing. Die Bucht ist wegen ihres tiefen Wassers ein idealer Anlegeplatz. Sie eignet sich aber auch gut zum Schwimmen.
Eine weitere schöne Bucht ist **Grève de la Ville**, von der aus man Blick auf einige Felsengrüppchen hat. Landschaftliche Sehenswürdigkeit in der Bucht ist **Gull's Chapel**, eine torähnliche Felsöffnung.

Leuchtturm von Sark

Point Robert Lighthouse

Das Point Robert Lighthouse, den **Leuchtturm von Sark**, kann man schon bei der Anfahrt vom Schiff aus von Weitem sehen. Auf der Insel selbst führt ein Weg vom Dorf über die Verlängerung der Rue Hotton zum Point Robert mit dem heutzutage computergesteuerten Leuchtturm. Südlich davon liegen die Häfen Creux und Maseline.

Ein gurgelnder Kamin

Derrible Bay

Die Derrible Bay und die benachbarte Dixcart Bay gehören zu den schönsten Buchten der Insel. Sie werden durch den Felsrücken **Hog's Back** voneinander getrennt. Es gibt mehrere Wege zur Derrible Bay; der einfachste führt vom Dorf aus in der Verlängerung der Rue Lucas in Richtung Süden vorbei an den Häusern La Peigneurie und La Forge. Danach zweigt rechts ein Pfad zur Derrible Bay ab, in die man über eine Treppe im Ostteil der Bucht hinunterkommt. Die Bucht eignet sich bei Niedrigwasser zum Baden. Berühmt ist die Derrible Bay für den **Creux Derrible**, einen Naturkamin, den man bei Ebbe zu Fuß erreicht. Bei Niedrigwasser kann man von unten aus durch eine etwa 60 m hohe Öffnung hinauf in den Himmel gucken, bei Flut zischt und gurgelt das Wasser unten im Kamin.

Seitenwechsel

Dixcart Bay

Durch das waldige, von Bluebells bewachsene Dixcart Valley geht es an einem Bach entlang zur Dixcart Bay, wo der Bach als kleiner Wasserfall mündet. Durch ein **hohes Felsentor** kommt man dort von einer Seite der Bucht auf die andere.

Der La Coupée genannte schmale Grat, der Sark mit Little Sark verbindet, ist das meist fotografierte Motiv der Insel. Und das aus gutem Grund, denn der nicht selten windumtoste Weg zwischen den beiden Teilen der Insel ist spektakulär.

Auch wer nur einen Tagesausflug nach Sark macht, hat Zeit genug, mit dem Fahrrad oder der Pferdekutsche bis nach Little Sark zu fahren, das nur noch durch einen ganz schmalen hohen Grat mit Great Sark verbunden ist.

Brücke mit Aussicht

La Coupée

La Coupée, der 90 m hohe Grat, der die Inseln verbindet, gehört zu den **landschaftlichen Höhepunkten der Kanalinseln**. Der schmale Übergang ist 1945 betoniert worden – hauptsächlich von deutschen Kriegsgefangenen. La Coupée liegt etwas unterhalb der Straße, so dass man von einem Punkt neben der Straße einen schönen Blick von oben auf den schmalen Grat hat. Man sieht hinüber nach Little Sark und hat zugleich einen hervorragenden Blick bis nach Guernsey, wo man das helle Häusermeer von St. Peter Port ausmachen kann. Auf dem Damm müssen Fahrräder geschoben werden, und wer mit der Pferdekutsche fährt, muss an dieser Stelle aussteigen und La Coupée zu Fuß überqueren. Grund sind mögliche starke Windböen. Tief unten sieht man die wunderschöne La Grande Grève-Bucht, in der Strandbesucher, die über eine lange Treppe vom Nordende des Damms nach unten gekommen sind, fast nur noch als kleine Punkte zu erkennen sind. Unten gibt es kleine Höhlen und ein Felstor, durch das man bei Ebbe in die Vermandaye Bay kommt.

Erinnerungen an den Silberrausch

Silbergruben

Beim Hotel La Sablonnerie biegt ein Weg nach links ab, dem man ein Stück folgt; nach kurzer Zeit sieht man die Turmruinen des ehemaligen Silberbergwerks. Man kommt von dem Sträßchen aus durch ein Gatter zu den Türmen. 1833 entdeckte der Mineninspektor **John Hunt** hier Silber- und Kupferminen, ein Jahr später erhielt er vom damaligen Seigneur Le Pelley das Recht, Schächte auszuheben. 1836

Zu Fuß oder per Rad hinüber nach Little Sark, und immer mit fantastischer Aussicht ...

wurden noch ertragreichere Minen bei Port Gorey gefunden. Fast zehn Jahre lang baute man hier Silber ab, bis 1845 die Decke eines Schachts unter dem Meeresboden einstürzte. Der **Schacht** wurde **komplett überflutet**. Das endgültige Aus für den »Silberrausch« brachte kurz darauf ein **Schiffsunglück**, bei dem eine **ganze Silberladung verlorenging**. 1847 wurde der Bergbau eingestellt. Das Desaster brachte dem damaligen Seigneur Le Pelley den Bankrott, und 1852 musste er die Insel an seine Gläubiger, die Familie Collings verkaufen, die seither die Seigneurs von Sark stellen.

Swimmingpools im Fels

Venus Pool

Am Südende von Little Sark, von dem aus man Jersey und den vorgelagerten Vogelfelsen L'Etac de Sark gut sieht, kommt man unten in der Clouet Bay zum Venus Pool und dem kleineren Jupiter Pool. Diese beiden Pools sind **natürliche Felsbecken**, in denen das Wasser bei Ebbe stehen bleibt und immerhin über fünf Meter tief ist. Das Wasser wird in den Felsen etwas erwärmt. Badende kommen hier voll auf ihre Kosten.

Schnaufende Höhle

Souffleur-Höhle

Ein Stück weiter liegt eine der eindrucksvollsten sogenannten Souffleur-Höhlen, in denen die einströmenden Wassermassen schnaufende und keuchende Geräusche erzeugen, da die Höhlendecke höher liegt als der Eingang. **Port Gorey** weiter westlich ist die Bucht, in der einst die Schiffe mit Silber beladen wurden.

HERM

Fläche: 2 km² | **Bevölkerungszahl:** rund 60

Hätte man jemand mit der Planung eines Gegenentwurfs zu Ballermann & Co. beauftragt, wäre wahrscheinlich Herm dabei herausgekommen. Auf dem autofreien kleinen Naturparadies im Ärmelkanal scheinen Ruhe und Gelassenheit erste Bürgerpflicht zu sein und sowohl Einheimische wie Besucher finden dies ganz wunderbar.

Eine einsame Mini-Insel

Daten und Fakten

Die Römer nannten die Insel »Barsa«, der Name »Herm« entstand erst im Mittelalter und leitet sich vermutlich vom englischen »hermit« (Einsiedler) bzw. vom lateinischen Wort »eremus« (Einsamkeit) ab. Die kleine Insel liegt etwa 7 km östlich von Guernsey, hat eine Fläche von nur knapp 2 km² und ist damit die kleinste der bewohnten Kanalinseln – sieht man von den Mini-Inseln ab, die in Privatbesitz und nicht öffentlich zugänglich sind. Die Insel erstreckt sich in Nordsüdrichtung, sie hat eine Länge von 2,6 km und eine Breite von durchschnittlich weniger als 1 km; an der breitesten Stelle sind es nur etwa 1350 m. Herm gehört als eine eigene Gemeinde verwaltungstechnisch zum Bailiwick of Guernsey, ist aber an Privatpersonen verpachtet.

Klippen und Sandstrände

Insellandschaft

Herm ist ein landschaftliches Erlebnis. Die Inselfläche fällt leicht von Süden nach Norden ab. In der Nordhälfte gibt es lange Sandstrände, die teilweise – wie der **Shell-Beach** im Nordosten – geradezu berühmt sind. Die Südküste ist dagegen eine bis auf 70 m ansteigende Steilküste, die man auf einem Klippenweg umwandern kann. Kleine, landschaftlich sehr reizvolle Strandbuchten findet man im Übergangsbereich zwischen Steilküste und flachen Sandstränden. Im Inselinneren wechseln sich baumlose Ebenen mit kleinen hügeligen Wäldchen ab; alles in allem hat man es mit einer ausgesprochen schönen Landschaft zu tun.

Der Blick von Herm selbst in die umgebenden Gewässer vermittelt den Eindruck, als läge die Insel **mitten in einem Archipel**: im Westen sieht man Guernsey, direkt vorgelagert ist die Privatinsel Jethou, im Osten erkennt man Sark, und rund um Herm gibt es viele kleinere Felsinseln. An klaren Tagen ist von der Ostseite aus auch die knapp 40 km entfernte Normandieküste zu sehen.

Ein besonderes Völkchen

Die Insulaner

Knapp 60 Insulaner leben fest auf Herm, im Sommer werden rund 100 Einwohner gezählt. Briten, die hier ihren Sommersitz haben, und

Saisonarbeiter gesellen sich in den Sommermonaten zur einheimischen Inselbevölkerung. Es gibt auf Herm einen Kindergarten und eine Grundschule, danach müssen die Kinder nach Guernsey, um zur Schule gehen – für Jungen gibt es dort ein Internat, Mädchen müssen privat in Familien untergebracht werden. Die derzeitige Grundschullehrerin lebt auf Guernsey und kommt jeden Tag mit dem Schiff auf die Insel Herm herüber, sofern die Fähren nicht wegen schlechten Wetters oder zu viel Wind ausfallen.

Alle berufstätigen Insulaner arbeiten für die jeweiligen Pächter der Insel, denen alle Betriebe auf Herm gehören. Im Wesentlichen lebt man auf Herm vom **Tourismus** und von der Viehwirtschaft. Granitabbau, Milchwirtschaft und die Austernzucht, einstmals wichtige Wirtschaftszweige, spielen heute keine Rolle mehr.

Wer Herm besucht, sollte **einige Regeln** beachten, um Ruhe und Schönheit der Insel nicht zu stören – daher auch die Anweisung, keine Radios oder CD-Player im Freien zu benutzen. Es ist außerdem nicht erlaubt, Pflanzen zu pflücken oder gar auszureißen, denn man will dieses Naturparadies mit dem großen Königsfarn und den vielen wildwachsenden Blumen bewahren. Nachdem das letzte Boot hinüber nach Guernsey gefahren ist, ist die Insel eine Oase der Ruhe.

Etwas fürs Auge: die hübschen Inselhäuschen

Hinkommen und weiterreisen

Verkehr

Herm ist durch einen regelmäßigen Schiffsverkehr mit Guernsey verbunden, die Überfahrt dauert etwa 20 Minuten. An der Westküste gibt es zwei Häfen, den **Haupthafen Herm Harbour** direkt am Dorf und einen **Anleger** etwa 10 Minuten zu Fuß von dem kleinen Ort entfernt **bei den Rosaire Steps.** Dieser Anleger wird bei Ebbe angefahren. Während der Saison fahren die Boote von der Insel Herm an einigen Tagen erst um 21 Uhr ab. Mit speziellen »evening boats« kann man auch zum Dinner von Guernsey nach Herm und wieder zurückfahren, dazu braucht man eine Reservierung für das Restaurant und für das Boot. Auch auf Herm fahren **keine Autos**, für die Insulaner liegt alles in Fußgängerentfernung, und selbst Tagesgäste, die die gesamte Insel erkunden wollen, brauchen kein Gefährt. Für die wichtigsten Arbeiten stehen auf Herm einige Traktoren und ein Elektrowagen zur Verfügung. Strom wird direkt auf der Insel durch ein Dieselkraftwerk erzeugt, die Insel hat eine eigene Wasserversorgung und ein eigenes Abwassersystem.

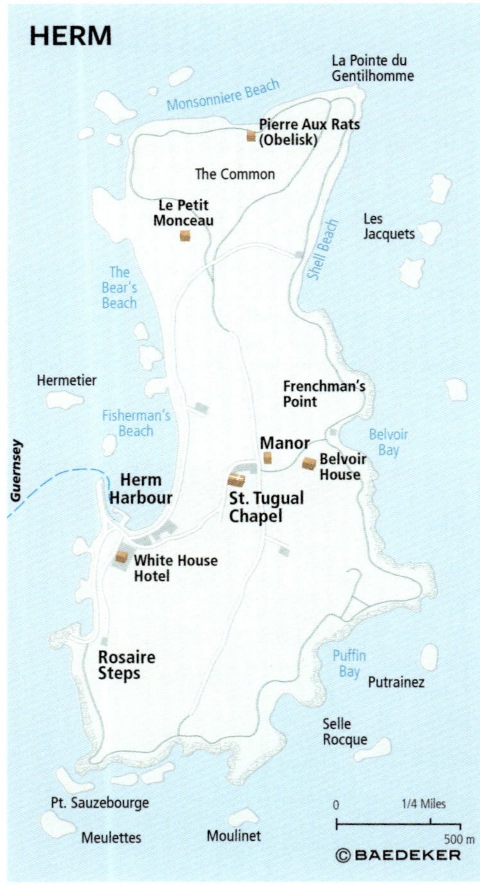

Von der Frühgeschichte bis heute

Geschichte

Wie auch die anderen Inseln ist Herm bereits seit mindestens 4000 Jahren besiedelt, wie man durch Grabanlagen weiß, die im 19. Jh. von Archäologen freigelegt wurden. Es heißt, dass die Insel im 6. Jh. durch St. Magloire und St. Vignalis christianisiert wurde. Zu dieser

Zeit war Herm noch durch einen **flachen Landstreifen** mit der **Nachbarinsel Jethou** verbunden. Auf diesem Verbindungsstück wurde ein **Kloster** errichtet, das jedoch im 7. Jh. einer Sturmflut zum Opfer fiel. Gleichzeitig war damit auch die Verbindung zwischen Herm und Jethou unterbrochen. In normannischer Zeit baute man dann eine kleine Inselkirche auf einer geschützten Anhöhe auf Herm. Bis 1204 gehörte die Insel der **Abtei Mont St. Michel**, anschließend war sie bis 1947 in Besitz der englischen Krone und gehörte zu Guernsey.

Den Gouverneuren von Guernsey diente Herm im Wesentlichen als **Jagdgrund**, vor allem im 17. und 18. Jh., als so gut wie niemand auf der Insel lebte. Anfang des 19. Jh.s gab es plötzlich eine Wende, als man im Inselnorden **Granit** abzubauen begann, der in dieser Zeit in England für neue Straßen, Brücken und Gebäude in großen Mengen gebraucht wurde. Um 1840 waren auf Herm nicht weniger als 400 Bergleute beschäftigt. Das Granitvorkommen war schnell erschöpft, und 1870 war die Bevölkerung wieder auf 31 Personen geschrumpft. Die Krone war mittlerweile dazu übergegangen, die Insel **an reiche Privatleute zu verpachten**, erster Pächter war 1867 M. J. Fielden, später folgten u. a. Prinz Blücher von Wahlstatt und Sir Compton Mackenzie. So konnte man zumindest eine geringe Bevölkerungszahl auf Herm halten. Die Insulaner arbeiteten jeweils für die Pächter.

Während des Zweiten Weltkriegs war auch Herm von Deutschen besetzt, allerdings sah man hier von Befestigungsbauten ab, und Truppen wurden nur vorübergehend stationiert. 1947 kauften die States of Guernsey der englischen Krone die Insel für 15 000 £ ab und verpachteten sie zunächst an A. G. Jefferies und 1949 an das **Ehepaar Wood** jeweils mit der Auflage, bestimmte Verantwortungen zu übernehmen und Herm der Öffentlichkeit tagsüber zugänglich zu machen. Als die Woods die Insel übernahmen, war sie nicht zuletzt durch die Vernachlässigung während der Besatzungszeit völlig verwildert: Es gab keinen Strom, kein fließendes Wasser und kein Telefon. Die Gestaltung der Insel, wie sie sich heute darstellt, ist wesentlich Handschrift des Ehepaars Wood. Jenny Wood starb 1991. Nach dem Tod von Peter Wood im Oktober 1998 wurden die Tochter Pennie und ihr Ehemann Pächter von Herm, seit 2008 sind es John und Julia Singer, die zuvor auf Guernsey lebten.

Wohin auf Herm?

Inselidylle

Herm Harbour und Inseldorf

Wer bei Flut am Herm Harbour landet, kommt sogleich zu einer Informationstafel mit Inselplan, auf dem alle Wege über die Insel eingezeichnet sind. Je nach Wetter und Vorliebe kann man sich erst einmal im Dorf unten am Hafen umsehen oder direkt den Weg nach Süden zum

PREUSSENIDYLL AUF HERM

Prinz Gebhard Leberecht Blücher von Wahlstatt, Urenkel des berühmten Feldmarschalls, war 54 Jahre alt, als er 1891 nach Herm kam. Er hatte gerade, nach 20 Jahren Witwerdasein, die 22 Jahre jüngere Gräfin Elisabeth von Perponder-Sedlnitzky geheiratet.

Er hatte einen langwierigen Prozess gegen die Stadt Berlin verloren, da kam ihm ein Angebot gerade recht: Eine Insel namens Herm stand zum Verkauf, und er ergriff die Gelegenheit. In London und in Paris brach **Panik** aus: Lag das nun »deutsche« Herm nicht viel zu nahe an Britannien? Und sollte zum Flottenstützpunkt für eine Attacke auf Frankreich werden? London schob in aller Eile einen Zusatzvertrag nach, den der Pächter verpflichtete, sein Land nicht an eine fremde Regierung weiterzugeben.

In Belvoir House pflegte Gerhard Leberecht Blücher seine Exzentrik – und den Garten.

30 kleine Kängurus

Blücher zog aber nur nach Herm, um mit seiner jungen Frau die Abgeschiedenheit zu genießen. Das alte Farmhaus ließ er zu »Herm Castle«, die Mühle hinter dem Manor zu einem Ausguck umfunktionieren und aus der St. Tugual's Chapel, zu dieser Zeit ein Waschhaus, machte er wieder eine Kapelle. Belvoir House nahm er zum Sommersitz. Er importierte 30 kleine Kängurus, die frei herumliefen. Kurz nachdem sein Sohn Lothar geboren worden war, ließ Blücher die Insel direkt an ihn überschreiben. Er beabsichtigte, für **sich und seine Familie ein sicheres Plätzchen** zu schaffen. Aber es kam anders. 1894 starb seine Frau. Sohn Lothar, gerade vier Jahre alt, blieb mit seinem Vater auf Herm und ging später zur Ausbildung nach England. Blücher selbst unternahm nach weiteren elf Jahre als Witwer, einen ungewöhnlichen Schritt in eine **dritte Ehe**.

Neues Glück

Denn er pflegte eine enge Verbindung zu Prinzessin Katerina Radziwell, einer Klatsch-Journalistin und Schriftstellerin. Unter ihren drei Töchtern suchte Blücher sich die jüngste namens **Wanda** aus – die offenbar gar nicht unerfreut war, einen älteren, aber reichen Mann zu heiraten, um dem erdrückenden Schatten ihrer Mutter zu entfliehen. Zu ihrem Lieblingsort wurde die Belvoir Bay. Die arrangierte Ehe zwischen dem 69-jährigen Blücher und der blutjungen Wanda zeitigte eine weitere Verbindung: Lothar lernte, gerade mal 15 Jahre alt, auf der Hochzeit seines Vaters seine zukünftige Gattin **Louise** (Lulu) kennen – die ältere Schwester von Wanda. Praktischerweise kam Lulu des Öfteren nach Herm, um ihre kleine Schwester zu besuchen. Die Beziehung zu Lothar vertiefte sich, und so heiratete man. Das Paar zog in das White House. Auf Herm muss das perfekte Idyll geherrscht haben – die vier Personen verstanden sich ausgezeichnet, auch wenn die Konstellation kaum verwirrender hätte sein können. Lediglich die Kängurus hatten nichts mehr davon – 27 waren vom Koch und vom Butler im Vollrausch erschossen worden, trotz des Blücherschen Schießverbots für ganz Herm.

Ende des Idylls

Mit Ausbruch des Ersten Weltkriegs war die paradiesische Inselruhe allerding vorbei. Guernsey und die englische Krone erklärten Blücher und seine Familie zu **unerwünschten Ausländern**. Blücher wurde auf Guernsey interniert, konnte sehr bald aber nach Deutschland gehen, wo er 1916 im niederschlesischen Krieblowitz starb. Die anderen Familienmitglieder mussten Herm innerhalb weniger Tage verlassen. Wanda zog nach Preußen (sie starb erst 1966), die schwangere Lulu und Lothar nach Guernsey. Die Bewohner von Herm aber waren entsetzt: In der Guernsey-Lokalzeitung beklagten sie, dass sie nicht nur einen angenehmen Pächter, sondern Haus und Arbeit verlieren würden. Der Abschied war allen unglaublich schwer gefallen. Wanda legte sogar einen Fluch auf den nächsten Pächter, den schottischen Schriftsteller Sir Compton Mackenzie, der tatsächlich anfing, an die Verwünschung zu glauben, als sich sein Aufenthalt zu einer Katastrophe auszuwachsen begann: Er blieb nur von 1920 bis 1923.

HERM ERLEBEN

HERM VISITOR CENTER
am Hafen
Tel. 1481 75 00 00
www.herm.com

Gartentouren
Mitte April – Mitte Sept. Di. 11 Uhr ab Ship Inn, Tickets am Harbour Office

SEEKAYAKING
Verleih von Kajaks am Shell Beach. Geführte Kajaktouren zur Beobachtung von Papageitauchern.
Tel. 07781 13 04 03
https://outdoorguernsey.gg

MERMAID TAVERN €€
Herms einziger Pub. Einfache Gerichte, Sandwiches und mehr auch im Innenhof. Ab und zu Grillgerichte vom Vulkanstein.
Tel. 1481 75 00 50

BEACH CAFE €€
Einfache Gerichte.
Shell Beach and Belvoir Bay

WHITE HOUSE HOTEL €€€
Die Auswahl ist begrenzt: Herm hat ein einziges Hotel. Und in dem können sich die Gäste wohlfühlen: toller Blick aufs Meer, gediegene Zimmer, gepflegter Park mit exotischen Gewächsen sowie Pool und Tennisplatz. Die sehr guten Restaurants wie The Ship Inn stehen auch Nicht-Hotelgästen offen.
Tel. 1481 75 00 00
www.herm.com

HERM ISLAND SELF CATERING €€€
20 Ferienwohnungen in Granitstein- und Blockhäusern, die sich um einen hübschen Innenhof gruppieren. Die Wohnungen bieten bis zu sieben Personen Platz und verfügen teilweise über einen offenen Kamin.
Tel. 1481 75 00 00
www.herm.com

Klippenweg oder nach Norden zu den Stränden einschlagen. Insgesamt sind die Wege kurz, in Höhe des Dorfs einmal quer hinüber zur Belvoir Bay braucht man eine gute Viertelstunde, und in knapp drei Stunden hat man die gesamte Insel einmal umrundet (▶ Touren, S.41).
Das **Dorf**, das nur eine kleine Ansammlung von Häusern darstellt, besteht aus dem Viertel am Hafen und aus der Mini-Ansiedlung weiter oben am Herrenhaus (Manor). Direkt unten am **Hafen** spielt sich das touristische Leben ab. Hier gibt es Souvenirläden, öffentliche Toiletten und die Mermaid Tavern mit einem hübschen Innenhof. Zum Wasser hin steht das Gefängnis mit einer Zelle, das sich rühmen kann, ins Guinness-Buch der Rekorde als **kleinstes Gefängnis der**

EINE GEBALLTE DOSIS EINSAMKEIT

Nichts hören als das Schreien der Möwen und das Rauschen der Wellen und einmal ganz für sich und ganz bei sich sein? Dann ist der Oyster Point im Nordwesten von Herm genau der richtige Platz. Der einsame und abgelegene Strand ist das Non-plus-ultra für alle Ruhesuchenden.

Welt eingetragen zu sein. Im 19. Jh., als wesentlich mehr Menschen auf der Insel lebten, gab es wohl häufiger Kleinkriminelle, die hier wegen Bandenkriegen und Trunkenheitsdelikten einsaßen.

Hier lebt der Inselpächter

Manor

Die Straße The Drive führt vom Hafen bergauf durch ein kleines Wäldchen, in dem im Frühjahr die Hyazinthen blühen. Oben stehen Wohnhäuser von Insulanern, sowie einige Selfcatering Cottages mit Ferienwohnungen und etwas versteckt das **Herrenhaus** der Inselpächter. Das Granitgebäude geht in den ältesten Teilen auf das 15. Jh. zurück. Das Haus kann nicht besichtigt werden, wohl aber die zum Manor gehörende **St. Tugual's Chapel**. Der kleine Bau geht auf das 11. Jh. zurück, die Fenster wurden von der Familie Wood eingesetzt. Peter Wood hielt bis zu seinem Tod den halbstündigen Sonntagsgottesdienst selbst ab, da es keinen Pastor auf Herm gibt. In dem kleinen Garten vor der Kirche ist das Grab des Ehepaars Wood zu sehen. Der Glockenturm steht separat.

Blick zu den Nachbarn

Point Sauzebourg

Der südlichste Punkt der Insel ist der Point Sauzebourg. Von hier aus sieht man Jethou direkt vor sich liegen, außerdem erkennt man sehr gut die Küste von Guernsey mit dem Häusermeer von St. Peter Port, zur anderen Seite hin sieht man Sark liegen.

Jethou ist an dieser Stelle durch eine etwa 500 m breite Wasserstraße von Herm getrennt; hier stand vor dem 7. Jh. die christliche Abtei. Die im **Privatbesitz** befindliche Insel ist nach dem Willen des derzeitigen Besitzers Sir Peter Ogden, der im Computer- und Software-Geschäft zu Geld kam, nicht für die Öffentlichkeit zugänglich. Auf Jethou gibt es, wie auch auf Brecqhou, der ebenfalls privaten Nachbarinsel von Sark, ein eigenes Steuersystem, und die Besitzer legen selbst die Höhe ihrer Einkommenssteuer fest. Die Endsilbe »-hou« soll sich wie auch bei den Inselnamen Brecqhou und Lihou vom nordischen »holm« (= Inselchen) ableiten.

Am Shell Beach könnte man fast Südsee-Gefühle bekommen.

Bucht der Papageitaucher

Puffin Bay

Auf der Ostseite von Herm liegt die Puffin Bay, die ihren Namen nach den Papageitauchern trägt, die auf dem der Bucht vorgelagerten Felsberg in einer Kolonie brüten. Beobachten kann man die Vögel, deren bunte Schnäbel zur Brutzeit besonders leuchten, im Mai und Juni – allerdings gibt es nur wenige Exemplare, und man muss schon ein bisschen Glück haben, um »puffins« zu sehen.

Traumbucht für Schwimmer und Genießer

Belvoir Bay

Die schönste Strandbucht der Insel ist die Belvoir Bay, die etwa in der Mitte der Ostküste an einer Stelle liegt, an der die Felsküste sich bereits etwas gesenkt hat. Hier lädt ein luftiges Open-Air-Café zum Verweilen ein – wenn man sich nicht direkt an dem feinen Sandstrand niederlassen möchte. Die Atmosphäre in der intimen Bucht hat fast mediterrane Züge. Von der Belvoir Bay aus führt ein hübscher Weg durch das Inselinnere hindurch zum Dorf und zum Hafen zurück. Ein kleines Stück hinter der Bucht passiert man das wohl meistfotografierte Haus der Insel, das **Belvoir House**.

Lieblingsplatz für Muschelsucher

Shell Beach

Herms große Berühmtheit ist der Shell Beach, der nicht nur mit einem etwa 1 km langen Sandstrand aufwarten kann, sondern auch mit erstaunlichem **Muschelreichtum**. Durch den Golfstrom und eine spezielle Strömung werden Muscheln von weither direkt am Shell Beach abgeladen. An keinem anderen Strand auf den Kanalinseln gibt es so viele Muscheln wie hier.

Spuren der Frühgeschichte

The Common

Über einen Großteil des Inselnordens erstreckt sich die weite Ebene The Common, an deren Westseite sich auf der kleinen Anhöhe **Le Petit Monceau** die Überreste von Megalithgräbern befinden. Am Robert's Cross, einer Wegkreuzung weiter landeinwärts, sind weitere Grabreste zu sehen.

Am Rattenstein

Monsonniere Beach

An der gesamten Nordseite von Herm zieht sich der Monsonniere Beach entlang. Etwa auf halber Höhe steht ein Obelisk namens Pierre Aux Rats, der Schiffen als Markierungszeichen dient. Er wurde im 19. Jh. an Stelle des Menhirs La Longue Pierre aufgestellt, der wohl die gleiche Funktion hatte, dann aber dem Granitexport zum Opfer fiel.

Trauriges Schicksal

Bear's Beach

The Bear's Beach an der Westküste von Herm ist ebenso schön wie der Shell Beach, nur weniger berühmt. Am südlichen Ende des Bear's Beach kommt man an einem Grab vorbei, das für eine junge Frau und ihren zweijährigen Sohn angelegt wurde, die 1832 auf einem Schiff, das Herm passierte, an Cholera erkrankten und starben. Südlich der Anhöhe zieht sich der **Fisherman's Beach** bis zum Hafen und zum Ort. Etwas im Inselinneren steht die Fisherman's Cottage, in der sich Inselgäste einmieten können

H

HINTER-
GRUND

Direkt, erstaunlich, fundiert

Unsere Hintergrundinformationen beantworten (fast) alle Ihre Fragen zu den Kanalinseln.

Alle zwölf Stunden liegen die Boote auf dem Trockenen: Bis zu 14 m beträgt der Unterschied zwischen Ebbe und Flut. ►

GU 5225

DIE INSELN UND IHRE MENSCHEN

»Die Kanalinseln sind ins Meer gestürzte Stücke Frankreichs, die England aufgesammelt hat«, schrieb einst der französische Dichter Victor Hugo über die Inseln vor der Küste der Normandie. Sehr treffend, denn geografisch gehören sie zu Frankreich, politisch zu England. Heute mischen sich britisches und französisches Lebensgefühl und vereinen sich zu einer ganz eigenen Mischung.

Zwischen England und Frankreich

Die Briten nennen sie »Channel Islands«, die Franzosen »Îles Normandes«. Im Deutschen hat man die englische Bezeichnung übernommen, doch wäre »Normannische Inseln« eigentlich passender. Ein Blick auf die Karte zeigt nämlich, dass die Inselgruppe **nicht direkt im Ärmelkanal** liegt, sondern in einer südlichen Ausbuchtung **vor der Küste Nordfrankreichs** zwischen der Bretagne und der Normandie. Die Entfernung zur Küste der normannischen Halbinsel Cotentin beträgt zwischen 15 und 45 km, die zur englischen Südküste dagegen zwischen 90 und 140 km.

Mal herb, mal lieblich: fünf Inseln mit Charakter

Geologie

Ein Großteil der Inseln besteht aus 500 Mio. Jahre altem **Granit**, allein auf Jersey ist auf etwa einem Drittel der Inselfläche rötlich-graues Granitgestein zu finden. Granit von den Kanalinseln wurde vor Ort häufig als Baustoff verwendet, und auch nach England exportiert. Neben Granit findet man überwiegend Schiefer und Diorit.

Bis zum Ende der letzten Eiszeit vor ca. 10 000 Jahren waren die Kanalinseln als Teil des Armorikanischen Gebirges Festland. Der Meeresspiegel lag wesentlich niedriger, und die Bucht von St. Malo lag trocken. Der Ärmelkanal war schmaler, die Seinemündung lag weiter nordwestlich. Als durch das Abschmelzen der Eismassen der Meeresspiegel um etwa 50 m anstieg, wurde die Bucht allmählich überflutet und die einstigen Berggipfel ragten schließlich aus dem Wasser.

Landschaftsbild

Jede der Inseln hat ein unverwechselbares und abwechslungsreiches Landschaftsbild. Herbes und Liebliches findet sich in unmittelbarem Nebeneinander: raue Steilküsten mit nur kleinen Sandbuchten und Flachküsten mit lang gezogenen Sandstränden, baumbestandene Hügellandschaften, flache Wiesen und Felder mit kleinen Wasserläufen und weite Hochplateaus. Grün und üppig sind alle Inseln. Besonders große Erhebungen hat keine der Inseln, auf Jersey liegt der höchste Punkt im Norden bei 136 m.

Mal lieblich wie die Fermain Bay auf Guernsey, mal herb wie in der St. Ouen's Bay vor Jersey

Vom Golfstrom beeinflusst: das Klima

Die Kanalinseln sind bekannt für ihr mildes und angenehmes Klima, dem sie ihre üppige und vielfältige Pflanzenwelt zu verdanken haben. Das Wetter wechselt schnell; längere Schlechtwetterperioden sind ebenso selten wie langanhaltende Schönwetterperioden. Großen Einfluss auf das Klima hat der warme **Golfstrom**, der von der Karibik kommend subtropisches Wasser bis in europäische Gewässer befördert. Der Golfstrom sorgt für ein ausgeglichenes Klima mit milden Wintern, in denen so gut wie nie Frost vorkommt.
Kennzeichnend für die Kanalinseln sind die **ausgewogenen Temperaturen**: Zwischen Sommer und Winter gibt es keine extremen Unterschiede. So wird es in den Sommermonaten niemals unerträglich heiß. Im Winter bleibt es insgesamt relativ warm, mittlere Temperaturen unter 8 °C sind die Ausnahme. Der kälteste Monat ist der Februar. Ein weiterer Pluspunkt ist die hohe Sonnenscheindauer pro Jahr: durchschnittlich **2092 Sonnenstunden**. Von März bis Oktober ist mit relativ viel Sonne zu rechnen. Trotzdem fällt natürlich auch ausreichend Regen – sonst wäre es nicht so wunderbar grün.

Gezeiten

Der Unterschied zwischen Niedrig- und Hochwasser beträgt auf dem Archipel der Channel Islands im Golf von St. Malo **bis zu 14 m**, auf Sylt liegt er dagegen nur bei 1,7 m. Landschaften und Häfen der Inseln verändern komplett ihr Aussehen, und mehrere den Küsten vorgelagerte Inselchen sind bei Niedrigwasser für einige Stunden sogar trockenen Fußes zu erreichen.
Dass der Tidenhub auch von Ort zu Ort unterschiedlich ist, hängt mit Küstenformen, Meeresströmungen und Wind zusammen. In schmalen Buchten, Fjorden und Meerengen steigen die Wassermassen stärker an und erreichen hohe Strömungsgeschwindigkeiten. In den Ärmelkanal strömt das auflaufende Wasser quasi als leicht nach flutende Welle. Dadurch gibt es an der Küste Nordfrankreichs etwas höhere Wasserstände als an der Küste Südenglands.
Wissen um die Gezeiten ist auf den Kanalinseln nicht nur für die Schifffahrt, sondern auch für Feriengäste von größter Bedeutung – für die eigene Sicherheit, aber auch für die Planung gelungener Urlaubstage. Viele Buchten sind nämlich bei Flut vollkommen von Wasser bedeckt, bei Ebbe dagegen bestens zum Baden und Sonnenbaden geeignet! Bei auflaufendem Wasser kann es aber leicht vorkommen, dass der Rückweg abgeschnitten bzw. überflutet ist. Auf **Herm** fällt der Haupthafen trocken und kann nicht mehr angefahren werden. Auf **Sark** sind etliche Höhlen ausschließlich bei sehr niedrigen Wasserständen und damit nur an einigen Tagen bei Halbmondständen begehbar. Sicher geht, wer sich einem der angebotenen Moonwalks anschließt (▶ Baedeker Wissen, S. 260).

Für eine intakte Natur

Eine intakte Natur ist eine der Attraktionen, mit denen die Inseln werben. Man ist sich der Gefahren, die durch die relativ hohe Bevöl-

kerungsdichte, starke Zersiedelung und nicht zuletzt durch den Tourismus drohen, durchaus bewusst und hat z. B. die Zahl der Gästebetten auf Jersey und Guernsey in der letzten Dekade stark verringert. Bislang sind die Gewässer um die Kanalinseln weitgehend **von Umweltbelastungen verschont** geblieben, ein Grund übrigens für die vielen Zuchtstätten von Austern, die auf Wasserverschmutzung sehr empfindlich reagieren. Die Marine Conservation Society bescheinigte bei all ihren letzten Tests den Stränden der Kanalinseln beste Wasserqualität und Sauberkeit.
Auf Jersey hat man das **Dünengebiet Les Mielles** von St. Ouen's Bay unter Naturschutz gestellt. Von den 1500 Pflanzenarten, die auf den Kanalinseln wachsen, sind allein 400 auf diesem Areal zu finden. Ebenfalls auf Jersey gibt es ein relativ dichtes Netz von **Green Lanes**, schmalen Straßen, auf denen Fußgänger, Radfahrer und Reiter Vorrang vor Autos haben.

Eine faszinierende Pflanzenwelt

Vielfalt dank Golfstrom

Allein schon der Pflanzen wegen sind die Kanalinseln eine Reise wert – und das nicht nur für ausgesprochene Pflanzenliebhaber. Bedingt durch das günstige, vom Golfstrom beeinflusste Klima und die in der Regel frostfreien Winter ist die Pflanzenwelt sehr vielfältig und für mitteleuropäische Verhältnisse außergewöhnlich artenreich. Insgesamt werden über **1500 wild wachsende Pflanzenarten** gezählt, die Artenvielfalt ist etwa viermal so groß wie in anderen Gebieten gleicher Größe auf den Britischen Inseln.
Ab April blüht es fast überall auf den Wiesen, in Gärten, Parks und Wäldern in ungeheurer Fülle, und selbst die Straßenränder werden von manchen Pflanzen überwuchert, die in entsprechenden mitteleuropäischen Breiten mühsam im Blumentopf gezogen werden. Zu den günstigen Klimabedingungen kommt noch ein Vorteil: Das Felsgestein kann stundenlang die Wärme der Sonne speichern und gibt sie nur langsam wieder ab.
Auf den Kanalinseln findet man ein außerordentlich breites Vegetationsspektrum. Die Inseln sind das nördlichste Gebiet Europas, in dem Pflanzen, die es sonst nur im Mittelmeerraum gibt, noch gedeihen. Selbst **Palmen** wachsen hier an geschützten Stellen. Auch dem **Lavendel** gefällt das günstige Klima – auf Jersey gibt es sogar eine Lavendelfarm. Selbst mit einem kleinen Weingebiet kann Jersey aufwarten, im La Mare Vineyard wird **Wein** angebaut. Viele Pflanzen wurden außerdem in der Vergangenheit von Seefahrern aus fernen Ländern mitgebracht.
Viele mediterrane und exotische Pflanzen haben den Weg aus den Gärten hinaus an Straßenränder und in Wiesen und Wälder gefunden: Hortensien, Fuchsien, Rhododendren, Mimosen, Wildzypres-

SONNE, MOND UND MEER

An allen großen Weltmeeren kann man täglich ein beeindruckendes Naturschauspiel verfolgen: die in etwa 12 ½ stündigem Rhythmus ablaufenden Wasserstandschwankungen.Ursache dieser Gezeiten (Tiden) sind die Anziehungskräfte von Mond und Sonne sowie die Zenrifugalkraft im System Erde-Mond, die für vertikale Wasserstandsschwankungen und horizontale Verschiebungen der Wassermassen sorgen. Mit die höchsten Schwankungen weltweit werden im südlichen Ärmelkanal gemessen.

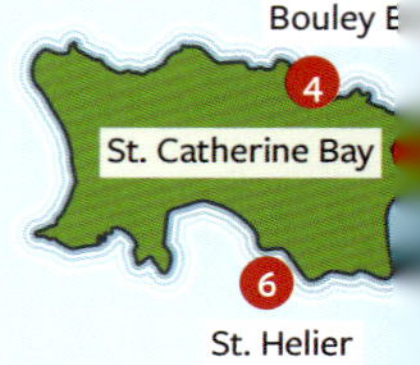

▶ **Die Gezeiten**

Die Gezeiten der Kanalinseln gehören mit bis zu 14 m zu den höchsten der Welt. Der Wechsel zwischen den zwei Höchst- und Niedrigständen pro Tag ist entsprechend eindrucksvoll: Die Insel Jersey verdoppelt bei Ebbe fast ihre Fläche. Besucher lernen bei den »Moonwalks« den frei gelegten Meeresboden kennen.

▶ **Tidenhub am 6.7.2023 an ausgewählten Messstationen**

Auf den südlicheren Inseln ist der Unterschied innerhalb der zwei Tiden pro Tag stärker.

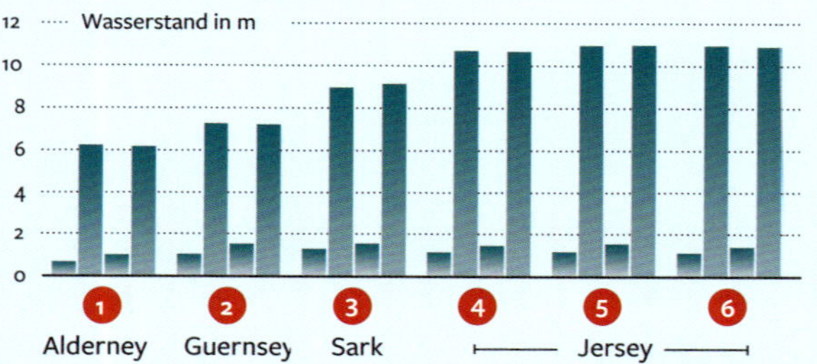

▶ **Tägliche Verschiebung**
Durch die Erdrotation verzögert sich das Auflaufen der Flut um jeweils etwa 24 Minuten. Pro Tag ergibt dies eine Zeitverschiebung von zirka 48 Minuten.

Springtide
Ein besonders starkes Hochwasser nennt man Springflut (Springtide). Es entsteht, wenn Erde, Mond und Sonne auf einer Linie stehen und Mond und Sonne das Wasser in ihre Richtung anziehen. Das geschieht jeden Monat ein bis zwei Tage nach Neu- bzw. Vollmond.

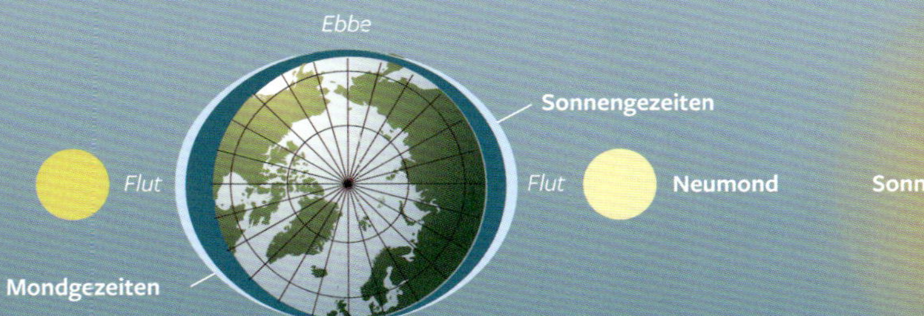

Nipptide
Einen besonders niedrigen Wasserstand bezeichnet man als Nippflut (Nipptide). Er tritt ein, wenn Erde, Mond und Sonne rechtwinklig zueinander stehen und die Anziehungskräfte von Mond und Sonne in unterschiedliche Richtungen wirken.

BAEDEKER ÜBERRASCHENDES

6X DURCHATMEN

Entspannen, wohlfühlen, runterkommen

1. RUINE MIT AUSBLICK

Im Nordwesten Jerseys thront die Burgruine **Grosnez Castle** auf einer Landzunge über dem Meer. Einfach den Wind um die Nase wehen und den Blick bis zu den Nachbarinseln gleiten lassen. (▶ **S. 108**)

2. RUHEPOL

Beim Herrenhaus Le Manoir liegt die winzige **St. Tugual's Chapel** – ein meditativer Ort auf der sowieso beschaulichen Insel Herm. (▶ **S. 199**)

3. GEZEITEN-ROMANTIK

Die Gezeiteninsel **Lihou Island** vor Guernsey ist nur bei Ebbe erreichbar. Auf dem unbewohnten Inselchen sorgen die Überreste eines Klosters aus dem 12. Jh. für Romantikmomente. (▶ **S. 135**)

4. EINGEBUCHTET

Bei einer Tasse Tee oder einem Glas Pimm's kann man im **Fermain Beach Café** in der Sonne sitzen und zusehen, wie die Segelboote in der Bucht auf den Wellen schaukeln. Schon Victor Hugo liebte den Blick. (▶ **S. 133**)

5. MOONWALKS

So entspannend wie naturnah: **Nächtliche Spaziergänge** auf Jersey – bei Ebbe und Mondschein läuft man mit einem Führer durchs Wattenmeer. (▶ **S. 260**)

6. AUF ZWEI RÄDERN

Mit dem Leihfahrrad die Insel **Alderney** erkunden – fast ohne Steigungen für fast jeden machbar. Per E-Bike gibt's zusätzlich Rückenwind. (▶ **S. 38**)

sen, Tamarisken und immergrüne Steineichen. Eine Besonderheit ist der **hochwachsende Riesenrhabarber** (Gunnera), den man nahe der Petit Bôt Bay auf Guernsey findet. Auch Fenchel, Großes Zittergras und die hohe Strauchpappel mit ihren rosa Blüten, die eigentlich im Süden Europas wächst, sieht man außerhalb der Gärten.

Orchideen

Auf den Wiesen der Inseln gedeihen auch zahlreiche sensible Orchideen. In den Dünen Les Mielles am St. Ouen's Pond wächst die **Jersey-Orchidee** (Lockerblütiges Knabenkraut), die zwischen Mai und Juli violett blüht. Auf Guernsey gibt es Orchideenwiesen in der Nähe der Westküste; Führungen werden von der Société Guernesiaise im Mai und Juni veranstaltet. Die Sumpforchidee, die man auf Guernsey, Jersey und Alderney findet, blüht dunkelviolett. In den Gewächshäusern der **»Eric Young Orchid Foundation«** auf Jersey ist eine ausgesprochen vielfältige Orchideensammlung zu sehen.

Lilien

Zum Wahrzeichen von Guernsey wurde eine rötlichblühende Lilie, die es hier erst seit etwa 200 Jahren gibt. Sie wurde per Schiff auf die Kanalinseln gebracht und ging später als **Guernsey-Lilie** in die botanische Nomenklatur ein. Auf Jersey gibt es die **Jersey-Lilie**; sie hat etwas größere, rosafarbene Blüten und blüht spät im August.

Vegetation der Küsten und Strände

Links und rechts der Klippenwege breiten sich Teppiche von Schlüsselblumen, roten und weißen Lichtnelken, Narzissen, Iris, Glockenblumen, an einigen Stellen auf Alderney und Guernsey auch Wolfsmilchgewächse aus. Typisch für die Klippenregionen ist besonders auf Guernsey der gelb blühende, einen starken Duft verströmende Stechginster (Ulex europaeus), hin und wieder sieht man auch gelben Besenginster (Cytisus scoparius), auf Jersey überwiegen ausgedehnte Farngebiete. Im Hochsommer überzieht Heidekraut die Felsen mit einem violetten Schimmer. Besonders dekorativ nehmen sich die purpurfarbenen, oft über einen Meter hoch wachsenden Blütentrauben des **Roten Fingerhuts** aus, der oben auf den Klippen steht. Auch Kissen mit rosa blühenden Grasnelken (Armeria maritima) wachsen aus den Felsspalten hervor. Sowohl auf den Klippen als auch in den küstennahen Wiesen, insbesondere auf Jersey in der St. Ouen's Bay, findet man die hübschen kleinen Mittagsblumen, die ihre rosafarbenen Blüten nur bei genügend Licht zeigen. Ursprünglich stammen sie aus Südafrika. Auf Alderney sieht man in der Longis Bay die großblütigeren **tiefrosafarbenen Seefeigen**, die sich in weiten Teppichen ausbreiten.
In den **Dünengebieten** auf Jersey und Guernsey wachsen Dünenrosen. Sie blühen weiß und bekommen später dunkelbraune Hagebutten. An Stränden und in Dünen sieht man hin und wieder Sandkrokusse und Stranddisteln, die allerdings mittlerweile eine regelrechte Rarität geworden sind. Häufiger gibt es noch Silberdisteln. Außerdem trifft man auf gelben Hornmohn, Meersenf und Strandkohl.

In Wald und Feld Im Frühjahr werden die Waldböden von einer Fülle von wild wachsenden Hyazinthen, den **»Bluebells«** (Endymion nonscriptus), in einen blauen Blütenteppich verwandelt. Besonders üppig wachsen sie auf Sark und im Bluebell-Wald bei St. Peter Port (Guernsey). Ihnen ähnlich ist der weißblühende Allium triquestrum, dem man im Frühjahr oft begegnet: »Stinking onions« (»stinkende Zwiebeln«) werden die Blumen auf den Inseln genannt; sie machen durch ihren Geruch ihrem Namen alle Ehre. Dazwischen gedeihen weißes Leimkraut, rote Grasnelken und pupurfarbene kleine Gladiolen. Im Frühjahr sieht man zudem Veilchen, Primeln und die beliebten »Daffodils«, Osterglocken. In den Wiesen, an Feldrainen und in den Hecken sind Butterblumen, Schafgarbe, Klee, Glockenblumen, Sauerampfer und verschiedene Nelken- und Laucharten zu Hause.

Kleine Wälder findet man heute nur noch auf Jersey, Guernsey und Sark; auf Alderney und Herm gibt es nur einzeln stehende Bäume. Besonders auf Guernsey sind größere zusammenhängende Waldstücke aufgrund von Besiedlung und Kultivierung verschwunden, einst gab es auch hier sehr große Waldflächen. Eichen, Buchen, Kastanien, Kiefern und Pinien sind am häufigsten zu sehen, vereinzelt auch Eukalyptusbäume.

Im Frühsommer leuchten die Blütenteppiche der Bluebells.

Gärten

Dass die Bewohner der Kanalinseln leidenschaftliche Gärtner sind, ist weithin bekannt. Viele öffnen an bestimmten Tagen im Jahr die Tore zu ihren **botanischen Sehenswürdigkeiten**. Blumenfreunde erwartet hier eine schier unendliche Vielfalt von Blumenrabatten und Ziersträuchern – Rosen, Calla, Aloe, Glyzinien, Bougainvillea, Clematis, Geißblatt, Malven, Hortensien, Fuchsienbüsche, Kamelien, Magnolien, Azaleen, Rhododendren, Feigen- und Obstbäume. In den Gärten werden auch **exotische Pflanzen** gehegt und gepflegt, die aufgrund des Klimas in bestem Einklang mit den einheimischen Gewächsen leben. Sogar Bananenstauden kann man gelegentlich sehen. Palmen, u. a. kanarische Dattelpalme und Washingtonie, gibt es in privaten oder öffentlichen Gärten recht häufig. Ebenso oft sieht man auch den etwa 3 m hoch aufragenden Riesen-Natternkopf (Echium pininana), der ursprünglich von der Kanareninsel La Palma stammt. Die Pflanze bildet blaue und violette Blüten, die in ihrer Form an Schlangenköpfe erinnern. Früher schrieb man ihnen auch eine heilende Wirkung nach Schlangenbissen zu.

Die Tierwelt der Kanalinseln

Nutztiere

An Nutztieren werden schon seit Jahrhunderten Schafe für die Wollproduktion auf den Inseln gehalten. 1789 begann man mit der Zucht der braunen oder braun-weißen **Jersey- bzw. Guernsey-Rinder**, die wegen ihrer fetthaltigen Milch weithin bekannt sind und in großem Stil exportiert werden.

Mehr als 100 Vogelarten

Für Vögel sind die Inseln ein wahres Paradies, für Ornithologen ein interessanter Beobachtungsort. Viele Zugvögel machen auf der Durchreise nach Süden oder nach Norden auf den Kanalinseln Station. Insgesamt sind **mehr als 100 verschiedene Vogelarten** zu sehen. Vor allem Seevögel haben auf den Kanalinseln beste Bedingungen, zumal auf den unbewohnten Vogelfelsen Burhou und Les Etacs bei Alderney. Wie an der deutschen Nordseeküste auch sieht man auf den Kanalinseln verschiedene Möwenarten, Seeschwalben, Austernfischer und den Brachvogel.
Eine besondere Attraktion ist der gefährdete, bis zu 35 cm große **Papageitaucher** (»puffin«). Man kann ihn im Mai sehen und erkennt ihn dann gut – allerdings nur mit dem Fernglas – an seinem charakteristischen, blau-rot-gelb gefärbten Schnabel, der in der Brutzeit besonders stark leuchtet. 50–90 cm groß ist der **Kormoran,** der auf den Vogelfelsen bei Herm lebt. Auf allen Inseln kommt die zur gleichen Familie gehörende, kleinere Krähenscharbe vor. Auf den Vogelfelsen bei Sark und Alderney leben die schwarz-weißen Trottellummen. Sie bevorzugen steile Felseninseln, auf denen sie in großen Kolonien nisten. Zur Brutzeit zwischen März und Juni bevölkern

Papageitaucher bauen ihre Nester immer im »obersten Stockwerk« eines Vogelfelsens.

Basstölpel die Vogelfelsen Ortac und Les Etacs bei Alderney. Sie haben etwa die Größe von Gänsen und sind weiß. Zur Brutzeit färben sich Kopf und Halsoberseite gelb. Mit ihren Schnäbeln geben sie ein charakteristisches, weithin zu hörendes Knattern von sich.

Meerestiere

Die Gewässer um die Inseln sind reich an Fischen: u. a. leben hier Barsche, Meeräschen, Sand- und Meeraale, Schollen, Seezungen, Brassen und Dorsche. Bekannt sind die Inseln für ihre vielen **Schalentiere** wie Krabben, Langusten und Hummer. Wellhornschnecken sieht man bei Niedrigwasser an den Felsen. Auch für Austern, die auf Jersey, auf Guernsey und auf Herm gezüchtet werden, sind die Bedingungen günstig.

Durch den warmen Golfstrom und die recht gute Wasserqualität gibt es sogar **Delfine** in Inselnähe. Mit Geduld und etwas Glück kann man sie in den Sommermonaten vor der Ostküste von Jersey sehen.

Die Kanalinsulaner

Großbritannien trifft Frankreich

Durch die geografische Lage nahe der nordfranzösischen Küste und die politische Zugehörigkeit zu England waren die Kanalinseln über

Jahrhunderte hinweg einerseits immer wieder Streitobjekt zwischen den beiden Staaten, andererseits in deren kulturellem Einflussbereich. In kultureller und sprachlicher Hinsicht findet man heute auf den Inseln sowohl Französisches als auch Englisches.

Rivalitäten

»Toads« (Kröten) werden die Bewohner von Jersey und **»donkeys«** (Esel) die Bewohner von Guernsey genannt. Eine mehr oder weniger starke Rivalität vor allem zwischen den beiden großen Inseln wird jedem auffallen, der mit den Insulanern ins Gespräch kommt. Vor allem auf Guernsey mag man das geschäftige und reiche Jersey nicht besonders. Jersey dagegen fühlt sich über jede Konkurrenz erhaben.

Bevölkerungsstruktur

Die Bevölkerungsstruktur ist relativ uneinheitlich, da man auf den Inseln nicht »unter sich« geblieben ist. Teilweise hängt dies mit der Besatzungszeit zusammen – einige der heute Vierzigjährigen haben einen deutschen Großvater – sowie mit der Evakuierung und den engen Kontakten zu Großbritannien. Dank der günstigen Steuerbedingungen sind nach dem Zweiten Welkrieg viele vermögende Briten auf die Inseln gezogen, um ihre Millionen vor dem Fiskus in die Steueroase zu retten (▶ Baedeker Wissen, S. 52). Außerdem kommen viele **Saisonarbeiter** aus England, Wales und Schottland auf die Kanalinseln, um dort im Tourismus zu arbeiten. Aus demselben Grund trifft man auch vergleichsweise viele, meist von der Insel Madeira stammende **Portugiesen**, die im Hotelgewerbe, in der Gastronomie und in der Landwirtschaft tätig sind. In den letzten Jahren ist vor allem die Zahl der aus **Polen** stammenden Saisonarbeiter kontinuierlich gestiegen.

Wohnsituation

Die Preise für Wohnungen und Häuser sind seit dem massiven Zufluss ausländischen Kapitals durch Steuerflüchtlinge drastisch gestiegen. Immobilien auf dem »open market«, dem offenen Markt, der für Zugezogene gilt, sind etwa viermal so teuer wie auf dem »local market«, dem einheimischen Markt. Doch sind selbst die vergleichsweise günstigen lokalen Verkaufspreise für viele Insulaner, die nicht im Finanz- oder Versicherungsgeschäft arbeiten, happig. Häuser und Wohnungen, die einmal im »open market« sind, werden normalerweise auch weiterhin im »open market« verkauft, »local market«-Häuser bleiben in dieser Kategorie.

Bleiberecht

Allein durch die Preise für Wohnungen und Häuser sowie durch die normalen Lebenshaltungskosten reguliert sich der Zuzug auf die Inseln, aber auch die Abwanderung. In den letzten Jahren sind aus finanziellen Gründen zunehmend Insulaner von den Inseln nach Großbritannien gezogen. **Einwanderung** wird durch Gesetze bewusst klein gehalten, um die Inseln vor Überbevölkerung und Überfrem-

▶ Englisch:

Channel Islands

Französisch:

Îles Normandes

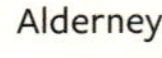

Lage:
am südlichen Rand des Ärmelkanals vor der Küste der Normandie im Golf von St. Malo

Fläche:
alle Inseln und Felsen: 198 km²
Jersey 119 km²
Guernsey 78 km²
Alderney 7,9 km²
Sark 5,5 km²
Herm 2 km²
zum Vergleich: Helgoland ca. 2 km²
Sylt ca. 100 km², Fehmarn 185 km²

Einwohner: **ca. 169 000 auf allen Inseln**
Jersey ca. 103 000
Guernsey ca. 64 000
Alderney ca. 2000
Sark ca. 500
Herm ca. 60

Bevölkerungsdichte
Jersey: **860 Einwohner/km²**
Guernsey: **965 Einwohner/km²**

10 km

▶ Inseln

Bewohnt:
Jersey, Guernsey, Alderney, Sark, Herm, Brecqhou bei Sark, Jethou bei Herm

Unbewohnte Felsen
Les Écrehous (nur Sommer- und Fischerhäuser) und Les Minquiers östlich bzw. südlich von Jersey, Hanois westlich von Guernsey, die Felsen Burhou, Ortac und Casquets westlich von Alderney sowie die Frankreich angegliederten Inselchen Roches Douvres, Barnouic und Les Chausey westlich und südlich von Jersey.

▶ Entfernung zum Festland

Zur östlich gelegenen normannischen Halbinsel Cotentin:
Alderney – Cap de la Hague ca. **15 km**
Guernsey – Cap de Flamanville **45 km**
Jersey – Cap de Carteret **23 km**

Zur englischen Südküste:
Alderney – Portland Bill knapp **90 km**
Guernsey – Start Point ca. **100 km**
Jersey – Portland Bill ca. **140 km**

Wappen/Flagge

ersey

uernsey

ie Wappen der beiden großen
nseln zeigen die normannischen
eoparden. Sie gehen auf ein
iegel von 1279 zurück, das durch
dward I. verliehen wurde.

Klimastation Jersey

Durchschnittstemperaturen

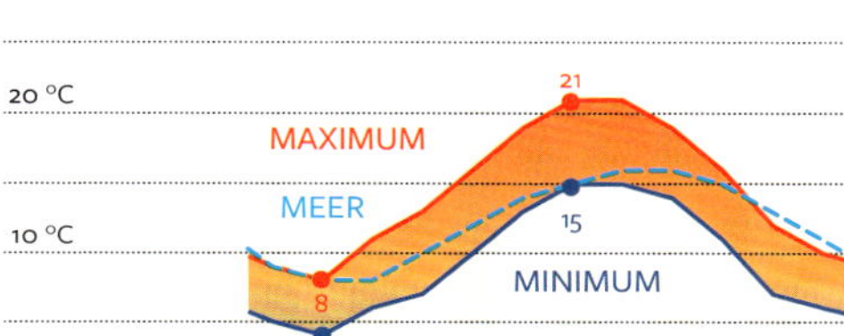

Niederschlag

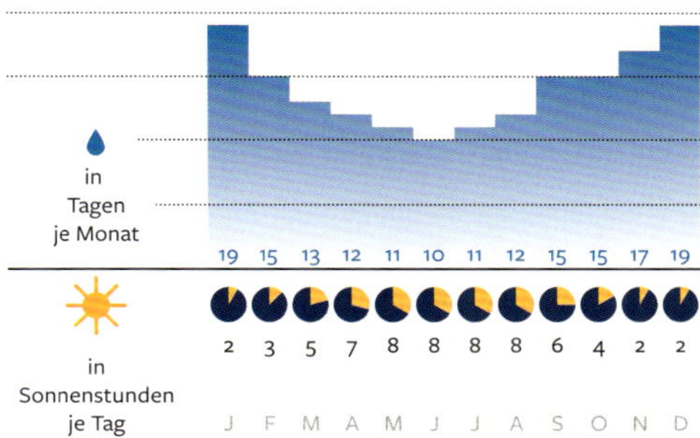

rown Dependencies

ie sogenannten »Kronbesitzungen« unterstehen mit besonderem echtsstatus direkt der britischen Krone. Sie sind keine Kronkolonie nd gehören weder zum Vereinigten Königreich noch zur EU. Außer en Kanalinseln ist noch die Isle of Man eine Kronbesitzung.

Flagge der Isle of Man

Jersey, Guernsey und die Isle of Man bringen eigene **Banknoten** und **Briefmarken** heraus.

Das **Parlament** der Isle of Man besteht seit dem Jahr 979. Es gilt als das älteste ununterbrochen amtierende Parlament der Welt.

Die Isle of Man ist bekannt für die **Tourist Trophy**, das älteste (seit 1907) und gefährlichste (bislang 240 Todesopfer) Motorradrennen der Welt.

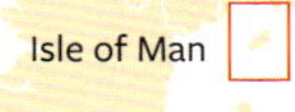

Isle of Man

Groß-
britannien

Kanalinseln

dung zu schützen. Dabei sind die Regelungen, die auch für Insulaner gelten, in den Verwaltungsbezirken (Bailiwicks) unterschiedlich: Um eine Wohnerlaubnis für Guernsey zu bekommen, bzw. auf dem »local market« kaufen zu können, muss man eine Lizenz vorweisen können. Diese wird an Personen vergeben, die einen Beruf ausüben, der für die Inselwirtschaft von Bedeutung ist. Voraussetzung für eine Arbeitsgenehmigung auf Jersey ist eine Wohnberechtigung, die schwer zu bekommen ist. Eine Wohnerlaubnis erhält nur, wer auf Jersey geboren ist oder mindestens fünf Jahre dort gelebt hat (wenn er etwas mieten möchte) oder 20 Jahre (wenn er etwas kaufen möchte), oder wer eine besondere berufliche Qualifikation hat, die auf dem Arbeitsmarkt der Insel gebraucht wird. Ausländer, die sich auf Jersey niederlassen wollen, müssen ein stattliches Vermögen vorweisen können, das der Insel jährliche Steuereinnahmen im sechsstelligen Bereich garantiert.

Sprache

Die Amtssprache auf allen Inseln ist Englisch, daneben wird von großen Teilen der Bevölkerung auch Französisch gesprochen. Es gibt viele **französische Ortsbezeichnungen** oder Straßennamen, die aber **englisch ausgesprochen** werden. Diese sprachliche Kuriosität ist historisch bedingt: Die Kanalinseln waren kirchlich jahrhundertelang an Frankreich – an den Bischof von Coutances (Normandie) – gebunden, politisch waren sie dagegen gleichzeitig der britischen Krone angegliedert. Bis weit ins 19. Jh. hinein sprach man in der Kirche und in der Verwaltung Französisch, um 1900 wurde allerdings Englisch als Sprache in den Debatten der Inselregierungen zugelassen. Erst allmählich nahm Englisch überhand; einen größeren Schub gab es zu Beginn des 19. Jh.s, als viele Engländer auf die Inseln übersiedelten. Bis 1948 war Französisch aber noch die offizielle Sprache im Gericht und bei Zusammenkünften der Inselregierung; in diesen Bereichen wird es teilweise auch heute noch verwendet. Zum Beispiel werden bei den Parlamentssitzungen nach wie vor feststehende Formeln und Wahlvorgänge französisch vorgetragen, Debatten finden dagegen auf Englisch statt.

Bis zu Beginn des 20. Jh.s war die Alltagssprache auf den Inseln **Patois**, ein **westnormannischer Dialekt**, der sich aus dem normannischen Französisch entwickelt hat. Er wurde bereits um 1000 n. Chr. hier gesprochen, und war wohl auch die Sprache Wilhelms des Eroberers. Heute wird Patois nur noch **vereinzelt von meist älteren Insulanern** und vorwiegend auf dem Land gesprochen. Auf jeder Insel, sogar in jeder Gemeinde war und ist der Dialekt etwas unterschiedlich. Auf Jersey wird er als **Patois Jèrriais** oder einfach Jèrriais bezeichnet, auf Guernsey als **Guernésiais**. Während er lange den schlechten Ruf als einfache Sprache der Bauern hatte, versucht man heute, den aussterbenden Dialekt zu retten. Dieser Aufgabe widmen sich Kulturvereine wie die Société Guernesiaise oder die Société Jer-

Die Insulaner: mitunter gut behütet und in feinem Zwirn, normalerweise aber eher leger

siaise. Der regionale Rundfunksender auf Guernsey bringt Sendungen auf Guernesiaise, um die Sprache auf diese Weise noch am Leben zu erhalten.

Ein politischer Sonderstatus

Verwaltung

Die Kanalinseln haben einen politischen Sonderstatus, da sie zwar als letzter Rest des Herzogtums Normandie der englischen Krone direkt unterstellt sind, aber **nicht Teil des Vereinigten Königreichs** sind. Insofern unterstehen die Inseln nicht der Regierung in London, sie sind nicht im Parlament in London vertreten, wie auch die Parteien des britischen Parlaments nicht auf den Inseln vertreten sind. Ein Kuriosum: Der **König** ist Staatsoberhaupt der Kanalinseln, aber nicht als König von Großbritannien, sondern als »Herzog der Normandie«. Nur die Verteidigung und Vertretung im Ausland liegen in der Hand der britischen Regierung; zuständig dafür ist das Innenministerium.

Die Queen bleibt allgegenwärtig.

Die Inseln bilden zwei voneinander völlig unabhängige Verwaltungseinheiten, die **fast schon eigene kleine Staaten** mit weitgehend eigener Gesetzgebung, eigenem Steuerrecht, eigener Währung und eigener Post darstellen. Jersey bildet einen selbstverwalteten Amtsbezirk, »**Bailiwick**« (französisch: »Bailliage«), Guernsey einen zweiten, zu dem auch Alderney, Sark und Herm gehören. Die Felseninseln Les Chausey, die Roches Douvres und Barnouic gehören zu Frankreich und werden von dort aus verwaltet. In den Bailiwicks der Kanalinseln repräsentiert jeweils ein **Lieutenant-Governor** die Krone. Außerdem ernennt die Krone für jeden Amtsbezirk einen **Bailiff**, der in einer Person sowohl Präsident der States (Inselparlament) als auch Verwaltungschef und Vorsitzender des Royal Court (Königliches Gericht) ist. Der Bailiwick of Jersey ist in zwölf »Parishes« (»Gemeinden«) unterteilt, der Bailiwick of Guernsey in zehn. Alderney und Sark (► Baedeker Wissen S.180), obwohl zu Guernsey gehörig, haben eine eigene Legislative und eigene Gerichte. Es gibt weder Parteien noch Berufspolitiker; Diäten werden nicht gezahlt.

Gesetzgebung

Die Gesetzgebung des britischen Parlaments ist für die Kanalinseln nur dann von Bedeutung, wenn sie ausdrücklich auch für die Inseln festgeschrieben wurde. Ansonsten verfügen die Inseln in inneren Angelegenheiten über eine **weitreichende Autonomie**, die auch die Gesetzgebung betrifft. Die Legislative liegt in der Hand der Inselparlamente. Die vier größeren Inseln haben eigene Parlamente, die States of Jersey, States of Guernsey, States of Alderney und Chief of Pleas auf Sark. In besonderen Fällen ist die Ratifizierung der Gesetze durch die königliche Ratsversammlung in Großbritannien (»The King-in-Council«) nötig. Von Bedeutung ist die Autonomie besonders für die Steuergesetzgebung, die die Kanalinseln zur **»Steueroase«** machte, da man 1959 die Einkommenssteuer senkte und keine bzw. eine sehr geringe Mehrwertsteuer, keine Erbschaftssteuer und keine Kapitalertragssteuer erhebt (▶ Baedeker Wissen, S. 52).
Jeder Bailiwick hat ein eigenes höchstes Gericht, den »Royal Court«. Den Königlichen Gerichten stehen die jeweiligen Bailiffs als Präsidenten vor. Zivilverfahren und Rechtsbeschwerden werden vor dem »Cour Ordinaire« verhandelt.

»Clameur de Haro«

Mit dem »Clameur de Haro« hat sich bis in heutige Zeiten ein Recht aus dem alten normannischen Gesetzbuch »Le Grand Coutumier« erhalten. Es handelt sich dabei um eine einstweilige Verfügung, die heute wie vor rund 1000 Jahren bei Grundstücksfragen hinzugezogen wird. Ungewöhnlich, da unverändert aus damaliger Zeit übernommen, ist die Form, in der das Anliegen vorgetragen wird. Wer mit einem anderen über seinen Landbesitz in Konflikt gerät und sich betrogen fühlt, liegt mit dem Ausspruch

»
Haro! Haro! Haro! à l'aide mon Prince,
on me fait tort –
Haro! Haro! Haro! Zu Hilfe, mein Prinz,
man tut mir Unrecht!
«

genau richtig und verhält sich absolut korrekt. Auf Guernsey und auf Alderney folgt anschließend noch das Vaterunser auf Französisch. Unmittelbar nach dieser Aktion, die kniend und in Gegenwart von zwei Zeugen vonstatten gehen muss, muss der Beschuldigte sein Verhalten unterlassen. Der Fall muss innerhalb von 24 Stunden registriert und innerhalb von einem Jahr vor dem Royal Court behandelt werden. Der Anruf »Haro! Haro! Haro!« ist vermutlich eine Kurzform von »Ha, Rollo!« und bezieht sich auf den Normannen Rollo, den ersten Herzog der Normandie. Im Lehnswesen bot der Herzog seinen ihm zu Treue verpflichteten Untertanen Schutz und konnte daher in schwierigen Situationen um Hilfe gebeten werden.

Wirtschaft und Finanzen

Unabhängig von London und Europa

Die Inseln sind wirtschaftlich von London unabhängig, machen ihre **eigene Wirtschaftspolitik** und erhalten **keinerlei Zuschüsse** von London. Naturgemäß haben auf den Inseln im Verlauf der Jahrhunderte Schifffahrt, Handel, Piraterie, Schmuggel und die Fischerei eine wichtige Rolle gespielt, durch das günstige Klima ist aber auch die Landwirtschaft ein traditioneller Wirtschaftszweig. Die begrenzten Erwerbsmöglichkeiten verstanden die Insulaner stets gut auszunutzen, und bei Änderung der äußeren Bedingungen gelang es ihnen immer wieder, flexibel zu reagieren und ihre Aktivitäten umzustellen. So ist es für die Kanalinseln nicht ungewöhnlich, dass die wirtschaftliche Ausrichtung heute eine deutlich andere ist als nur wenige Jahrzehnte zuvor und dass die ökonomische Situation der Inseln insgesamt immer relativ stabil war. Während noch in den 1970er-Jahren der Tourismus Einnahmequelle Nummer eins war, steht mittlerweile das Finanzgewerbe mit gut 40 % des Bruttosozialprodukts auf beiden großen Inseln an erster Stelle. Tourismus, Landwirtschaft und Fischerei spielen nur noch untergeordnete Rollen.
Die Kanalinseln waren nie Mitglied der Europäischen Union, gehören aber zu deren Zollgebiet. Als Großbritannien 1973 EU-Mitglied wurde, wurden die Bailiwicks von Jersey und Guernsey lediglich im Handelsbereich als EU-Mitglieder definiert. Daher konnten die Inseln auch keine finanzielle Hilfe der EU beanspruchen. Andererseits erwies sich die Nichtmitgliedschaft insbesondere für die Finanzgeschäfte als bedeutsam, da die **EU keinen Einfluss auf die Steuergesetzgebung** der Inseln besaß.

Finanzwirtschaft

Das Finanzgewerbe erwirtschaftet heute mehr als die Hälfte des Bruttosozialprodukts. Bis zu Beginn der 1970er-Jahre war die Branche nur die zweitwichtgste nach dem Tourismus. Gründe für die **explosionsartige Ansiedelung von Banken**, Finanzfachleuten, Steuerberatern, Versicherungsgesellschaften, Immobilienhändlern und Millionären auf Jersey und Guernsey sind die geringe Einkommensteuer von 20 % und der Verzicht auf Vermögens- und Erbschaftssteuer (▶ Baedeker Wissen, S. 52).

Tourismus

Der Tourismus, bis vor einigen Jahren noch zweitwichtigster Wirtschaftsfaktor der Kanalinseln, spielt gesamtwirtschaftlich nur noch eine untergeordnete Rolle, zumindest gilt dies für die beiden größten der Inseln. Die Anzahl der Betten auf Jersey, das den größeren Anteil am Tourismusgeschäft für sich verbuchen kann, ist zwischen 1998 und 2022 um über 40 % zurückgegangen, für Guernsey sind die Zahlen ähnlich. Tagestourismus gibt es vor allem auf den kleineren Inseln. Von der französischen Küste aus besuchen jährlich über 100 000 Tagestouristen Jersey.

Einzelhandel

Eine zunehmend wichtige Rolle in der Wirtschaft der Kanalinseln spielt der Einzelhandel. Dies ist vor allem zwei Faktoren zuzuschreiben: Auf den Kanalinseln wird keine, bzw. im Fall von Jersey eine **sehr geringe Mehrwertsteuer** erhoben, und der Kurs des britischen Pfunds, an den die Inselwährungen gekoppelt sind, hat sich in den letzten Jahren stetig nach unten entwickelt. Daher sind viele Waren für Besucher vom europäischen Festland preislich attraktiv.

Landwirtschaft

Gegenüber dem Finanzgewerbe und dem Tourismus ist die Landwirtschaft in den Hintergrund getreten. Im Schnitt werden kaum noch 4 % der jährlichen Einnahmen von den Bauern erwirtschaftet. Eine große Rolle spielt die **Milchwirtschaft**. Die fetthaltige Milch der Guernsey- bzw. Jersey-Kühe ist weit über die Inselgrenzen hinaus bekannt (▶ Inspiration S. 20). Die Inselmolkereien erzeugen Butter, Käse, Sahne und Joghurt, auf den Inseln selbst darf nur frische Milch der Inselkühe verkauft werden. Für den Export sind Kartoffeln, Tomaten, Gemüse und Schnittblumen von Bedeutung. Auf Jersey ist die Frühkartoffel Jersey Royal Hauptexportartikel, aus Guernsey werden vor allem Tomaten und Schnittblumen ausgeführt.

Fischerei

Auch die ehedem so wichtige Fischerei spielt heute keine große Rolle mehr. Der frische Fisch bleibt nur teilweise auf den Inseln. Der größte Teil der Fänge wird auf den Kontinent und hier in erster Linie nach Frankreich exportiert. Schalentiere – insbesondere Hummer, ver-

Was die Fischer der Kanalinseln fangen, geht größtenteils nach Frankreich.

schiedene Krebse, Krabben und Wellhornschnecken – haben dabei den größten Anteil, ihr Export ist in den letzten Jahren deutlich angewachsen. Ein wichtiger Ausfuhrartikel sind Austern, die an den Küsten von Jersey und Guernsey gezüchtet werden. Von Guernsey aus exportiert man **Austern** auch zur weiteren Aufzucht an Austernfarmen in aller Welt. Für den heimischen Markt werden auch Spezialitäten der Inseln, vor allem »ormer« (Seeohr), eine Meeresschnecke, und »scallops« (Kammmuscheln) gezüchtet. Ansonsten werden vorwiegend Brassen, Makrelen und Kabeljau gefangen, außerdem Seezungen, Meeräschen, Schollen.

Währung Die Inseln haben eine eigene Währung, das **Jersey Pound** und das **Guernsey Pound**. 1816 wurden die ersten eigenen Banknoten gedruckt, 1830 erste Münzen geprägt. Sie gelten auf allen Inseln. In Großbritannien werden die Zahlungsmittel der Inseln nicht anerkannt, obwohl sie denselben Kurs wie das Britische Pfund haben. Britische Pfundnoten sind dagegen auch auf den Inseln gültig.

GESCHICHTE

Vor Jahrtausenden durch das Ansteigen des Meeresspiegels vom französischen Festland abgetrennt und bis heute ein letztes Relikt des Herzogtums Normandie, das der englischen Krone untersteht. Kein Wunder, dass im Lauf der Zeiten mal Franzosen, mal Engländer Anspruch auf die Inseln erhoben, die heute ein spannendes Eigenleben führen.

Frühzeit und Römer

In der Region der Inseln hielten sich bereits in der **Altsteinzeit** von etwa 25 000 v. Chr. bis 11 000 v. Chr. Menschen auf. In der **Höhle La Cotte de St. Brelade** im Südwesten von Jersey, die als wichtige archäologische Fundstätte einigen Aufschluss über die Frühgeschichte der Inseln gibt, stieß man auf Zähne eines **Neandertalers** und Teile eines Kinderschädels. Man schließt daraus, dass die Höhle Jägern und Sammlern zeitweilig als Aufenthalts- und Lagerort diente, da sie Schutz vor Atlantikwinden gewährte. In der Höhle fand man auch Knochen zahlreicher Tiere, die vermutlich in der Höhle geschlachtet und verzehrt wurden.
Guernsey, Alderney, Sark und Herm wurden **nach dem Ende der Eiszeiten ab 10 000 v. Chr**. durch das Ansteigen des Meeresspiegels allmählich vom Festland abgetrennt. Jersey blieb bis ca. 6000 v. Chr.

EPOCHEN

FRÜHGESCHICHTE UND RÖMER

ab 10 000 v. Chr.	Guernsey, Alderney, Sark und Herm werden durch das Ansteigen des Meeresspiegels zu Inseln.
um 6000 v. Chr.	Jersey wird vom Festland abgetrennt.
ab dem 5. Jt. v. Chr.	Megalithkultur auf Jersey und Guernsey
ca. 600 v. Chr.	Keltische Stämme besiedeln die Kanalinseln.
ab 58 v. Chr.	Kontakt mit Römern und ihrer Kultur

DIE NORMANNISCHE PERIODE

7. u. 8. Jh. n. Chr.	Erste christliche Klostergemeinschaften auf Jersey
911 n. Chr.	Beginn des Herzogtums Normandie: Normannenführer Rollo erhält Gebiete als Lehen.
933 n. Chr.	Erste Erwähnung der Kanalinseln als Teil des Herzogtums Normandie

UNTER ENGLISCHER HERRSCHAFT

1066	Nach dem Sieg in der Schlacht von Hastings wird Wilhelm der Eroberer König von England.
1339 – 1453	Im Hundertjährigen Krieg zwischen England und Frankreich geraten die Kanalinseln zwischen die Fronten.
1471	Auf Jersey und Guernsey werden Gouverneure als Repräsentanten der englischen Krone eingesetzt.
17. Jh.	Der englische Bürgerkrieg entzweit die Insulaner
ab 1775	Festungen werden gegen drohende Angriffe Frankreichs errichtet.
18./19. Jh.	Schmuggel bringt Reichtum.

INSELLEBEN IM WANDEL

ab 1800	Die Inseln werden zunehmend anglisiert.
ab 1850	Die fortschreitende Technisierung verändert den Alltag und die ersten Touristen treffen ein.

20. UND 21. JAHRHUNDERT

1914 – 1918	Viele Insulaner ziehen freiwillig für England in den Krieg.
1939 – 1945	Während des Zweiten Weltkriegs werden die Inseln entmilitarisiert und weitgehend evakuiert. Im Sommer 1940 werden sie von deutschen Truppen besetzt.
ab 1959	Inseleigene Steuergesetze machen die Kanalinseln zum Paradies für Vermögende und Spitzenverdiener.
ab 2012	Nach der Finanzkrise versuchen die Kanalinseln sich von ihrer Abhängigkeit vom Finazsektor zu lösen.
2021	Der Streit um Fischereirechte nach dem Brexit eskaliert mit einer Blockade der Insel Jersey durch französische Fischer, Großbritannien und Frankreich entsenden kurzfristig Marineschiffe.

mit dem Kontinent verbunden. In den Jahrtausenden danach, wahrscheinlich etwa um 4500 v. Chr., begannen Menschen sich hier anzusiedeln und Ackerbau zu betreiben. Aus dem Neolithikum sind Zeugnisse der Megalithkultur erhalten (▶ Baedeker Wissen, S. 166). **Ganggräber und Menhire** wurden ab dem 5. Jtd. v. Chr. auf Jersey und Guernsey errichtet.
Eine in St. Helier auf Jersey gefundene goldene Kette, die vermutlich irischen Ursprungs ist, zeugt von Handelsbeziehungen mit Irland. In der späten **Bronzezeit** drangen die ursprünglich im Raum um Oberdonau und Oberrhein ansässigen **Kelten** erstmals nach Nord- frankreich bis zur bretonischen Halbinsel, die sie als Armorica bezeichneten, und in den Bereich der Kanalinseln vor.
In der späten **Eisenzeit** sind erste, leicht befestigte Siedlungen angelegt worden, z. B. Rozel auf Jersey und Les Tranquesous auf Guernsey; letztere existierte 50 v. Chr. bis 200 n. Chr.

Römer

Als es Caesar zwischen 58 und 51 v. Chr. gelang, Gallien unter seine Herrschaft zu bringen, gab es eine **Auswanderungswelle** von Bewohnern, die vor den neuen politischen Verhältnissen **auf die Kanalinseln** flüchteten. Für die Römer selbst spielten die Inseln keine bedeutende Rolle. Man fand aber Münzen und **römische Amphoren**, in denen Garum und Olivenöl aus dem Mittelmeerraum transportiert wurden, Glas und Steingut sowie das **Wrack eines römischen Schiffes**, das man Mitte der 1980er-Jahre im Hafen von St. Peter Port entdeckte.

Le Déhus im Nordwesten von Guernsey:
steinzeitliche Grabanlage, Versammlungs- und Kultstätte

Die Normannen kommen

»Dark ages«

Im Zug der Völkerwanderung und des allmählichen Zerfalls des Römischen Reiches rückten im 5. Jh. Franken von ihrem Ursprungsgebiet östlich des Niederrheins in Richtung Westen in die heutige Normandie vor. Die heutige Bretagne wurde von keltischen Briten (Bretonen) beherrscht. Diese waren nach dem Abzug der Römer aus Britannien durch den Einfall der germanischen Angeln, Sachsen und Jüten nach Westen (Cornwall und Wales) vertrieben worden. Einige flüchteten auch auf den Kontinent in die heutige Bretagne. Die Kanalinseln lagen somit in den nächsten Jahrhunderten **im Grenzbereich zwischen fränkischer und bretonischer Herrschaft** und gerieten in die Auseinandersetzungen um Machtansprüche.

Christianisierung

Die Inseln lagen im Einflussbereich eines keltisch und eines römisch geprägten Christentums. **Keltisches Christentum** kam schon früh durch die traditionellen Handelsrouten und mit den Flüchtlingen aus Britannien, das seit dem 3. Jh. zunehmend christianisiert worden war, auf die Inseln. Das **römisch geprägte Christentum** schickte ab dem 6. Jh. erste Missionare von Nordfrankreich aus auf die Inseln. Der bekannteste war der Prediger **Helerius oder Helibert** auf Jersey. Er fiel 555 einem Anschlag von sächsischen Piraten zum Opfer. Auf dem Islet am Elizabeth Castle und auf der kleinen Île Agois an der Nordküste von Jersey entstanden im 7. und 8. Jh. erste kleine Klostergemeinschaften.

Normannen

Ab Ende des 8. Jh.s wurde Westeuropa zunehmend von skandinavischen Wikingern (»Nordmannen«), die an den Küsten Dänemarks, Südnorwegens und Südschwedens ansässig waren, heimgesucht. Eine Gruppe von Wikingern eroberte Ende des 9. Jh.s das zu diesem Zeitpunkt fränkische Gebiet um die Seinemündung, das seine Bezeichnung Normandie nach eben diesen »Nordmannen« trägt. 911 schlossen Karl der Einfältige, König des westfränkischen Reichs, und der **Normannenführer Rollo** (▶ Interessante Menschen) das Abkommen von St.-Clair-sur-Epte, in dem Rollo Gebiete an der unteren Seine als herzogliches Lehen erhielt, nachdem er Karl den Treueid geschworen hatte. Vermutlich knüpfte sich daran auch die Bedingung zur christlichen Taufe, jedenfalls ist Rollo in einer Urkunde von 913 als christlicher Herrscher erwähnt. Damit waren die Ursprünge des Herzogtums Normandie, deren letztes Überbleibsel die Kanalinseln – oder bis heute auch »Normannische Inseln« – sind, gelegt. Durch die engen Beziehungen zu den Westfranken übernahmen die Normannen zunehmend auch wesentliche Teile der fränkischen Kultur. Zur christlichen Taufe kam die französische Sprache. Auch das normannische Lehns- und Rechtssystem war deutlich vom fränkischen beeinflusst.

Feudales Lehnssystem

Die Normannen führten auf den Kanalinseln das feudale Lehnssystem ein, das auch unter der englischen Krone bestehen blieb. Der Herzog bzw. König übergab Ländereien als Lehnsgüter (»Fief«) an sogenannte **Seigneurs**, die in der Regel Mitglieder der normannischen Oberschicht oder Bischöfe waren. Die Seigneurs garantierten im Gegenzug militärische Unterstützung und hatten spezielle Privilegien; so hatten nur sie eigene Mühlen, durften Tauben züchten und konnten Steuern einkassieren. Teile ihrer großen Ländereien konnten sie wiederum an **»Tenants«** (Pächter) verpachten; diese mussten einen Teil ihrer Ernte an den Seigneur abgeben (► Baedeker Wissen, S. 180).

Unter englischer Herrschaft

Im Besitz der englischen Krone

1035 wurde **Wilhelm der Eroberer** Herzog der Normandie. Sein Cousin, der englische König **Edward der Bekenner**, Sohn einer Normannin, versprach ihm 1051 die englische Krone. Im Januar 1066 starb Edward. Seine Gegner, angelsächsische Nationalisten, wählten jedoch aus ihren Reihen einen König. Daraufhin landete Wilhelm im selben Jahr mit seinem Heer an der südenglischen Küste. Am 14. Oktober 1066 siegte er in der **Schlacht von Hastings**, ließ sich zum König krönen und übergab als Wilhelm I. Landbesitz und Bistümer an den normannischen Adel. Die Kanalinseln lagen somit innerhalb des anglo-normannischen Königreichs, in dem England und das Herzogtum Normandie – durch Personalunion verbunden – der englischen Krone unterstellt waren.

Der **englische König** ist seither in seiner Eigenschaft als **Herzog der Normandie** im **Besitz der Kanalinseln**. Andererseits war auch der englische König an den Kanalinseln als militärischer Basis für eine Invasion in die Normandie interessiert. Im 13. Jh. strich Heinrich III. den Titel »Herzog der Normandie«. Dies betraf aber nur das verloren gegangene Festland, für die Inseln behielt er den Titel bei. Diese Regelung hat die Zeiten überdauert, so dass die Inseln heute noch »a peculiar of the Crown« sind und die englische Königin auch heute noch als Herzogin der Normandie die Kanalinseln regiert.

Mit der neuen politischen Situation gerieten die Kanalinseln schnell zwischen die Fronten. Mehrmals wurden sie von den Franzosen angegriffen – allerdings ohne Erfolg, denn mit dem Gorey Castle auf Jersey und dem Castel Cornet an der Ostküste von Guernsey waren nach 1204 starke Festungen errichtet worden, die ihre abschreckende Wirkung erfüllten.

Zankapfel zwischen Briten und Franzosen

Im **Hundertjährigen Krieg**, der 1339–1453 zwischen Frankreich und England tobte, **konnten die Franzosen Guernsey erobern** und sich dort zeitweilig einrichten; der Versuch, auch Jersey einzunehmen, missglückte dagegen.

Dieses Standbild auf Mont Orgueil Castle zeigt Sir Hugh Calveley, einen der englischen Heerführer im Hundertjährigen Krieg.

Als England kurz nach Ende des Hundertjährigen Kriegs durch die **Rosenkriege** in Atem gehalten wurde – der Machtkampf zwischen dem Haus Lancaster (mit der Roten Rose als Zeichen) und dem Haus York (Weiße Rose) – erhielt der **Franzose Jean de Carbonnel** 1461 Gorey Castle und schließlich ganz **Jersey** als Dank für seine **Unterstützung des Hauses Lancaster**. Aus dieser Zeit stammt die französische Bezeichnung Mont Orgueil (»Berg des Stolzes«) für Gorey Castle. Unter Edward IV. konnte Jersey 1468 von Yorkisten zurückerobert werden.

Edward IV. war es auch, der beim Papst **Neutralität** für die Inseln erbat, da sich die Situation der Bevölkerung durch fast 150 Kriegsjahre und durch die Pest dramatisch zugespitzt hatte. 1483 erließ **Papst Sixtus IV.** daraufhin eine Bulle, in der kriegerische Auseinandersetzungen im Gebiet der Kanalinseln sowie eine Nutzung als strategischer Stützpunkt untersagt wurden. Erlaubt waren Handelsbeziehungen, auch in Kriegszeiten.

Verwaltung

In die für die Inselbevölkerung äußerst zermürbenden Kriegsjahre fiel 1471 eine Verwaltungsreform, nach der Jersey und Guernsey jeweils einen eigenen **»governor«** (Gouverneur) bekamen, der als **Repräsentant der Krone** den »Bailiwicks« (Inselverwaltungen) vorstand. Neben der Selbstverwaltung wurde den Inseln zudem eine eigene Rechtsprechung, die vom Royal Court zunächst gemeinsam mit legislativen Funktionen ausgeübt wurde, zugesichert. Die damals unterzeichnete Verfassung hat im Großen und Ganzen **bis heute Gültigkeit**.

Kirche

Während die weltliche Macht bereits seit Jahrhunderten von England ausging, waren die Inseln kirchlich noch im 15. Jh. dem **Bischof von Coutances** unterstellt und auf diese Weise dem französischen Festland verbunden. 1416 zog Heinrich V. jedoch den Besitz aller ausländischen, d. h. französischen Klöster ein, womit die kirchliche und somit auch wirtschaftliche Verbindung zu Frankreich schon zu diesem Zeitpunkt mehr und mehr abgebrochen wurde.
Eine deutliche Wende wurde im 16. Jh. eingeleitet, als Heinrich VIII. mit dem Papst brach, da dieser seine Ehescheidung nicht anerkannte. 1531 ließ er sich vom Klerus als kirchliches Oberhaupt anerkennen. Seine Tochter Elizabeth I. löste 1569 die Verbindung der Inseln mit der Diözese Coutances und ließ sie der Diözese Winchester in Südengland angliedern. Nun waren die Inseln politisch wie kirchlich an England gebunden.

Freibeuterei

Während ein Großteil der Bevölkerung seit dem 15. Jh. von der Neufundlandfischerei (Kabeljau) lebte, brachte im 17. und 18. Jh. die legale Freibeuterei einigen Reichtum auf die Inseln. Ende des 16. Jh.s stellte Elizabeth I. erstmals die als **»Letter of Marque«** bezeichneten offiziellen Erlaubnisscheine aus, die privaten Seeleuten die Genehmigung erteilten, mit Waffengewalt Handelsschiffe anderer Länder – vor allem französische und spanische – zu kapern. Die Insulaner machten sich ihr Wissen über die gefährliche Küste mit Felsen und Riffen zunutze und verstanden es, fast den gesamten französischen Küstenhandel zum Zusammenbruch zu bringen. Erst 1815 wurde die Freibeuterei von Georg III. verboten.

Wollproduktion

Seit dem 15. Jh. waren zudem viele Insulaner mit dem Herstellen von Wollprodukten beschäftigt. Pullover, Jacken und Strümpfe wurden nach England, Frankreich, Spanien und selbst nach Amerika exportiert. Angeblich soll sogar Maria Stuart am Tag ihrer Hinrichtung Strümpfe aus Jersey getragen haben. Entsprechend viele Schafe gab es auf den Inseln. Jedoch war der Bedarf an Wolle so groß, dass das Rohmaterial zusätzlich aus England importiert werden musste. Einige Insulaner waren quasi Vollzeitstricker, andere strickten im Nebenerwerb. Die Strickerei nahm solche Ausmaße an, dass die Regierung schließlich um die Landwirtschaft zu fürchten begann und 1608 ein generelles **Strickverbot während der Erntezeit** erließ.

Bürgerkrieg

Im 17. Jh. wurde England durch den Bürgerkrieg (1642–1648) erschüttert, der zwischen Königshaus und Parlament ausbrach. Das englische Parlament erhob sich gegen das Haus Stuart. Kavaliere und

das von dem Puritaner **Oliver Cromwell** geführte Parlamentsheer kämpften gegeneinander. Cromwells Truppen siegten, und Cromwell ließ Charles I. am 30. Januar 1649 hinrichten. Er errichtete eine diktatorisch geführte Militärregierung, die Monarchie war abgeschafft. Für die Kanalinseln wurde der Bürgerkrieg insofern bedeutsam, als die politischen Ereignisse die Inseln spalteten: Große Teile der Inselbevölkerung auf Guernsey stellten sich auf die Seite Cromwells und damit gegen den königstreuen Gouverneur Sir Peter Osborne. Auf Jersey sympathisierten die Insulaner mit den Parlamentariern. Philippe de Carteret zog sich in das Elizabeth Castle zurück, wo er im Jahr 1643 starb. Nach seinem Tod trat sein Neffe **George de Carteret** (ebenfalls hinter den Burgmauern geschützt) seine Nachfolge an.
Um seine **Loyalität gegenüber dem Haus Stuart** zu beweisen, gewährte George de Carteret dem jungen Prinz Charles, dem späteren Charles II., im Elizabeth Castle Exil und rief ihn zwei Wochen nach der Hinrichtung seines Vaters in St. Helier zum neuen König aus. Im Dezember 1651 mussten sich sowohl Peter Osborne als auch George de Carteret den Parlamentstruppen ergeben. General Monk rief nach Cromwells Tod Charles II. ins Land zurück, die Monarchie war wiederhergestellt. Jerseys Bailiff George de Carteret erhielt 1664 als Anerkennung für seine Loyalität die Provinz New Jersey in Amerika.

Battle of Jersey

Im 18. Jh. versetzte die alte Feindschaft zwischen England und Frankreich die Inseln erneut in Angst und Schrecken. Als sich Frankreich

In der »Battle of Jersey« schlugen die Briten die französischen Invasoren zurück.

während der amerikanischen Unabhängigkeitskriege (1775–1783) auf die Seite der revoltierenden amerikanischen Kolonien und damit gegen England stellte, waren die Insulaner alarmiert. Ab etwa 1775 begann man mit dem **Bau von Wehrtürmen** dort, wo gute Anlandemöglichkeiten bestanden. 1781 fiel tatsächlich eine Truppe von Franzosen auf Jersey ein. Der spektakuläre, da letztlich trotz aller Alarmbereitschaft doch völlig überraschende Coup mit nur rund 1000 Mann gelang, der Lieutenant-Governor von Jersey wurde zur Kapitulation gezwungen. In der **»Battle of Jersey«** konnten die Insulaner die Franzosen aber besiegen. Dieser Überfall blieb der letzte in der Geschichte der Kanalinseln.

Schmuggel

Im 18. Jh. lebten die Kanalinseln großteils vom Schmuggel. Luxusartikel wie Tee, Wein und Tabak wurden illegal eingeführt und weitergegeben. Eine besondere Bedeutung hatte der Schmuggel für **St. Peter Port** auf Guernsey, das als **Hauptumschlagplatz** für die eingeschleuste Ware galt. In London wusste man von dem illegalen Handel, hatte aber wenig Möglichkeiten einzugreifen, da die führenden Familien auf den Inseln vom Schmuggel profitierten. Sie verhinderten Gesetze, die

Start und Landung nur bei Ebbe: Von Dezember 1933 bis März 1938 wurde der Strand von St. Aubin’s Bay als tidenabhängiger (!) Flugplatz angeflogen.

die Hinterziehung unterbunden hätten. Einen Aufschwung erlebte der Schmuggel nochmals zu Zeiten der Kontinentalsperre, die Napoleon im Jahr 1806 als Wirtschaftsblockade gegen England verhängte.

Inselleben im Wandel

Zunehmende Anglisierung

Zu Beginn des 19. Jh.s ließen sich relativ viele Engländer auf den Inseln nieder, wodurch ein tiefgreifender Wandel in der Inselgesellschaft eingeleitet wurde. Die normannisch-französische Sprache und Kultur wurden zunehmend durch englische Einflüsse überlagert. Die Engländer bauten ihre Häuser im englischen Stil und gaben eine eigene Zeitung heraus. Ab 1900 war **Englisch als Sprache in den Debatten der Inselregierung** zugelassen, Französisch blieb aber weiterhin offizielle Sprache.

Gute Exportgeschäfte

In den 1830er-Jahren lieferten die **Austernbänke** im Südosten Jerseys Unmengen von Austern, die größtenteils nach Frankreich verkauft wurden. Ein weiteres wichtiges Exportprodukt waren seit 1789 die **Jersey- und Guernsey-Rinder**, die eine besonders nahrhafte Milch gaben und über die Grenzen der Kanalinseln hinaus bekannt waren. Es wurde sehr darauf geachtet, dass keine andere Rinderart eingekreuzt wurde. 1860 wurden 16 Pfund für ein Rind bezahlt, 1880 nicht weniger als 400 Pfund.

Verwaltung

In der Verwaltung der Kanalinseln gab es im Verlauf des 19. Jh.s abermals einige Veränderungen. Bis Mitte des Jahrhunderts war auf Guernsey, Jersey und Alderney jeweils ein Gouverneur Repräsentant der Krone. Dieser wurde vor Ort aber in der Regel durch den **Lieutenant-Governor** vertreten, da der Gouverneur selbst oftmals nicht auf den Inseln wohnte. Der Posten des Gouverneurs wurde daher auf Guernsey 1835 abgeschafft, auf Jersey 1854. In beiden Fällen übernahmen Lieutenant-Governors deren Aufgaben und waren auch direkt der Krone unterstellt.

Technisierung

Die technischen Neuheiten, die ihren Einzug in den europäischen Alltag hielten, sollten bald auch das Leben auf den Kanalinseln verändern. 1823 fuhr erstmals der Raddampfer »Medina« die Inseln an. Ein Jahr später nahm eine **regelmäßige Dampfschifflinie** zwischen Southampton und den Inseln ihren Betrieb auf. Erste Schifffahrtsgesellschaften wurden gegründet, die von den Häfen Südenglands aus die Inseln anliefen. Ab 1889 verbanden **Postschiffe** die Inseln untereinander und mit England. Mit der Dampfschiffverbindung wurde der Postverkehr kalkulierbarer, da er nun nicht mehr so stark vom Wetter und den Windverhältnissen abhängig war. 1898 wurde die **erste Telefonverbindung** eingerichtet.

UNTER DEM HAKENKREUZ

Am 30. Juni 1940 besetzten deutsche Truppen Guernsey, am 1. Juli folgte Jersey, am 2. Juli Alderney und einen Tag später Sark. Die Landung auf den Inselflughäfen ging unspektakulär vonstatten, da kein Widerstand zu erwarten war.

Der Alltag der Einwohner von **»Jakob«, »Gustav« und »Abel«** – so die Decknamen der drei großen Inseln – veränderte sich schlagartig: Hakenkreuzfahnen wehten, die Uhren wurden auf mitteleuropäische Zeit umgestellt, in St. Peter Port gab es jetzt eine »Hauptstraße«, Vale wurde in »Talhausen« umbenannt, St. Martin in »Martinshausen«, Forest in »Forsthausen«, im Kino liefen deutsche Filme. Es gab Sperrstunden, Waffen ud Radios mussten abgegeben werden, die Inselzeitung wurde zensiert. Lebensmittel und Benzin waren rationiert, und so begann der Schwarzmarkt schon schnell zu blühen. Bauern hielten unerlaubt Schweine, die sie bei Kontrollen in den Wohnungen versteckten. Schon vorher hatte sich das ruhige Inselleben durch die Evakuierung spürbar verändert. Auf Sark stellte sich die couragierte Sibyl Hathaway schützend vor ihre kleine Gemeinde, die fast komplett blieb, und auch relativ viele Jerseyaner zogen es vor zu bleiben. Von Guernsey gingen rund 17 000 nach England, auf Alderney blieben nur sieben zurück.

Terrorherrschaft

Während sich die Besatzungsmacht zunächst harmloser als befürchtet zeigte, änderte sich die Situation 1942. Erstmals bekamen die Bewohner der beiden großen Inseln **Zwangsarbeiter** zu Gesicht. Im Herbst gab es dann ohne Vorwarnung die ersten **Deportationen** aller Männer zwischen 16 und 70 Jahren, die nicht auf den Inseln geboren waren und britische Staatsangehörige waren. Anlass war die Internierung von Deutschen durch die britische und die russische Besatzungsmacht im Iran. Vom 25. September 1942 bis Februar 1943 wurden 1200 Jerseyaner, 825 Bewohner von Guernsey und 11 aus Sark in Internierungslager nach Süddeutschland gebracht. Schließlich waren auf den drei größten Inseln selbst Lager eingerichtet worden; auf Alderney wurden die **Arbeitslager** »Borkum«, »Norderney« und »Helgoland« gebaut, ab 1943 gab es ein Konzentrationslager. Osteuropäische, russische, spanisch-republikanische, marokkanische, algerische, holländische und belgische Zwangsarbeiter mussten den **»Atlantikwall«** aufbauen. Hunderte starben.

Hinterlassenschaften

Nicht weniger als 500 000 m³ Beton wurden verbaut. Bunker, Wallanlagen, Kasematten, unterirdische Lazarette entstanden, kilometerlange Tunnelsysteme wurden in die Felsen geschlagen. Aber nicht nur Bunker und Betontürme erinnern an die Deutschen. Schon 1945 liefen die ersten Sprösslinge der Besatzer auf den Inseln herum. Die Mädchen und jungen Frauen, die sich mit Deutschen eingelassen hatten, wurden während der Besatzungszeit als »jerrybags« (jerry = deutscher Soldat) verhöhnt. Während viele die Besatzung einfach über sich ergehen ließen, verdingten sich einige als

Die Befreiung wird auf den Kanalinseln bis heute am 9. Mai als »Liberation Day« gefeiert.

Informanten, andere leisteten Widerstand. Ein paar junge Insulaner versuchten, in Booten an die französische Küste zu entkommen, was nur wenigen glückte.

Befreiung

Als die Alliierten am 6. Juni 1944 in der Normandie landeten, ließen sie die Kanalinseln »links liegen«, denn die deutsche Besatzung sollte ausgehungert werden. Betroffen waren davon natürlich auch die Inselbewohner. Im Winter 1944 wurde die Situation so katastrophal, dass das Rote Kreuz Lebensmittellieferungen schickte.

Die »Vega« kam zwischen Dezember 1944 und Juni 1945 sechsmal aus Lissabon und brachte das Notwendigste zum Überleben. Am 9. Mai 1945, der noch heute als »Liberation Day« gefeiert wird, kamen erstmals nach fast fünf Jahren wieder britische Truppen auf die Kanalinseln. Alderney wurde erst am 16. Mai freigegeben. Bis heute kennt jeder auf den Inseln den Ausspruch von Winston Churchill zum Tag der Befreiung:

»

... and our dear Channel Islands are also to be freed today.

«

In Zusammenhang mit den Befestigungsbauten bekam Alderney im Jahr 1847 als erste der Kanalinseln eine eigene **Eisenbahn**. Die Strecke führte vom Steinbruch Mannez Quarry zum Braye Harbour und diente zum Transport des schweren Granitgesteins für die massiven Mauern der Hafenanlagen. 1870 eröffnete man auch auf Jersey eine Bahnstrecke.

1899 kamen erstmals **Autos** nach Jersey. Schon zu Beginn des Jahrhunderts waren die Wege über die Insel stärker befestigt und zu kleinen Straßen ausgebaut worden. Gasbeleuchtung erhielten die Inseln 1831. Für die Schifffahrt wurde der Bau mehrerer **Leuchttürme** bedeutsam: 1877 errichtete man auf den Casquets-Felsen nordwestlich von Alderney einen Leuchtturm, 1874 wurde der Corbière-Leuchtturm auf Jersey gebaut.

Ab den 1920er-Jahren wurden erste **Flugverbindungen** zu den Kanalinseln aufgenommen, 1933 eine regelmäßige, tägliche Flugverbindung zwischen Jersey, Guernsey, Alderney, London und Southampton eingerichtet. Da die Strandlandungen und -starts **tideabhängig** waren, wurde 1935 auf Alderney der erste Flughafen der Kanalinseln eröffnet. Ab 1937 gab es auf Jersey einen Flughafen, ab 1939 auch auf Guernsey.

Tourismus

Mit der Einrichtung eines regelmäßigen Schiffsverkehrs nach England kamen Mitte des 19. Jh.s vermehrt **Badegäste** auf die Inseln. Bereits nach den napoleonischen Kriegen war eine kleine Zahl von Gästen nach Jersey gekommen, und spätestens 1830 wurde die Insel als touristischer Ort entdeckt. Die Urlauber erkundeten die Insel zu Fuß, per Pferd oder mit der Kutsche. Erste Reiseführer wurden veröffentlicht, Hotels und Meerschwimmbecken gebaut. Die **bekanntesten Inselgäste** waren der Schriftsteller **Victor Hugo**, der auf Jersey und Guernsey im Exil lebte (▶ Baedeker Wissen S. 147), und der Maler **Auguste Renoir** (▶ Interessante Menschen S. 247), den die Schönheit der Inseln zu zahlreichen Gemälden inspirierte.

20. und 21. Jahrhundert

Die Weltkriege

Wegen ihres politischen Sonderstatus waren die Kanalinseln von der 1916 eingeführten allgemeinen Wehrpflicht ausgenommen. Trotzdem gab es etliche Freiwillige, die im **Ersten Weltkrieg** für England in den Krieg zogen.

Die Verteidigungspolitik der Kanalinseln obliegt traditionell der britischen Regierung. Insofern wurde über das Schicksal des Archipels während des **Zweiten Weltkriegs** in London entschieden. Nach der Kapitulation Frankreichs holte man die auf den Kanalinseln stationierten Einheiten zurück und die **Inseln wurden entmilitarisiert.** Den Insulanern wurde die Evakuierung nahegelegt. Am 23.Juni1940 verließen fast alle Bewohner von Alderney ihre Insel, von Jersey flüchteten 8000 Menschen nach England, von Guernsey etwa 17 000. Am 30.6.1940 besetzten deutsche Truppen Guernsey, am 1.7.1940 Jersey, am 2.7.1940 Alderney.

Von 1945 bis heute

Auch noch in der zweiten Hälfte des 20. Jh.s schwelten **Konflikte zwischen Frankreich und Großbritannien um die Kanalinseln**. Streitpunkt waren die Jersey vorgelagerten unbewohnten Felseninselchen Les Écrehous und Les Minquiers. Durch ein Urteil des Internationalen Gerichtshofs wurden sie 1953 Großbritannien zugesprochen. Immerhin wurde nach dem Krieg schnell ein regelmäßiger Fährverkehr zwischen den französischen Häfen der Normandie und den Inseln aufgenommen, in dem ab 1967 Tragflügelboote und ab 1975 auch Autofähren eingesetzt wurden.
Entscheidend für die wirtschaftliche Situation auf den Inseln war das Absenken der Einkommenssteuer von 28,5 % auf 20 % im Jahr 1959 sowie die Sonderstellung der Kanalinseln innerhalb der EU. Mit dem Beitritt Großbritanniens im Jahr 1973 wurden Sonderregelungen für den Zollverkehr der Inseln vereinbart, die **kein EU-Mitglied** wurden, aber **zum Zollgebiet der EU gehörten**. Da die EU hier keinen Einfluss auf die Steuer- und Sozialgesetze hatte, entwickelten sich die Kanalinseln zu einem Paradies für Banken und Spitzenverdiener. Jersey geht seit 2011 neue Wege in der **»Außenpolitik«** und schuf das Amt eines External Relations Ministers, das dem eines herkömmlichen Außenministers vergleichbar ist. Auch die Bemühungen, eine Vollmitgliedschaft im Commonwealth zu erlangen, deuten darauf hin, dass die States of Jersey ihre engen Bindungen an Großbritannien künftig etwas lockern möchten. Im Nachhall der globalen Finanzkrise versuchen die Kanalinseln, sich wirtschaftlich aus ihrer starken Abhängigkeit vom Finanzsektor zu lösen. So setzt man etwa auf Guernsey verstärkt auf Dienstleistungen in der Datenverwaltung und auf Rechenzentren.
Da die Inseln Kronbesitz sind, durften ihre Bewohner nicht über den **Brexit** abstimmen. Nachdem dieser vollzogen wurde, sehen Experten das Steuer- und damit das Finanzwirtschaftsmodell von Jersey und Guernsey auf längere Sicht gefährdet.

KUNST UND KULTUR

So klein die Inseln auch sind – die Zivilisationsspuren aus den unterschiedlichsten Epochen sind zahlreich. Dolmen und Ganggräber sind stumme Zeugen der Frühgeschichte, in Kirchen faszinieren mittelalterliche Fresken und in den Inseldörfern die charakteristische ländliche Architektur.

Zeugnisse der Frühgeschichte

Megalithbauten des Neolithikums

Erste Kulturspuren, neolithische Megalithbauten, sind aus der Zeit zwischen 4500 und 2500 v. Chr. erhalten. Auf Jersey und auf Guernsey gibt es mehrere Dolmen und Menhire, die etwa 4000 Jahre lang verschüttet waren. Erst im 19. Jh. erlebte das uralte Kulturgut seine Wiederentdeckung. Auf Guernsey legte der Hobby-Archäologe **Frederick Corbin Lukis** zahlreiche Megalithbauten frei. **Les Fouaillages** im Nordosten von Guernsey, dessen Entstehung auf die Zeit um 4500 v. Chr. datiert wird, ist das älteste Zeugnis der Megalithkultur auf den Kanalinseln. Wahrscheinlich geht die Anlage auf einen **Cairn** zurück, eine sehr frühe Form von Grabhügeln, die aus lose aufgeworfenen Steinen bestanden. Auf Jersey ist die älteste bekannte Anlage das Ganggrab **La Sergenté**, das um 3600 v. Chr. entstand. Die Funktion der Megalithbauten, die bis etwa 2500 v. Chr. üblich waren, konnte bisher nicht restlos geklärt werden (► Baedeker Wissen, S. 66).

St. Brelade auf Jersey geht auf das 12. Jh. zurück.
Zu ihr gehört auch Fishermen's Chapel.

Dolmen

Das Wort Dolmen, das im 18. Jh. aufkam, setzt sich aus den bretonischen Wörtern für Tisch (»dol«) und Stein (»men«) zusammen. Dolmen bestehen aus mehreren senkrecht nebeneinander aufgerichteten Steinen, die quasi die **Wände** über einem runden oder vieleckigen Grundriss bilden, und ein oder zwei darübergelegten riesigen **Decksteinen**. In der Regel wurden die künstlichen Steingebilde mit Erd- und Steinmaterial überdeckt, so dass recht imposante Hügel entstanden. Lange Zeit vermutete man, dass die Dolmen als Opfertische dienten. Durch Funde von Schmuck und Gebrauchsgegenständen wurde aber zunehmend klarer, dass es sich bei den Dolmen um Grabanlagen gehandelt haben muss.
Speziell in Irland, Frankreich und Skandinavien entwickelten sich aus einfachen Dolmen größere und kompliziertere **Ganggräber**, die im 4. Jt.s v. Chr. angelegt wurden. Sie bestehen aus einer Hauptkammer von teilweise beträchtlichen Ausmaßen, die mehreren Menschen Platz bieten kann. Von der Hauptkammer zweigen mitunter Seitenkammern ab. Den Namen haben die Grabanlagen, die als Kollektivgräber genutzt wurden, von einem mehrere Meter langen schmalen Gang, der die Verbindung vom Eingang zur Kammer bildete. Aufgrund der Kammergröße nimmt man an, dass die Ganggräber zugleich als **Versammlungs- und Kultstätte** dienten. Die imposantesten Beispiele von Ganggräbern auf den Kanalinseln sind **La Hougue Bie** auf Jersey und **Le Déhus** auf Guernsey, beides Grabanlagen mit mehreren Seitenkammern, die wohl gegen 3500 v. Chr. entstanden. Die großen Ganggräber auf den Kanalinseln wurden zwischen 3250 und 2850 v. Chr. stillgelegt. Man schließt daraus, dass es zu dieser Zeit gravierende Veränderungen in **Religion und Gesellschaft** gab. Ab dieser Zeit wurden nur noch kleinere Gräber gebaut.

Menhire

Menhire (bretonisch: menhir »langer Stein«) sind einzelne, senkrecht aufgestellte Steinkolosse, die wahrscheinlich unterschiedliche Funktionen erfüllten. Sie entstanden in der Zeit ab 3000 v. Chr., und wie das Stilllegen der Grabanlagen markiert ihr Auftreten möglicherweise den genannten religiösen und sozialen Wechsel. Man nimmt an, dass die Menhire oftmals kalendergebundene, also sonnenstandgebundene Kultzwecke erfüllten. Im Küstenbereich dienten sie eventuell aber auch als Navigationshilfen, wie man von Menhiren auf der bretonischen Halbinsel Quiberon zu wissen meint. Auf Guernsey ist **La Longue Pierre** auf einem Feld erhalten geblieben, außerdem **La Gran'mère du Chimquière**, ein Menhir, in den ein weibliches Gesicht, Halsschmuck und Brüste eingeritzt wurden. Interessant ist auch ein Deckenstein des Le-Déhus-Dolmen auf Guernsey, in dem Einritzungen entdeckt wurden. **»Le Gardien du Tombeau«** (Wächter des Grabes) nennt man diesen Stein seither, auf dem ein männliches Gesicht sowie Pfeil und Bogen zu erkennen sind.

Architektur

Kirchen

Allererste christliche Bauten soll es auf der kleinen, Jersey im Norden vorgelagerten **Île Agois** und auf dem **Islet St. Helier** am Elizabeth Castle, ebenfalls auf Jersey, im 7. und 8. Jh. gegeben haben. Hiervon sind jedoch keine Spuren mehr erhalten. Die ältesten gänzlich erhaltenen Kirchen sind die **Fishermen's Chapel** (12. Jh.) auf Jersey und die **St. Apolline's Chapel** auf Guernsey (14. Jh.). Interessant ist ein **Stein**, der in der Kirche von St. Lawrence auf Jersey aufbewahrt wird und die Abfolge der Kulturepochen verdeutlicht. Der Stein diente in römischer Zeit als Säule. Keltische Christen benutzten ihn um 600 als Grabstein, wie den Eingravierungen an der Oberseite zu entnehmen ist, die wohl an einen keltischen Mönch erinnern. Um 800 fand er ein drittes Mal Verwendung, diesmal verzierten ihn Wikinger mit einem Knotenmuster. Generell ähneln die kleinen Kirchen der Kanalinseln den Kirchen der Bretagne oder der Normandie. Ihr mitunter recht wehrhafter Charakter wird wesentlich durch den leicht rötlichen Granitstein geprägt, der relativ grob belassen ist und zu dicken Mauern aufgeschichtet wurde.

Manchmal sind die Kirchen aus einer Kapelle hervorgegangen, die heute den Chor und damit ältesten Teil der Kirche bildet. Auffällig ist die uneinheitliche Anzahl der Schiffe, häufig stehen zwei Schiffe gleichwertig nebeneinander, von denen eines mit dem Chorraum abschließt, das andere mit der Lady Chapel. Die Kirchenschiffe trennen Granitsäulen voneinander, die meist niedrig und wuchtig sind. Die spitzen Kirchtürme sind nicht angebaut, sondern erheben sich meist über einem sichtbar verstärkten Teil des Kirchengewölbes.

Als Erbe der bilderfeindlichen Reformation sind die Innenräume meist sehr schlicht. Allerdings haben sich auffällig viele **Wandmalereien** aus dem 14. bis 16. Jh. erhalten. Besonders schöne Beispiele gibt es in der St. Apolline Chapel auf Guernsey und in der **Fishermen's Chapel** auf Jersey. Unter den neueren Kirchen ist die St. Matthew's Church in St. Helier auf Jersey aus dem 19. Jh. zu nennen, die sogenannte **»Glass Church«**. Den Innenraum gestaltete 1934 der Pariser Künstler **René Lalique** mit dekorativen Glasfiguren im Art-déco-Stil.

Festungsarchitektur

Natürlich hat auch die prekäre Situation der Inseln mit ihrer geografischen Nähe zu Frankreich und der politischen Zugehörigkeit zu England ihre Spuren hinterlassen. Über Jahrhunderte wurden die Kanalinseln immer wieder umkämpft. Entsprechend wurden sie an allen strategisch wichtigen Punkten befestigt. Die ältesten Burgen gehen auf das frühe 13. Jh. zurück. Auf Guernsey sicherte das **Castle Cornet** über Jahrhunderte die Einfahrt zum Hafen von St. Peter Port. **Gorey Castle** war bis 1600 bedeutendste Festung von Jersey. Dann übernahm das unter dem damals namhaften Festungsarchitekten Paul Ivy erneuerte **Elizabeth Castle** bei St. Helier diese Rolle.

Martello-Türme

Eine Besonderheit sind ohne Zweifel die **Wehrtürme**, die als Martello-Türme ab 1794 in die Baugeschichte der Kanalinseln eingingen. Der Aufbau des Turms war für seine Verteidigungsleistung denkbar gut ersonnen: Die Türme waren rund, hatten Schießscharten in alle Richtungen, und auf dem Dach konnte man eine Kanone platzieren. Der Zugang erfolgte über Leitern, die man von innen einziehen konnte. Als Vorbild und Namensgeber diente ein Wehrturm auf Korsika an der Punta Mortella, an dem die Engländer bei ihrem Versuch, die Insel einzunehmen, fast gescheitert wären.
Auf Jersey errichtete man in der Royal Bay of Grouville eine regelrechte Verteidigungslinie aus Türmen, die auf den Inseln auch als »pre-Martello-Towers« bezeichnet werden, auf Guernsey an der L'Ancresse Bay, in der feindliche Schiffe besonders leicht anlanden konnten. Auf Jersey sind noch acht originale Martello-Türme erhalten, darunter **Kempt Tower**, der zu besichtigen ist. Auf Guernsey sind es drei, darunter **Fort Grey**, in dem ein Museum eingerichtet wurde.

Dieses typische Cottage steht bei St.Lawrence aufJersey.

Deutsche Bunker

Ein unübersehbares Zeugnis der deutschen Besatzungszeit sind die zahlreichen Bunker. Verteidigungsbauten aus Beton und Untertunnelungen der küstennahen Gebiete sorgten dafür, dass die Alliierten, denen das Abwehrsystem der Deutschen bekannt war, gar nicht erst versuchten, auf den Inseln zu landen. Die überdimensionalen Befestigungen waren Teil von Hitlers **»Atlantikwall«** (▶ Baedeker Wissen S. 234). Häufig wurden auch vorhandene Festungen in den Ausbau des Atlantikwalls integriert, so dass Bunkerreste heute in den alten Burganlagen und in den viktorianischen Forts zu finden sind.

Herrensitze

Die weltlichen Architekturpendants zu den christlichen Kirchen sind die Manors, die großen Herrensitze, in denen die Seigneurs, die Lehnsherren der Inseln, residierten. Anhand dieser palastartigen Gebäude lässt sich der Wandel, der in der Architektur der Kanalinseln stattgefunden hat, gut nachvollziehen. Er spiegelt deutlich den **Wechsel von normannischem und englischem Einfluss** wider, der sich durch die historische Situation der Inseln ergab. So wurde der wehrhafte normannische Charakter, der auch auf dem Festland zu finden ist, ab dem 18. Jh. zunehmend von englischen Stilen überlagert und verdrängt. **Englischer Tudor, Regency** und **viktorianischer Stil** hielten ihren Einzug auf den Inseln. Die ältesten dieser Herrschaftssitze gehen auf das 15. Jh. zurück, und ähnlich wie die Kirchen der damaligen Zeit wirken die frühen Manors mit ihren dicken Granitmauern trutzig. Ehedem waren sie von Mauern und/oder Wassergräben umzogen. Zur charakteristischen Anlage der normannischen Manors gehören die Hauskapelle und der Taubenturm (»Colombier«). Diese zeugen davon, dass es nur dem Seigneur erlaubt war, Tauben zu besitzen – ein Privileg, das dazu diente, die Anzahl der Tauben gering zu halten und so die Saat auf den Feldern nicht zu gefährden.

Heute sind St. Ouen's Manor, Samarès Manor und Augrès Manor auf Jersey als auch Sausmarez Manor auf Guernsey noch prächtige Beispiele für einstige Herrschaftssitze. Viele Herrensitze wurden immer wieder den Wohnbedürfnissen der jeweiligen Jahrhunderte angepasst. Sie liegen alle in großzügigen Parks.

Farmen

Ein schönes Beispiel einer alten Farmanlage, die wie viele ähnliche Anwesen normannisch geprägt ist, ist das **Hamptonne House** auf Jersey (heute Museum). Die Bauernhäuser sind kleiner und ihrer Funktion entsprechend anders aufgeteilt als die Manors. Im Erdgeschoss befinden sich die Arbeitsräume bzw. Vorratsräume und Ställe. Darüber liegen die Wohnräume, die im Verlauf der Jahrhunderte größer und höher wurden und größere Fenster bekamen.

INTERESSANTE MENSCHEN

Erfinderin der »Wombles«: Elisabeth Beresford

1926–2010
Kinderbuch-autorin

»Underground, Overground, Wombling Free« ist in England jedem Kind ein Begriff. Der Titelsong der BBC-Womblesserie ist ein echter Ohrwurm. Die Erfinderin der Wombles lebte seit 1978 in St. Anne auf Alderney, wo sie auch am 24. Dezember 2010 starb. Elisabeth Beresford wurde am 6. August 1926 in Paris geboren, ihre Familie kam aus England. Ihr Vater, ein erfolgreicher Romanschriftsteller, hatte einen großen Freundeskreis, zu dem George Bernard Shaw, H. G. Wells, Somerset Maugham und D. H. Lawrence gehörten. Elisabeth arbeitete als Ghostwriter, schrieb für Radio und Fernsehen und war als BBC-Reporterin tätig. Die Idee der »Wombles of Wimbledon Common« wurde in den späten 1960er-Jahren während eines Besuchs des Wimbledon Common mit ihren Kindern durch die kindliche Aussprachemixtur aus »Wimbledon« und »Common« geboren. Das erste Wombles-Buch wurde 1968 veröffentlicht, kurz danach produzierte der britische Rundfunksender BBC eine Serie dazu. Die Wombles sind die großen Aufräumer, Müllsammler und Umweltschützer, und sie waren ihrer Zeit weit voraus. Ihre **Recycling-Geschichten** waren so durchschlagend, dass Kinder »Womble Clearing Up Groups« (Reinigungstrupps) gründeten. Innerhalb von zehn Jahren schrieb Elisabeth über 20 Wombles-Bücher, die in mehr als 40 Sprachen übersetzt wurden, machte 30 Wombles-TV-Filme und -Bühnenshows.

Ein Leben für bedrohte Tierarten: Gerald Durrell

1925–1995
Tierschützer

Gerald Durrell, der als einer der frühen Umwelt- und Tierschützer gelten kann, hat Jersey mit einem ungewöhnlichen Tierpark ein wichtiges Erbe hinterlassen. Er wurde in Jamshedpur in Indien geboren und interessierte sich schon früh für Tiere. 1945 arbeitete er als Student in einem kleinen Londoner Zoo, ab 1946 unternahm er zoologische Expeditionen in entlegene Regionen der Erde. 1959 pachtete er auf Jersey Ländereien, die zum Herrensitz Augrès Manor gehörten. Hier hatte er die Möglichkeit, einen kleinen Tierpark zu gründen und nach seinen eigenen Vorstellungen aufzubauen. Wichtig war Durrell neben einer artgerechten Tierhaltung vor allem der Schutz vom Aussterben bedrohter Tierarten. 1963 gründete er den Durrell Wildlife Conservation Trust und konnte dadurch ein Forschungszentrum aufbauen. Ziel seiner Arbeit war die Aufzucht von überlebensfähigen Tieren in seinem

Tierpark, die er später in die Wildnis entlassen konnte. Die Gebiete, in die die unter Schutz aufgewachsenen Tiere gebracht wurden, mussten bestimmte Bedingungen erfüllen, die Durrell in langwierigen Gesprächen mit den jeweiligen Staaten aushandelte. Zudem baute er ein internationales Zentrum zur Ausbildung von Experten auf, die die Tiere bei ihrer Wiedereingliederung in der Freiheit betreuten. Gerald Durrell schrieb zahlreiche Bücher und drehte zahlreiche Tierfilme und erhielt die Ehrendoktorwürde mehrerer Universitäten in England.

»La Dame de Sercq«: Freifrau Sibyl Hathaway

1884–1974 Regentin

Sibyl Hathaway regierte von 1927 bis zu ihrem Tod 1974 den letzten Feudalstaat Europas. Als Sibyl Mary Collings wurde sie am 13.1.1884 als Tochter des damaligen Seigneur von Sark, William Collings, geboren. Bereits 1852 waren die Collings nach Sark gekommen und hatten die Feudalrechte für 6000 Pfund erworben. Sie regierten die kleine Insel nach alten normannischen Gesetzen und Bräuchen. Die 17-jährige Sibyl Collings heiratete Dudley Beaumont und wurde Mutter von sechs Kindern. Doch schon mit 34 Jahren wurde sie Witwe. Nach dem Tod ihres Vaters 1927 trat Sibyl seine Nachfolge an und führte seitdem den Titel **»La Dame de Sercq«**. 1929 heiratete sie den amerikanischen Fliegerleutnant R. W. Hathaway, der die britische Staatsangehörigkeit annehmen musste, um Herr der Insel werden zu können. Sibyl überlebte ihren Mann um 20 Jahre und starb im Alter von 90 Jahren auf Sark. Nach ihrem Tod wurde ihr Enkel Michael Beaumont Seigneur von Sark. In Sibyls Herrschaftszeit fiel die deutsche Besatzung der Kanalinseln. Sie sprach perfekt Deutsch, so dass sie sich mit den deutschen Besatzern hervorragend verständigen konnte. Trotzdem konnte sie nicht verhindern, dass einige Bewohner von Sark – darunter auch ihr Ehemann – nach Deutschland deportiert wurden. Als im Mai 1945 die Besatzung endete, wurde ihr für sieben Tage die Aufgabe übertragen, 275 Deutsche zu überwachen, die Minen entschärfen und eingezogene Gegenstände wie Radios wieder an ihre Eigentümer zurückgeben mussten. Die »Dame de Sercq« liebte ihr Inselreich und setzte sich mit Engagement für den Erhalt von Sark ein. So verbot sie Autos auf der Insel und legte den Grundstein zum Aufbau eines sanften Tourismus. Bei allem Durchsetzungsvermögen machte sie wenig Aufhebens um ihre Person. Ihr Grab auf dem Friedhof von Sark ist schlicht gehalten, wie sie selbst es gewünscht hatte.

Schön, mondän und umschwärmt: Lillie Langtry

1853–1929 Schauspielerin

Lillie Langtry aus Jersey war eine berühmte Schönheit ihrer Zeit, eine umschwärmte Dame der Londoner Gesellschaft und gefeierte Schauspielerin. Als Pfarrerstochter Emilie Charlotte Le Breton wurde sie

OBEN: Sibyl Hathaway, die »Dame de Sercq« (rechts), 1963 mit Queen Mum
UNTEN: Lilie Langtry, die Inselschönheit von Jersey

am 13. Oktober 1853 auf Jersey geboren und wuchs im alten Pfarrhaus in St. Saviour auf. Die junge Schönheit, die früh den irischen Sportsegler Edward Langtry heiratete, wurde ein Star der Londoner Gesellschaft. Der Jersianer John Everett Millais porträtierte sie mit einer Lilie in der Hand und nannte das Gemälde **»A Jersey Lily«**, ein Name, der zum Markenzeichen wurde. Höhepunkt ihrer gesellschaftlichen Karriere war die Begegnung mit Prinz Edward von Wales, dem ältesten Sohn von Queen Victoria, der 1901 englischer König wurde. Durch ihn lernte Lilie dessen Neffen Prinz Louis von Battenberg kennen und lieben und wurde von ihm schwanger. Lillie brachte ihre Tochter Jeanne-Marie auf Jersey zur Welt, überließ das Kind einer Gouvernante (offiziell galt Jeanne als ihre Nichte) und kehrte nach London zurück. Nach der Trennung von ihrem Mann wurde sie Schauspielerin. Scharen von Besuchern strömten ins Londoner Theatre Royal Haymarket, um die Geliebte des Prinzen zu sehen. Als erste Frau machte Lilie Werbung: Pears Seife hatte ihr angeblich ihre makellose Haut beschert. 1882 bereitete man ihr in New York einen spektakulären Empfang. Der Komponist Henry Le York landete mit seinem **»Jersey Lily Waltz«** den Hit des Jahres, und die schöne Lillie spielte immer in ausverkauften Häusern. Mit 45 Jahren zog sie sich – vorübergehend – von der Bühne zurück und heiratete den 19 Jahre jüngeren Hugo de Bathe in St. Saviour's Church auf Jersey. Nach dem Ersten Weltkrieg ließ sie sich in Monaco nieder, wo sie am 12. Februar 1929 an einer Grippe starb. Bis heute ist ihr **Grab auf dem Friedhof der St. Saviour's Church** auf Jersey viel besucht. Ihr Lebenslauf inspirierte manchen Roman und eine Fernsehserie der BBC.

Der Ausgräber: Frederick Corbin Lukis

1788 – 1871
Archäologe

Dass auf Guernsey und den Nachbarinseln relativ viele megalithische Grabanlagen erhalten sind und die Grabbeigaben in Museen ausgestellt werden, ist in erster Linie Frederick Corbin Lukis zu verdanken. Er entstammte der bedeutenden Inselfamilie Lukis mit Sitz in der Ortschaft Grange. F. C. Lukis, dessen Namen man in Zusammenhang mit Ausgrabungsstätten überall auf den Inseln begegnet, wurde eher durch einen Zufallsfund zum Archäologen. Gemeinsam mit seinen Kindern machte er viele Ausgrabungen und stellte eine große Privatsammlung von Pfeilspitzen, Knochennadeln, Dolchen, Äxten, Keramikscherben, Urnen etc. zusammen, die sie 1907 den States of Guernsey übergaben.

Freibeuter ihrer Majestät: Sir Walter Raleigh

Der englische Seefahrer und Entdecker, der sich auch als Schriftsteller betätigte, wurde 1600 zum Gouverneur von Jersey ernannt. Der

1554–1618 Seefahrer und Gouverneur von Jersey

um 1554 in Hayes Barton in Devonshire geborene Walter Raleigh machte sich schon früh mit Entdeckungsfahrten und der 1598 von Elizabeth I. offiziell erlaubten Freibeuterei einen Namen. Als Gouverneur von Jersey kam er nur zweimal persönlich auf die Insel, wo er seinen Sitz in der neu errichteten Burg vor St. Helier hatte. Die Vorgängerburg Gorey Castle war nicht mehr auf dem neuesten Stand der Technik gewesen, und Raleigh war höchst interessiert an dem Werk des Festungsarchitekten Paul Ivy, den er sehr bewunderte. Das neu erbaute Kastell nannte er nach seiner Königin, die ihn stets unterstützt hatte und ihm wohl auch persönlich nahe stand, »**Fort Isabella Bellissima**« – Elizabeth Castle. Von Elizabeths Nachfolger Jakob I. wurde Raleigh 1603 wegen Hochverrats inhaftiert, er saß die Strafe bis 1616 im Tower ab. Anschließend startete er nochmals eine Fahrt nach Guayana. Bei seiner Rückkehr wurde er jedoch vom prospanischen Jakob I. verhaftet und am 29. Oktober 1618 in London hingerichtet. Seine letzten Worte waren: »Ich war Seefahrer, Soldat und Höfling, und schon das geringste dieser Dinge birgt genug Versuchung, um einen guten Mann zu Fall zu bringen.«

Meister des Lichts und der Farben: Auguste Renoir

1841–1919 Maler

Der Künstler, am 25. Februar 1841 in Limoges in eine Arbeiterfamilie geboren, machte eine Lehre als Porzellanmaler, bevor er 1861 ein Studium der Malerei begann. 1864 machte er erstmals Studien direkt in der Natur und fortan wurde die Wiedergabe von Licht- und Farbvibrationen zu seinem vorrangigen Interesse. Zusammen mit seinen

Auguste Renoir zog es oft zur »Bucht von Moulin Huet«

Freunden Claude Monet und Éduard Manet wurde er zum **Wegbereiter des Impressionismus**. Den Sommer des Jahres 1883 verbrachte er auf Jersey und Guernsey und schuf dort 18 Ölgemälde, auf denen er die lichtdurchfluteten Küstenlandschaften festhielt. Die meisten Werke entstanden in der Moulin Huet Bay auf Guernsey. Aber auch Renoirs Vorliebe für die menschliche Gestalt und die in der Landschaftsmalerei entwickelte Farbanalyse werden in diesen Werken deutlich. Renoirs Mitbringsel von den Kanalinseln sind heute in alle Himmelsrichtungen verstreut. In der National Gallery in London ist die »Bucht von Moulin Huet« zu sehen, im Musée d'Orsay in Paris die »See bei Guernsey« oder »Au Bord de la Mer« und »Die Küste von Moulin Huet« im Metropolitan Museum of Art in New York. Aber auch auf den Kanalinseln blieben Bildzeugen des Künstlerbesuchs zurück wie »Nebel auf Guernsey«, das einem Privatsammler auf Guernsey gehört. Renoir wandte sich nach einer Schaffenskrise zunehmend vom Impressionismus ab. Er starb 1919 an der Côte d'Azur und hinterließ rund 6000 Gemälde.

Erster Herzog der Normandie: Rollo

gest. ca. 930
Heerführer

Rollo oder auch Hrolf, ein Normannenführer, begründete die Dynastie der Herzöge der Normandie. Er versuchte im Jahr 910 mit seinem Heer vergeblich, Paris zu erobern, und verwüstete beim missglückten Angriff die Gegend um Chartres. Ein Abkommen mit Karl III. dem Einfältigen, König des Westfrankenreichs, gab Rollo um 911 das Gebiet an der unteren Seine mit der Hauptstadt Rouen zum Lehen. Zu diesem Zeitpunkt ließ er sich taufen – vermutlich gehörte auch dies zu den Bedingungen, die der König gestellt hatte. Ob Rollo Gisela, die Tochter des Westfrankenkönigs, zur Frau nahm, wie vielfach behauptet, bleibt Spekulation. Unter seinem Sohn Wilhelm Langschwert gelang zunehmend die Integration von Wikingern und Franken, und in seiner Herrschaftszeit wurden auch die Kanalinseln Teil des Herzogtums Normandie. Dass Rollo jemals die Kanalinseln betreten hat, ist höchst unwahrscheinlich. Dennoch ist er hier in merkwürdiger Form bis zum heutigen Tag präsent und zwar im »**Clameur de Haro**«, einer einstweiligen Verfügung, die noch auf altes normannisches Recht zurückgeht (► S. 40).

Verewigte Sark in Versen: Algernon Charles Swinburne

1837–1909
Dichter

Der englische Dichter Algernon Charles Swinburne, am 5. April 1837 in eine wohlhabenden Familie in London geboren, kam erstmals 1876 auf die Kanalinseln, wobei er Sark wegen seiner Abgeschiedenheit und Ursprünglichkeit besonders liebte. Er fiel in jüngeren Jahren durch seine unkonventionelle Lebensweise auf, die sich auch in seinen Werken widerspiegelte. Als die ersten beiden Bände seiner »Gesänge und Balladen« (1866 –1889) erschienen, war die viktorianische Leserschaft von der Sinnlichkeit und der deutlich zum Ausdruck kommenden Erotik entsetzt. Die Naturverbundenheit des Dichters wird im zweiten Band besonders klar – dieser erschien 1878, also zwei Jahre nach seinem ersten Besuch auf den Kanalinseln. Swinburne wandelte bei seinem Besuch auf Sark **auf den Spuren von Victor Hugo**, den er tief verehrte. Er war wie Hugo auch von Guernsey aus mit dem Boot auf die kleine Insel übergesetzt. 1882 kam er ein zweites Mal. Anders als Victor Hugo, der sich im Dachzimmer des Dixcart-Hotels einquartiert hatte, weil er von dort aus in Richtung Frankreich sehen konnte, bezog Swinburne ein Privatquartier. Verewigt hat er die Insel zum Beispiel in »Ballad of Sark« und in »The Garden of Cymodoce«.

Der Erfinder des Reiseführers: Karl Baedeker

1801–1859
Verleger

Als Buchhändler kam Karl Baedeker viel herum, und überall ärgerte er sich über die »Lohnbedienten«, die die Neuankömmlinge gegen Trinkgeld in den erstbesten Gasthof schleppten. Nur: Wie sollte man sonst wissen, wo man übernachten könnte und was es anzuschauen gäbe? In seiner Buchhandlung hatte er zwar Fahrpläne, Reiseberichte und gelehrte Abhandlungen über Kunstsammlungen. Aber wollte man das mit sich herumschleppen? Wie wäre es denn, wenn man all das zusammenfasste?

Gedacht, getan: Zwar hatte er sein erstes Reisebuch, die 1832 erschienene »Rheinreise«, noch nicht einmal selbst geschrieben. Aber er entwickelte es von Auflage zu Auflage weiter. Mit der Einteilung in »Allgemein Wissenswertes«, »Praktisches« und »Beschreibung der Merk-(Sehens-)würdigkeiten« fand er die klassische Gliederung des Reiseführers, die bis heute ihre Gültigkeit hat. Bald waren immer mehr Menschen unterwegs mit seinen **»Handbüchlein für Reisende, die sich selbst leicht und schnell zurechtfinden wollen«**. Die Reisenden hatten sich befreit, und sie verdanken es bis heute Karl Baedeker. Die Kanalinseln beschreibt er erstmals im 1889 erschienenen »Baedeker's Grossbritannien«.

»
Das Klima ist sehr mild und gleichmässig
und für Brustleidende vorzüglich geeignet.
«

Baedeker's Grossbritannien, 1. Auflage 1889

E

ERLEBEN & GENIESSEN

Überraschend, stimulierend, bereichernd

Mit unseren Ideen erleben und genießen Sie die Kanalinseln.

Wer auf den Kanalinseln wandert, kommt in den Genuss solcher Ausblicke wie auf Cobo Bay ►.

BEWEGEN UND ENTSPANNEN

So klein die Kanalinseln auch sein mögen, Platz für Aktivitäten bieten sie reichlich. An den zahlreichen Badestränden gibt es ein vielseitiges Angebot an Wassersportarten. Aber auch Klettern an den Steilküsten, Radfahren, Golfen und vor allem Wandern sind beliebt. Wer es lieber ruhig angeht: Die Inseln sind auch ein ideales Ziel für entspannte Sprach- und Gartenreisen.

Badestrände

Allgemeines

Die Badestrände auf den Kanalinseln zeigen je nach den Gezeiten ein sehr unterschiedliches Gesicht. Manche Strände sind bei Flut ganz schmal, bei Ebbe werden weite Sandflächen freigegeben; einige Buchten sind bei Flut vollkommen überspült. An mehreren Stränden ist das Baden wegen **Strömungen** oder Felsspitzen unter der Wasseroberfläche gefährlich. Bewachte Badestrände sind mit einer rot-gelben Flagge gekennzeichnet. Die **rote Flagge** bedeutet »Baden verboten«.

Jersey

Fast alle Strände Jerseys sind einfach zu erreichen und haben Parkplätze, an größeren Stränden gibt es immer auch Kioske und Toiletten. Beaufsichtigte Badezonen sind jeweils gekennzeichnet. In der **St. Aubin's Bay, St. Brelade's Bay** und in der **Royal Bay of Grouville** ist das Schwimmen ungefährlich. Die Strände an der St. Ouen's Bay, der Plémont Bay (nur bei Ebbe zugänglich) und der St. Brelade Bay werden von Mitte Mai bis Ende September bewacht. Insbesondere die **St. Ouen's Bay** ist wegen der Strömungen und der starken Brandung gefährlich – hier darf man nur in den gekennzeichneten Bereichen baden.

An der **Südküste** locken zahlreiche Sandstrände: In der **St. Clement's Bay** gibt es einen Sandstrand. Bei einsetzender Flut sollte man sich nur in Ufernähe aufhalten, da das Wasser hier sehr schnell steigt. **Green Island** – hier findet man einen guten Sandstrand, wo bei auflaufendem Wasser ebenfalls Vorsicht geboten ist. Der Strand am **Havre des Pas** in St. Helier ist ein sicherer und populärer Stadtstrand mit einer kleinen künstlichen Poollandschaft; Parkplätze gibt es in La Route du Fort und an der Green Street. Die **St. Aubin's Bay** weiter westlich umzieht ein herrlicher und sicherer Sandstrand, die Bucht ist auch bei Windsurfern sehr beliebt; Parkplätze, Toiletten und Kioske gibt es an mehreren Stellen. Die kleine **Portelet Bay** ist eine schöne, geschützte und sichere Sandbucht, der Weg zur Bucht hinunter ist jedoch steil und mit Stufen befestigt. Die **Ouaisne Bay** und die **St. Brelade's Bay** sind beliebtes Badeterrain mit feinen Sandstränden, hier ist sicheres Baden möglich. **Beauport Bay** ist eine wunderschöne ruhige kleine Bucht, zu der ein steiler Weg vom Parkplatz hinunterführt. Es gibt weder Lokal noch Kiosk.

Die **Westküste** ist kein ausgesprochenes Badeparadies: Zwar zieht sich an der **St. Ouen's Bay** ein kilometerlanger Sandstrand entlang, Baden ist hier aber nicht ungefährlich. In der Hauptsaison sind mehrere Abschnitte überwacht und als solche gekennzeichnet. Zum Surfen und Windsurfen ist die St. Ouen's Bay gut geeignet. Toiletten gibt es entlang der Five Mile Road an der Strandseite.

An der **Nordküste** lockt mit der **Plémont Bay** im Nordwesten eine schöne geschützte Sandbucht, die bei Flut allerdings komplett überspült ist. Bei Ebbe bilden sich flache Wasserbecken – ideal zum Baden für Kinder also. In der Hauptsaison ist der Strand bewacht. Die Bucht **Grève de Lecq** umzieht ein Sandstrand, das Wasser wird hier sehr schnell tief. Vorsicht an der Ostseite der Bucht und bei starker Brandung! Auch in der **Bonne Nuit Bay** wird es schnell tief, am sichersten ist das Baden in Hafennähe. In der **Bouley Bay** gibt es einen Kiesstrand, auch hier ist das Baden in Hafennähe am sichersten. Die **Rozel Bay** hat einen kleinen ungefährlichen Sandstrand.

An der **Ostküste** ist das Baden in der **Royal Bay of Grouville** am schönsten – an dem langen Sandstrand ist sicheres Baden möglich; auch zum Windsurfen ist die Bucht geeignet. Toiletten gibt es am Parkplatz. Bei **Archirondel** gibt es einen kleinen Kiesstrand, die Parkmöglichkeiten sind begrenzt. In der **St. Catherine's Bay** weiter nördlich kann man nur an einer Rampe baden.

Guernsey

Auf Guernsey gibt es über 20 Strände. Viele sind wegen ihrer geschützten Lage auch für Kinder geeignet. Speziell an der Südküste gibt es kleinere Buchten mit Klippen, die aber nur bei Ebbe etwas Sandstrand haben. Die Strände an der Nordküste sind leicht zu erreichen und zum Baden gut geeignet. Alle sicheren und sauberen Strände mit guter Wasserqualität sind durch eine gelb-blaue Flagge gekennzeichnet. **Fast alle Strände sind mit dem Bus erreichbar.** Und fast überall gibt es auch gute Parkmöglichkeiten, Toiletten und Kioske.

An der **Nordküste** bilden die **Pembroke Bay** und die **L' Ancresse Bay** eine lange, hufeisenförmige Bucht mit guten Sandstränden, die sehr beliebt zum Baden sind; auch zum Windsurfen ist diese Ecke gut geeignet. Die sandige **Ladies Bay** ist bei Familien beliebt, auch hier ist Windsurfen möglich. **Le Grande Havre** ist eine große Bucht mit Sand- und Felsabschnitten, bei Ebbe gibt es Felswasserbecken. In der Bucht ist sicheres Schwimmen und Windsurfen möglich. **Port Soif** und **Portinfer Bay** – diese halbrunden geschützten Buchten sind bei Einheimischen und Urlaubern beliebt und gut geeignet für Kinder.

OBEN: Beauport Bay an Jerseys Südküste bietet badefreundliche Strände bei Ebbe.
UNTEN: Bei Flut ist die Muschel-Sandburg wieder weg ...

Die **Saline Bay**, die **Cobo Bay** und die **Vazon Bay** haben lange Sandstrände und sind Windsurfer-Gebiet.
An der **Westküste** ist der Sandstrand bei **L' Erée** sehr beliebt und für Kinder gut geeignet. In der **Rocquaine Bay** wechseln Fels, Sand und Kies; bei Ebbe bilden sich in den Felsen gute Wasserbecken. Die **Portelet Harbour Bay** ist eine landschaftlich schöne und geschützte Bucht innerhalb der Rocquaine Bay, auch hier gibt es bei Ebbe viele Felsbecken.
An der **Südküste** ist die **Petit Bôt Bay** die beliebteste Bucht an der Südküste, bei Ebbe entsteht ein breiter Sandstrand. Die sehr ruhige Bucht **Le Jaonnet** erreicht man nur über einen nicht ungefährlichen langen Abstieg. **Saint's Bay** ist eine hübsche geschützte Sand-/Kiesbucht ohne Parkplatz. Ein längerer Weg mit einigen Stufen führt zur hübschen **Moulin Huet Bay** hinunter; oben gibt es Parkmöglichkeiten. Zu dem Sandstrand in der Bucht **Petit Port** führen ca. 300 Stufen hinunter.
An der **Ostküste** schließlich ist die **Marble Bay** eine vollkommen abgelegene und menschenleere Kiesbucht bei Le Pied du Mur, zu der vom Küstenweg aus Stufen hinunterführen. In der beliebten **Fermain Bay** gibt es einen Kiesstrand, bei Ebbe ist die Bucht sandig. Sehr abgelegen und ruhig ist die **Soldier's Bay** weiter nördlich. **La Valette** ist bekannt für die Seewasserbecken. In der **Havelet Bay** in Höhe des Castle Cornet erstreckt sich der Stadtstrand von St. Peter Port. Im Nordosten gibt es bei **Bordeaux** eine bei Touristen und Einheimischen beliebte Bucht.

Alderney

Die **Braye Bay** hat feinen weißen Sandstrand, auch ein beliebtes Revier für Windsurfer. Beim Hafen gibt es Imbissbuden und Restaurants. Die **Saye Bay** ist eine geschützte Badebucht, genauso wie die **Corblets Bay** mit feinem Sandstrand. Letztere ist ein Favorit bei Familien mit Kindern. Allerdings gibt es weder Kiosk noch Toiletten. Auch hier trifft man sich zum Windsurfen. Einen schönen Sandstrand gibt es in der lang gezogenen, geschützten **Longis Bay** mit Restaurant und Pub in der Nähe.

Sark

In den Buchten auf Sark gibt es generell keine Kioske oder Toiletten. Die Strände sind nicht überwacht und bei einsetzender Flut z. T. gefährlich – man muss unbedingt beachten, dass Rückwege abgeschnitten werden können. Ausdrücklich gewarnt wird vor der extrem starken Strömung in der **Gouliot Passage** im Westen. Die **Dixcart Bay** ist eine schöne und belebte Bucht mit Sand- und Kiesstrand, sie ist bequem zu erreichen und einigermaßen geeignet für Kinder. Die **Derrible Bay** ist bei Flut überspült und nicht zugänglich. Bei Ebbe ist sie eine landschaftlich sehr schöne Sandbucht, zu der man über steile Treppen kommt. Eine herrliche Sandbucht unterhalb von La Coupée ist **La Grande Grève**. Die Bucht selbst ist einigermaßen für Kinder geeignet, allerdings nur über einen steilen Abstieg zu erreichen. **Port du Moulin**, eine gut zugängliche Bucht, in der man bei Flut gut schwimmen kann, ist nachmittags besonders schön. Gut schwimmen kann man bei Flut auch in der landschaftlich sehr schönen **Les Fontaines Bay** an der Nordostseite und in der kiesigen Bucht **La Grève de la Ville**. In der **Clouet Bay** gibt es den sogenannten **Venus Pool** und den kleineren **Jupiter Pool**, natürliche Felsbecken, in denen das Wasser bei Ebbe stehen bleibt und sich erwärmt.

Herm

Der berühmteste Strand der Kanalinseln ist der **Shell Beach**, ein sehr langer, sicherer, flacher Sandstrand, der für seine vielen Muscheln bekannt ist; es gibt einen Strandkiosk. **Belvoir Bay** ist eine malerische Sandstrandbucht ebenfalls mit einem Kiosk. **Fisherman's Beach** und **Bear's Beach** sind sehr schöne lange und sichere Sandstrände, ebenso der Mouisonnière Beach an der Nordküste. Bei Port les Valles nördlich des Bear's Beach gibt es einen kürzeren Sandstrand.

Aktiv im und am Wasser

Segeln

In den Jachtclubs auf den Inseln sind auch Gäste willkommen. Auf Jersey gibt es **Jachthäfen** in St. Helier (Elizabeth Marina), St. Aubin und Gorey, auf Guernsey in St. Peter Port und in der Beaucette Marina im Norden. Auch der Braye Harbour auf Alderney steht Seglern offen. Außerdem bieten sich verschiedene Buchten als Ankerplätze an, so an der Nord- und Südküste von Jersey, an der Südküste von Guernsey und auf Sark. Auf Alderney ankern Jachten vorzugsweise in der Braye Bay und in der Longis Bay, auf Herm am Shell Beach und in der Belvoir Bay. Auf allen Inseln hat man die Möglichkeit, Jachten mit qualifizierten Bootsführern für Fahrten innerhalb des Archipels oder zur französischen Küste zu chartern.

Seakayaking

Möglichkeiten zum Seakayaking werden vor allem auf Jersey und Guernsey von verschiedenen Veranstaltern angeboten. Auf Herm kann man Kajaks direkt am Shell Beach mieten. **Geführte Kajaktouren** zur Beobachtung der Papageitaucher (»puffins«) werden zu bestimmten Terminen auf Herm ebenfalls angeboten. Auf Alderney kann man die Longis Bay in einem transparenten Seekajak erkunden, was einen schönen Blick in die Unterwasserwelt erlaubt.

Tauchen/ Wracktauchen

Der Archipel ist ein interessantes Tauchgebiet mit hervorragender Wasserqualität und guten Lichtverhältnissen. Besonders eignen sich die Steilküsten und einige **vor der Küste liegende Wracks**. Die Gezeiten müssen unbedingt beachtet werden! Tauchgebiete auf Jersey, die sich direkt vom Strand aus erkunden lassen, sind die Bonne Nuit Bay, die Bouley Bay, die Rozel Bay und Catherine's Breakwater. Vor der Portelet Bay liegt in ca. 30 m Tiefe das **Wrack »Schockland«.** Ein deutsches Minensuchboot liegt in ca. 30 m Tiefe am Minquiers Riff. Tauchen kann man auch in den Gewässern um Guernsey, Sark und Alderney. Für den Notfall gibt es in St. Helier und in St. Peter Port Dekompressionskammern (»hyperbaric chambers«).

Surfen

Auf Jersey, wo 1923 der erste europäische Surfclub gegründet wurde, wird in der St. Ouen's Bay, in der Grève de Lecq Bay, in der Plémont Bay und in der St. Brelade's Bay gesurft. In der St. Ouen's Bay sind die **Surfzonen** mit roten und weißen Streifen an der Mauer markiert. Auf Guernsey bieten sich die Sandstrände der Vazon Bay, der Perelle Bay und der Portinfer Bay an der Nordküste an. Brettverleih und Schulen gibt es auf beiden Inseln. Eine sichere Bucht zum Surfen auf Alderney ist die Corblets Bay, die selbst bei etwas rauerer See noch relativ geschützt ist.

Windsurfen

Gute Bedingungen für Windsurfer mit zahlreichen geschützten oder offenen Buchten gibt es vor allem auf den beiden großen Inseln: auf Jersey die St. Ouen's Bay, die St. Aubin's Bay und die Royal Bay of Grouville, auf Guernsey die Pembroke Bay, L'Ancresse Bay, Ladies Bay und Le Grand Havre im Norden sowie die Cobo Bay, Saline Bay und Vazon Bay im Westen. Auf Alderney wird Windsurfing in der Braye Bay und in der Longis Bay betrieben.

In der Saison kann es eng werden in den Häfen, auch in St. Peter Port.

Angeln Von allen Inseln aus gibt es die Möglichkeit, auf Booten zum Angeln mitzufahren. Auskünfte dazu erhält man bei den Touristeninformationen und in Hotels. Zum Angeln im Meer eignen sich auf Jersey die St. Ouen's Bay, die Südwestküste, der Sorel Point an der Nordküste und Catherine's Breakwater. Hier kann man in verschiedenen Reservoirs, etwa dem Val de la Mar oder den Dannemarche Reservoirs Süßwasserfische angeln. Auskunft und Genehmigungen erhält man bei der **Jersey Freshwater Angling Association**.
Auf Guernsey eignet sich zum Angeln in erster Linie die Südküste. Beliebter Angelplatz auf Alderney sind die Felsen unterhalb von Essex Castle an der Longis Bay. Ein populärer Sport auf den Inseln ist auch das Wrackfischen.

Aktiv an Land

Wandern Zum Wandern eignen sich alle Kanalinseln ausgezeichnet. Die meisten Wege sind bequem und ohne Gefahr zu begehen. Trotzdem braucht man gutes, festes Schuhwerk und muss darauf eingestellt sein, dass man teilweise große Höhenunterschiede bewältigen muss. Dies gilt für die Klippenwege auf Jersey, Guernsey und Herm, insbesondere aber für die steil abfallenden Küsten auf Sark. Manchmal sind Treppenstufen eingelassen. Auf Jersey und auf Guernsey haben der **National Trust** und die **Société Jersiaise** bzw. die **Société Guernesiaise** Land erworben und unter Naturschutz gestellt. Beide Organisationen bieten **naturkundliche Führungen** an, sowohl Klippenwanderungen als auch Führungen durch die Orchideenfelder.
Auf der Webseite von visitguernsey sind 30 Wanderungen von unterschiedlicher Länge und Schwierigkeitsgrad beschrieben. Auch kann man dort eine App herunterladen, auf der u. a. Erfrischungsmöglichkeiten und Sehenswürdigkeiten entlang der Routen verzeichnet sind. Auf der Internetseite von Jersey kann man sich 20 PDF-Dateien mit Wanderungen herunterladen, jeweils 5 im Norden, Osten, Süden und Westen der Insel.
Auf **Jersey** kann man entlang der Nordküste auf dem Klippenweg wandern, der sich vom nördlichen Ende der St. Ouen's Bay bis zur St. Catherine's Bay zieht. Außerdem haben auf dem etwa 80 km langen Netz der Green Lanes Radfahrer, Fußgänger und Reiter Vorrecht vor Autos. Besonders lohnend sind im Inselinneren die Täler Waterworks Valley, St. Peter's Valley und Vallée des Vaux. Einen schönen Spaziergang kann man im Südwesten auf dem Corbière Walk machen, auf dem früher die Inseleisenbahn fuhr. Er verbindet St. Aubin mit dem Corbière Point. Das Tourist Office gibt eine Broschüre heraus, in der mehrere Tageszeiten- oder Themenwanderungen aufgeführt sind, an denen Interessierte teilnehmen können. Auch der National Trust for Jersey bietet interessante Wanderungen an.

Über **Guernsey** führt ebenfalls ein Klippenweg mit schönem Meerblick. Er verläuft an der Südküste von St. Peter Port bis zur Pleinmont-Halbinsel. In der Touristeninformation bekommt man eine Broschüre zu den »Ruettes Tranquilles« und zu den »footpaths« der einzelnen Gemeinden.
Sark ist die einzige Insel, auf der es keinen Klippenweg gibt. Dafür bieten sich das Inselinnere und die landschaftlich sehr reizvollen Buchten – teilweise mit Höhlen – für Wanderungen an.
Herm kann man innerhalb weniger Stunden komplett umwandern (▶ Touren, S. 39). In der Südhälfte gibt es einen schönen Klippenweg, in der Nordhälfte lange Sandstrände. Auf **Alderney** bieten sich die Süd- und die Westküste für Wanderungen an.

Klettern, Abseiling

Die Steilküsten der Kanalinseln eignen sich vorzüglich zum Klettern. Angeboten werden organisierte Touren, bei denen man Erfahrung im Coasteering, im »Küstenquerklettern«, machen kann, bei denen man die Steilküsten also nicht rauf- und runterklettert, sondern ein paar Meter über der Wasserlinie an der Küste entlang. Beim Coastal Traversing umwandert und umschwimmt man Klippen. Beim Abseiling geht es – nur durch ein Seil gesichert – die Steilküste abwärts.

Golf

Auf Jersey gibt es sechs Golfplätze (jeweils drei 18-Loch und 9-Loch-Plätze), auf Guernsey drei (zwei 18-Loch-Plätze und ein 9-Loch-Platz) und auf Alderney einen 9-Loch-Platz. Broschüren mit detaillierten Informationen erhält man bei den Tourist Offices vor Ort.

Radfahren

Es empfiehlt sich, die beiden großen Inseln jenseits der Hauptstraßen per Rad zu erkunden. Dazu eignen sich die **Radrouten**, die auf den Inseln ausgearbeitet worden sind. Jersey besitzt ein 150 km langes Radwegenetz. Bei der Touristeninformation sind mehrere Broschüren und Karten erhältlich. Jersey Tourism bietet in der Hauptsaison mehrmals pro Woche geführte Radtouren an. Auch auf Guernsey ist ein Radwegenetz angelegt worden. Die insgesamt elf Wege sind mit verschiedenen Symbolen gekennzeichnet. Auf der Internetseite www.visitguernsey.com/cycle-guide kann man Streckenpläne herunterladen.

Reiten

Auf Jersey und Guernsey haben Urlauber die Möglichkeit, **Ausritte am Strand** und auf **Reitwegen** an der Küste und im Landesinneren zu unternehmen. Strandausritte werden meist nur für erfahrene Reiter angeboten. Auf Jersey ist das Reiten am Strand von Mai bis September zwischen 10.30 und 18 Uhr nicht erlaubt. Einige Reitställe wie in St. Lawrence, St. John und Torteval bieten Unterricht und begleitete Ausritte an.

WANDERN IM MONDSCHEIN

BAEDEKER WISSEN

Gezeitenabhängige Wanderungen bei Ebbe sind ein ganz besonderes Erlebnis. Es geht durch eine Landschaft, in der man sich vorkommt als sei man gerade auf dem Mond gelandet. Bis die Flut kommt, müssen die Wanderer das Festland wieder erreicht haben oder abenteuerlich in einer meerumspülten Unterkunft übernachten.

Dank des hohen Tidenhubs vergrößert sich die Landmasse von Jersey bei Ebbe täglich zweimal um 40 %. Das Meer zieht sich fast bis zum Horizont zurück und ermöglicht den Blick auf eine Welt, die anderswo den Augen von Besuchern immer verborgen bleibt. Dabei wird eine Landschaft freigelegt, die auf den ersten Blick so unwirtlich und karg scheint, wie die Oberfläche des Mondes. Die **»rockpools«**, wie die zahlreichen Priele und Gezeitenbecken, die diesen Eindruck erwecken, auf Englisch heißen, sind jedoch Heimat unzähliger Lebewesen. In der Royal Bay of Grouville, im Südosten der Insel, werden bei Ebbe geführte Wanderungen, sogenannte **»Moonwalks«**, angeboten,

Fast wie auf dem Mond, nur feuchter

bei denen die Teilnehmer viel über die Flora und Fauna lernen. Dass diese Wanderungen nur mit einem erfahrenen Führer erlaubt sind, wird verständlich, wenn man beobachtet, mit was für einer **beeindruckenden Geschwindigkeit** sich das Wasser zurückzieht: Der Wasserstand fällt bis zu 7 cm in der Minute. Mit der gleichen Geschwindigkeit kehrt das Wasser bei Flut aber auch wieder zurück und hat dann schon so manchen unachtsamen Wanderer überrascht.

Sonnenuntergänge

Die gut 3 km langen »Moonwalks« führen **zum Seymour Tower**, einem vor der Küste liegenden Verteidigungsturm aus der Zeit der Napoleonischen Kriege, der heute im Besitz der Denkmalschutzorganisation Jersey Heritage ist. Auf den knapp dreistündigen Wandertouren durch tiefe Priele und über bizarre Felsformationen können Wanderer z. B. Schwämme, Seeanemonen, Krebse und Krabben und auch verschiedene Muschel- und Algenarten bestaunen. Ein ganz besonderes Erlebnis sind die geführten Nachtwanderungen, bei denen die Teilnehmer im Seymour Tower übernachten und dann erst am nächsten Tag bei Ebbe wieder auf das Festland zurückkehren. Schlafsäcke und Lebensmittel sollte man mitbringen; im Turm sind Stockbetten und eine kleine Küche vorhanden. Die Aussicht aus dem oberen Stockwerk des Turms ist einfach fantastisch und dabei zuzuschauen, wie die Sonne untergeht und am Morgen wieder aufgeht, ist unvergesslich.

Leuchtende Algen

Oft lässt sich während dieser Wanderungen im Flachwasserbereich mit Einsetzen der Dunkelheit das Phänomen der Biolumineszenz beobachten. Dabei fangen die Algen gleichsam an zu leuchten, sobald man mit der Hand über sie streicht. Es werden auch kürzere, etwa anderthalbstündige Abendwanderungen angeboten, bei denen sich die Biolumineszenz gut beobachten lässt. Nur bei sehr tiefen Niedrigwasserständen führen Touren zum **Icho Tower**, einem Martelloturm aus dem frühen 19. Jh., der sich etwa 2 km vor dem kleinen Ort Le Hocq im Meer befindet. Von dort hat man eine wunderbare Aussicht auf Jersey. Der Blick reicht vom Mont Orgueil Castle im Osten, über St. Helier und die Aubin's Bay bis zum Noirmont Point im Westen. Mehrmals im Jahr, bei ganz extremem Niedrigwasser, werden »Two Tower Moonwalks« zwischen den beiden Türmen angeboten. Diese sollten allerdings, wenn möglich, weit im Voraus gebucht werden. Außerdem ist nur ausdauernden und geübten Wanderern zu empfehlen, an diesen Touren teilzunehmen, da die über 10 km lange Strecke in einer vorgegebenen Zeit bewältigt werden muss. Die Flut wartet nicht!

Alle Infos unter www.jerseywalkadventures.co.uk

SPORT- UND FREIZEIT

ANGELN

TARKA SEA TRIPS
Jersey
Skipper David Nuth
Tel. +44 (0) 1534 85 80 46
www.tarkaseatrips.com

ANNA 3
Jersey
Skipper Tony Heart
Tel. 07797 725 301
www.fishingjersey.co.uk

OUT THE BLUE
Guernsey
Skipper Richard Seager
Tel. 07781 10 43 56
www.boatfishing.net

BOOTTRIPS

ISLAND RIB VOYAGES
Guernsey, St. Peter Port
Clifton House, Clifton
Tel. +44 (0) 1481 71 30 31
www.islandribvoyages.com

KLETTERN, ABSEILING

JERSEY ADVENTURES
Jersey
Tel. 07797 72 75 03
www.jerseyadventures.com

OUTDOOR GUERNSEY
Guernsey
Tel. 07781 13 04 03
www.outdoorguernsey.co.uk

GARTENREISEN

RAVENALA TOURISTIK
Guernsey, Sark, Herm
Fleischhauerstr. 37
23552 Lübeck, Tel. 0451 7 10 25
www.ravenala-touristik.de

FAHRRADVERLEIH

LAKEYS BIKE HIRE
Jersey
Albert Pier, St. Helier
Tel 07829 88 18 89
www.lakeys.co.uk

JERSEY BIKE HIRE
Le Mont Lex Vaux, St. Aubin
Tel. 07829 74 34 13
www.jerseybikehire.co.uk

ADVENTURE CYCLES
Guernsey
Grand Rue, St. Martins
Tel. 01481 23 28 55
www.adventurecycles.net

GO GUERNSEY
Rocque du Coin
Grande Rue, St. Saviours
Tel. 07781 10 36 92
www.go-guernsey.gg

REITSTÄLLE

BON AIR RIDING SCHOOL AND LIVERY STABLES
Jersey
La Grande Route de St. Laurent
St. Lawrence
Tel. +44 (0) 1534 86 51 96

LE CLAIRE RIDING AND LIVERY STABLES SUNNYDALE
Jersey
St. John, La Rue Militaire
Tel. +44 (0) 1534 86 28 23

HAIE FLEURIE
Jersey
Rue du Villot, St. Martin
Tel. +44 (0) 1534 86 51 28
www.haiefleurie.je

LA CARRIERE STABLES
Guernsey

Baubigny Road
St. Sampson
Tel. +44 (0) 1481 24 99 98
www.lacarrierestables.com

OTTERBOURNE RIDING CENTRE
Guernsey
Route De Planel, Torteval
Tel. +44 (0) 1481 26 30 85

MELROSE FARM
Guernsey
Rue du Dos Daine, Castel
Tel. +44 (0) 1481 25 72 67

SEGELN

JERSEY YACHTING
Tel. 07797 79 28 58
www.jerseyyachting.co.uk

ROYAL CHANNEL ISLANDS YACHT CLUB
Guernsey
45 – 47 North Plantation
St. Peter Port
Tel. +44 (0) 1481 72 55 00
www.rciyc.com

ALDERNEY SAILING CLUB
Tel. +44 (0) 1481 82 29 59
www.alderneysailingclub.com

TAUCHEN

BOULEY BAY DIVE CENTRE
Jersey
Les Charrieres de Boulay
Trinity
Tel. +44 (0) 1534 86 69 90
www.scubadivingjersey.com

DIVE GUERNSEY
Tel. +44 (0) 1481 71 45 25
www.diveguernsey.co.uk

SPRACHSCHULEN

ST. BRELADE'S COLLEGE
Jersey
Mont Les Vaux
St. Aubin JE3 8AF
Tel. +44 (0) 1534 74 13 05
www.stbreladescollege.co.uk/de

ACCENT MULTILINGUAL SERVICES
Guernsey
28a Commercial Arcade
St Peter Port, Guernsey, GY1 1JX
Tel. +44 (0) 1481 71 49 09
www.accent.gg

SURFEN

JERSEY SURF SCHOOL
La Braye Beach
St. Ouen
Tel. 07797 82 12 84
www.jerseysurfschool.co.uk

GUERNSEY SURF SCHOOL
Vazon Bay, Castel
Tel. 07911 71 07 89
www.guernseysurfschool.co.uk

WANDERN

THE NATIONAL TRUST FOR JERSEY
Tel. +44 (0) 1534 48 31 93
www.nationaltrust.je

WINDSURFEN

JONO'S WATERSPORTS
Jersey
St. Brelades Bay
Tel. 0779 71 75 64
www.jonoswatersports.com

GUERNSEY SAILING TRUST
Castle Emplacement
St. Peter Port
Tel. +44 (0) 1481 71 08 77
www.sailingtrust.org.gg

BAEDEKER ÜBERRASCHENDES

6X TYPISCH

Dafür fährt man auf die Kanalinseln

1.

MUSCHELSUCHER

Der Sandstrand **Shell Beach** auf Herm verdankt seinen Namen seinem erstaunlichen Muschelreichtum. Perfekt, um ein paar Souvenirs zu sammeln. (► **S. 201**)

2.

STRICKWAREN

Zeitlos im Design, wärmend und lange haltbar: Die **Strickpullover** von Guernsey und Jersey besitzen seit Jahrhunderten einen ausgezeichneten Ruf.
(► **S. 276**)

3.

JEDE MENGE GREENS

Golfen ist auf den Kanalinseln kein exklusives Vergnügen für Wohlhabende, sondern Volkssport. Deshalb ist es nicht verwunderlich, dass es auf relativ kleinem Raum ein knappes Dutzend **Golfplätze** gibt. Beste Gelegenheit für einen Schnupperkurs. (► **S. 259**)

4.

WAHRHAFT NAHRHAFT

Ob Fish'n Chips in der Tüte an der Mole oder ein ganzer Hummer im Restaurant – **Fisch und Meeresfrüchte** sind so typisch wie köstlich auf den Kanalinseln und kosten kein Vermögen.

5.

EINE SÜSSE SÜNDE AUFS BROT

»**Black Butter**« nennt sich der dunkle Brotaufstrich aus Äpfeln, Cider, Gewürzen und Lakritze, der typisch für Jersey ist. Und ein Glas passt als Souvenir ganz sicher in jeden Koffer.
(► **S. 269**)

6.

GRÜNE DAUMEN

Gärtnern ist Trend auf den Kanalinseln. Auf Sark werden von Mai bis September jeweils freitags Spaziergänge zu Privatgärten angeboten.
(► **S. 179, Sark Visitor Center**)

ESSEN UND TRINKEN

Wie so oft auf den Kanalinseln treffen sich auch beim Genießen Großbritannien und Frankreich. Überwiegt in der Küche auch leicht das französische Element – mehrere Jahrhunderte britischer Tradition lassen sich zumindest in den zahlreichen Pubs und Tearooms nicht verleugnen.

Meeresfrüchte

Eine besondere Spezialität der Kanalinseln sind Meeresfrüchte: Höchst eindrucksvoll sind die Krebse, die es in stattlicher Größe in den Gewässern um die Kanalinseln gibt. Auch Hummer (»lobster«) wird gern gegessen. Wunderbar sind auch **Jakobsmuscheln** (»scallops«) und **Seeohren** (»ormers«), die in köstlichen Zubereitungen auf den Tisch kommen. Auf mehreren Inseln werden auch **Austern** (»oysters«) gezüchtet und kommen frisch in die Restaurants. Beliebt sind auch **Miesmuscheln** (»mussels«) und **Herzmuscheln** (»cockles«).

Fisch

Fisch ist auf den Kanalinseln fangfrisch. Häufig werden Scholle (»plaice«) und Seezunge (»sole«) angeboten, gedünstet (»steamed«) oder gegrillt (»roasted«). Weiter stehen Butt (»brill«), Steinbutt (»turbot«), Lachs (»salmon«) und Kabeljau (»cod«) auf den meisten Speisekarten; Kabeljau wird übrigens häufig auch an Imbissständen verkauft. Ein traditionelles Gericht ist die Meeraal-Suppe (»conger«). Seebarsch (»sea bass«) wird auf viele Arten zubereitet, beispielsweise als Seebarschfilet in Minzsoße mit Kartoffeln und Tomaten in zerlassenem Honig, eine feine Kreation. Die etwas handfestere Variante ist Seebarsch mit bodenständigen Erbsen und Kartoffeln, Schinken und einer Kräutersoße.

Fleisch

Aber auch Fleischliebhaber kommen auf ihre Kosten. Fleischgerichte kommen immer mit Gemüse – Tomaten oder Karotten, Pilzen, Bohnen etc. – auf den Tisch. Besonders Rind (»beef«) und Lammfleisch (»lamb«) sind vorzüglich.

Getränke

Wie überall sonst auf der Welt hat in den letzten Jahrzehnten auch auf den Kanalinseln eine Konzentration auf dem **Brauereimarkt** stattgefunden. Lange Zeit gab es nur zwei große Brauereien auf den Inseln, die Liberation Group auf Jersey und Randalls of Guernsey, die beide eine erstaunliche Bandbreite an Bieren brauen. Mittlerweile ist die **Craft-Beer-Welle** aber auch an die Küsten der Kanalinseln geschwappt, und mit Bliss Brewing Co. und der Stinky Bay Brewing Co. auf Jersey oder der Little Big Brew Co. auf Guernsey gibt es vielversprechende Neueinsteiger auf dem Biermarkt. Reichlich Bier fließt vor allem in den **Pubs**. Man bestellt ein »pint« (ca. 0,57 l) oder ein

»half pint« (0,29 l) und bezahlt sofort am Tresen. Ausgeschenkt werden Bitters und Ales, dunkles Stout und helles Lager.
Auf Jersey gibt es einen eigenen **Wein**, den das Weingut La Mare Vineyard produziert. Im Restaurant sind die Inselweine allerdings relativ teuer. Früher war Weinanbau auf den Inseln üblicher, die Gewächshäuser heißen noch wie früher »vineries«, obwohl dort überwiegend Blumen und Gemüse wachsen. Nachdem die Apfelweinproduktion der Kanalinseln so gut wie zum Erliegen gekommen war, sind in den letzen Jahren einige kleine **Cider-Keltereien** entstanden, deren Produkte man vor Ort, in einigen Läden und teilweise auch wieder in Pubs kaufen und konsumieren kann.

The Rose & Crown auf Alderney, ein klassischer Pub

Very British: Pubs, Tearooms und mehr

Pub oder Restaurant?

Wer es leger und landestypisch mag und auch den Geldbeutel schonen möchte, ist sowohl mittags als auch abends in den vielen Pubs gut aufgehoben, die leckere bodenständige Gerichte (»pub grubs«) servieren. Meist kann man in einem abgetrennten Bereich mit Tischen in Ruhe essen. Ein relativ neues Phänomen sind die **Gastropubs**. Sie verbinden die ungezwungene Atmosphäre eines Pubs mit den kulinarischen Ansprüchen eines Restaurants. Sowohl Getränke als auch Speisen werden am Tresen bestellt und vorab bezahlt. Die Getränke nehmen die Gäste direkt mit, das Essen wird meist an den Tisch gebracht oder es wird eine Nummer aufgerufen.
Mittags zum **Lunch** öffnen Pubs und Restaurants meist zwischen 12 und 14.30 Uhr. Es werden Kleinigkeiten wie Salate, Pies oder Sandwiches angeboten, in den Restaurants bekommt man dagegen eine volle Mahlzeit. Preiswert sind hier vor allem die **Tagesmenüs** (»set menues«)
Wer richtig gepflegt essen gehen möchte, hat auf den Inseln reichlich Gelegenheit. Ab 18.30 Uhr öffnen die Restaurants zum **Dinner.** Am schönsten leitet man den Abend mit einem ersten Getränk an der Bar ein. Hier kann man schon mal in die Speisekarte schauen. Das Abendessen wird dann oft bei Kerzenlicht im Speisesaal serviert. Wer ein Menü wählt, ist meist auch preislich gut bedient.
In Pubs und Restaurants herrschen nach wie vor begrenzte **Ausschankzeiten** für alkoholische Getränke. Zwar können Gastwirte ihre Pubs bis 1 Uhr offen halten, viele ziehen es aber vor, schon früher zu schließen. Am längsten sind die Pubs traditionell auf Alderney geöffnet. Nachdem der Ruf **»last order«** ertönt ist, bleibt nur noch der Besuch von Nightclubs. Jugendliche dürfen Pubs nur in Begleitung Erwachsener betreten.

Cafés und Tearooms

Cafés öffnen in der Regel schon zum Frühstück und ein **Full English Breakfast** sollte man sich zumindest einmal auf der Reise nicht entgehen lassen. Dazu gehören verschiedene Fruchtsäfte, Früchte – klassischerweise eine halbe Grapefruit –, eine Vielfalt an Zerealien und Müslis, auf jeden Fall Eier (gekocht, pochiert, als Spiegel- oder Rührei), Toast, Marmelade, Honig, gebratene Würste, Pilze, Tomaten und Speck. Das englische Frühstück ist nicht nur köstlich, es hält auch bis zum Nachmittagstee vor.
Zwischen 16 und 17 Uhr ist **»tea time«** angesagt, die man in den vielen schönen Tearooms zelebrieren kann. Zum **Cream Tea** mit Sahne gibt es klassischerweise **Scones** aus Rühr- oder Hefeteig, zu denen rote Marmelade und »clotted cream« (Streichrahm) gereicht werden. Neben Kuchen und Gebäck gibt es zum Tee aber auch Gurken- oder Lachssandwiches, stilvoll auf einer Etagere angerichtet.

TYPISCHE GERICHTE

BAEDEKER WISSEN

Fisch und Meeresfrüchte spielen eine große Rolle. Krebse und Lobster, Seeohr und Aalsuppe zählen zu den Spezialitäten. Trotz der Nähe zu Frankreich ist die traditionelle Küche der Inseln eher bodenständig und herzhaft.

Jersey Bean Crock: Das Gericht lässt sich am ehesten mit der französischen Cassoulet vergleichen. Es ist ein langsam in einem Tontopf gegarter, deftiger Bohneneintopf mit Zwiebeln und Schweinefleisch, und möglichst mit einem Schweinefuß, wenn es richtig traditionell sein soll. Früher wurde die Speise im Tontopf zum Bäcker gebracht und über Nacht im Ofen gegart. Dem Eintopf verdanken die Inselbewohner ihren Spitznamen »Jersey Beans«.

Ormer: Die »ormer«, im deutschsprachigen Raum als Seeohr oder Abalone bekannt, gilt als eine ganz besondere Delikatesse. Mehr noch als die Auster, die auf den Kanalinseln ebenfalls sehr beliebt ist. Aufgrund ihrer Seltenheit dürfen sie nur während weniger Monate im Winter bei Ebbe gesammelt werden. Es ist verboten, nach ihnen zu tauchen. Seit wenigen Jahren gibt es einen kleinen Zuchtbetrieb auf Jersey, der die Versorgung mit den Trüffeln des Meeres, wie die »ormer« auf den Kanalinseln auch genannt wird, verbessert. Meeresfrüchtefans sollten sich das nicht ganz billige Vergnügen gönnen und Seeohr bestellen. Sie können wie Austern roh gegessen werden. In Japan z. B. werden sie als Sashimi verspeist.

In den Restaurants der Kanalinseln kommen sie aber meist gebraten auf den Tisch.

Ploughman's Lunch: Das klassische Pub-Essen ist ein kaltes Gericht und zweifellos eine britische Ikone. Auch in den Pubs der Kanalinseln wird es gerne bestellt. Traditionell besteht es aus einer dicken Scheibe Käse (meist Cheddar, es kann aber auch Stilton oder eine lokale Käsesorte sein) sowie Pickles, Brot und Butter. Ergänzend können Salat, Tomaten oder eingelegte Zwiebeln hinzukommen.

Conger Soup: Eines der populärsten Gerichte war über Jahrhunderte hinweg die Aalsuppe. Heutzutage geht der Trend zwar eher zu kalorienärmeren Speisen, doch die herzhafte Suppe aus Aal, Zwiebeln oder Lauch und Kohl ist es wert, nicht in Vergessenheit zu geraten, denn sie schmeckt gut und sättigt auch wunderbar.

Black Butter: Der Brotaufstrich besteht aus frischem Cider, der über Stunden oder Tage auf die Hälfte eingekocht wird und dem anschließend Äpfel, Zucker, Zitrone, Lakritz und Gewürze zugegeben werden. Die Mixtur wird dann wieder gekocht und dabei ständig mit einem großen hölzernen Löffel umgerührt. Das Ergebnis heißt Black Butter oder Nièr Beurre und ist eine dunkle, sehr kalorienreiche Köstlichkeit.

Jersey Royal Potatoes: Ja, Kartoffeln können eine Delikatesse sein! Wer dies nicht glaubt, hat noch nie einen Teller mit frischen Jersey Royals gegessen. Der intensive Geschmack dieser Kartoffel mit ihrer papierdünnen Schale kommt am Besten zur Geltung, wenn man sie nur mit etwas Butter verzehrt. Die Bezeichnung dieser Kartoffelart ist geschützt, nur Kartoffeln von der Insel Jersey dürfen sich »Jersey Royals« nennen.

FEIERN

Die Feste und Events sagen viel über den Charakter einer Region und seiner Bewohner aus. Auf den Kanalinseln ist der Anlass immer ein fröhlicher und es dreht sich um die schönen Dinge des Lebens wie Blumenschmuck, kulinarischen Genuss und Natur.

Blumen-, Wander- und Gastronomie-Feste

Zucht und Export vom Blumen war einst einer der wichtigsten Wirtschaftszweige auf den Kanalinseln, und so ist es nicht verwunderlich, dass sich viele Feste um Blumen drehen. So feiert man im Juni auf Guernsey das neuntägige Guernsey Floral Festival und auf Alderney öffnen Privatgärten unter dem Titel Bloomin' Alderney ihre Türen. Jersey würdigt die Blumenpracht der Insel bei der Battle of Flowers im August. Wer die Inseln gerne zu Fuß erkunden möchte, ist in den Monaten Mai und September genau richtig. Dann finden auf Guernsey während des Spring bzw. Autumn Walking Festivals zahlreiche **geführte Wanderungen** statt.
Den fantastischen Zutaten, die die Inseln bieten, sowie ihrer meisterhaften Zubereitung wird auf dem **Tennerfest** gehuldigt, das ab Anfang Oktober sechs Wochen lang auf allen Inseln gefeiert wird. An einem Wochenende in der Zweiten Oktoberhälfte wird auf Jersey das **Black Butter Making** zelebriert. Das sehr gesellige Fest widmet sich der Herstellung von Black Butter, einem köstlichen Brotaufstrich aus Cider, Äpfeln und Gewürzen.
An den gesetzlichen Feiertagen bleiben Schulen, Büros, Banken und die meisten Geschäfte geschlossen.

VERANSTALTUNGSKALENDER

GESETZLICHE FEIERTAGE

1. Januar:
Neujahr
März/April:
Karfreitag und Ostermontag
Erster Montag im Mai:
May Day
9. Mai:
Liberation Day Jersey, Guernsey
10. Mai:
Liberation Day Sark
Letzter Montag im Mai:
Spring Bank Holiday
Letzter Montag im August:
Summer Bank Holiday, auf Alderney erster Montag im August
15. Dezember
Homecoming Day, nur auf Alderney Feiertag
25. Dezember:
Christmas Day
26. Dezember:
Boxing Day

EVENTS IM APRIL/MAI

JERSEY UND GUERNSEY
Walking Festivals
Im April können Urlauber im Rahmen von Walking Festivals an geführten Wanderungen auf Jersey teilnehmen, im Mai dann auf Guernsey. Dabei stehen Touren verschiedener Länge und Schwierigkeitsgrade auf dem Programm.

AUF ALLEN INSELN AUSSER ALDERNEY
Liberation Day
Am 9. Mai feiert man die Befreiung von der deutschen Besatzung. Vormittags geht es mit einer Parade alter Militärfahrzeuge zeremoniell zu, ab dem Nachmittag wird auf Jahrmärkten und bei Live-Bühnenshows bis spät abends gefeiert. Ein Feuerwerk ist der krönende Abschluss.

EVENTS IM JUNI

ALDERNEY
Bloomin' Alderney
Davon, dass es auf Alderney wunderschöne Gärten gibt, kann man sich Anfang Juni überzeugen. Für eine Woche öffnen sich dann Privatgärten, die normalerweise den Augen der Öffentlichkeit verborgen sind, für interessierte Besucher.

EVENTS IM JULI

GUERNSEY
Le Viaer Marchi
Der »Alte Markt« ist eine vom National Trust of Guernsey organisierte Veranstaltung, bei der Guernseys altes Handwerk und die traditionellen Gerichte der Insel im Mittelpunkt stehen. Wer also einmal einen echten Guernsey Bean Jar oder einen Guernsey Gâche probieren möchte, sollte die Insel am ersten Montag im Juli besuchen.

SARK
SarkFest
Noch relativ jung, aber trotzdem schon eine feste Größe im Veranstaltungskalender. Beim 2010 erstmals veranstalteten dreitägigen Festival auf Sark treten Anfang Juli regelmäßig über 50 Künstler und Bands auf. Die Veranstaltung ist schon jetzt so populär, dass Interessierte sich rechtzeitig um Karten bemühen müssen.

ALDERNEY
Alderney Week
Eine Woche feiert die Insel sich selbst und das mitunter sehr selbstironisch. Umzüge, eine Strandolympiade, zahlreiche Sport- und Musikveranstaltungen, eine Miss-Alderney-Wahl, Theateraufführungen, ein Wettbewerb im Sandburgenbauen, ein Entenrennen im Hafenbecken, ein Schlauchbootrennen und vieles mehr. Bei der Alderney Week nimmt man sich selbst nicht ernst und entsprechend ausgelassen ist die Stimmung.

EVENTS IM AUGUST

JERSEY
Battle of Flowers
Beim Blumenkorso zeigt sich Jersey verschwenderisch farbenfroh. Anlass war 1902 die Krönung von König Edward VII. und Königin Alexandra, Vorbild der berühmte Blumenkarneval in Nizza. In den frühen Jahren war es üblich, dass Teilnehmer Blumen in die Menge warfen, die manchmal zurückflogen sodass sich eine regelrechte Blumenschlacht entspann. Da diese immer wilder wurden, beschloss man 1964, sie zu unterlassen. Der Blumenkorso ist ein Wettbewerb, bei dem Jerseys zwölf Gemeinden jedes Jahr einen eigenen Wagen ins Rennen schicken. Begleitet wird der Umzug von zahlreichen Showbands, Tanzgruppen und Majoretten. Zum Programm gehören Jahrmärkte und Musikveranstaltungen. Seit 1989

Garantiert viel Spaß und Wettkampfgeist: das Schlauchbootrennen in der Braye Bay während der Alderney Week.

ziehen am Abend des Folgetags bei der »Moonlight Parade« beleuchtete Festwagen durch die Nacht, und zum Abschluss gibt es ein große Feuerwerk.

ALDERNEY

Alderney Chamber Music Festival

Mit Beteiligung von Musikern aus aller Welt findet Ende August/ Anfang September seit 2017 ein Kammermusikfestival auf Alderney statt. Veranstaltungsorte sind die Island Hall, der einstige Regierungssitz der Insel, sowie die St. Anne's Church, die »Kathedrale der Kanalinseln«.

EVENTS IM SEPTEMBER

JERSEY

Weekender Festival

Bei diesem 2017 ins Leben gerufenen Pop- und Rockfestival verwandelt sich am ersten Wochenende im September das Gelände des Royal Jersey Showground in ein kleines Woodstock.

EVENTS IM OKTOBER/ NOVEMBER

AUF ALLEN INSELN

Tennerfest

Ab Anfang Oktober wird auf allen Inseln sechs Wochen lang das Tennerfest gefeiert, bei dem man hervorragend und außerdem preisgünstig schlemmen kann.

Bis zu 50 000 Blumen werden bei der Battle of Flowers auf einem Festwagen drapiert.

SHOPPING

Ob man bei den Kanalinseln von einem Einkaufsparadies sprechen kann, sei dahingestellt. Einer ausgedehnten Shoppingtour stehen aber weder mangelndes Angebot noch hohe Preise im Weg.

Überraschend günstig

Dafür, dass viele Waren relativ preiswert sind, ist vor allem die **niedrige Mehrwertsteuer** verantwortlich. Die wird auf Guernsey, Alderney, Sark und Herm nämlich gar nicht erhoben, auf Jersey beträgt sie gerade einmal 5 %. Erfreulich für Besucher vom Kontinent ist auch die Tatsache, dass der Wechselkurs günstig ist. Und da beide Inselwährungen an das britische Pfund gekoppelt sind, haben sich zur großen Freude der Besucher auch das Jersey- und Guernsey-Pfund seit 2000 mehr oder weniger stetig nach unten bewegt.

Einkaufsstraßen

Die größte Auswahl an Geschäften auf den Kanalinseln befindet sich in der **Fußgängerzone von St. Helier**, die hauptsächlich von der King Street, der Queen Street und dem Halkett Place gebildet wird. Lohnend ist aber auch ein Besuch von **Liberty Wharf**, einer überdachten Ladenpassage in den alten Lagerhallen am Jachthafen. Haupteinkaufsstraße in **St. Peter Port** ist die High Street am Hafen, und auch das Old Quarter lädt mit seinen kleinen Antiquitätenläden, Galerien und Boutiquen zum Shoppen ein.

Einkaufspaläste

Ein absolutes Muss ist ein Besuch des Kaufhauses **De Gruchy** in St. Helier. Mit seinen 7000 m² Verkaufsfläche ist es nicht nur der größte Einzelhändler der Kanalinseln, das Haus aus der Mitte des 19. Jhs. ist auch ein architektonisches Juwel. Ein Bummel durch den viktorianischen Prachtbau in der King Street ist ein reines Vergnügen. Auch sehr sehenswert ist das ebenfalls in der King Street gelegene Kaufhaus **Voisin's.** Nicht ganz so alt wie die Konkurrenz, kann es doch immerhin auf fast 200 Jahre Geschichte zurückblicken.

Kulinarische Souvenirs

Ein weiteres Muss auf der Besucherliste ist der Central Market am Halkett Place, eine **gusseiserne viktorianische Markthalle** aus dem Jahr 1883 mit einem wunderschönen, von Goldfischen bevölkerten Springbrunnen. Es ist in erster Linie ein Gemüse-, Obst- und Blumenmarkt, aber auch so manches kulinarische Souvenir wie ein Pfund **Jersey Royals**, die Inselkartoffeln mit ihrem intensiven Geschmack und ihrer papierdünnen Schale, kann man erwerben.
Unwiderstehlich sind die Pralinen und Trüffel von **Caragh Chocolates,** die auf der Insel Sark von Hand hergestellt werden. Eines der Ausgangsprodukte ist natürlich die berühmte fetthaltige Milch der Kanalinseln. **Black Butter**, der süße Brotaufstrich aus eingekochtem Cider, Äpfeln, Zucker, Zitrone, Lakritz und Gewürzen, ist eine uralte

Auch Chutneys sind ein leckeres und vielseitig einsetzbares Mitbringsel.

Spezialität aus Jersey. Sehr zu empfehlen sind auch die **Weine und Cider** des La Mare Wine Estate, die man außerhalb der Kanalinseln vergeblich suchen wird.

Pullover

Wärmend, handgemacht und unverwüstlich sind die **Jersey- und Guernsey-Pullover.** Ihr guter Ruf reicht zurück bis ins Mittelalter, denn bereits damals existierten auf beiden Inseln zahlreiche florierende Handwerksbetriebe. Vor allem Seeleute und Fischer machten den Guernsey-Pullover in aller Welt bekannt. Ihre traditionelle Farbe ist Dunkelblau, obwohl heute natürlich auch viele andere Farben erhältlich sind. Die leicht ölige Wolle macht die Guernsey-Pullover wasserabweisend.

Keramik, Briefmarken, Lavendel

Die zahlreichen **kleinen Töpfereien** auf Jersey produzieren wunderschöne Keramik von ganz ausgezeichneter Qualität mit anspruchsvollem Design. So etwa Sinclair Ceramics in St. Ouen, La Louême in St. Mary oder Haithwaite Ceramics in Grouville, wo der verarbeitete Ton bei Ebbe aus der Grouville Bay nahe dem Seymour Tower gewonnen wird. Nicht nur Philatelisten mögen die **Briefmarken** der Kanalinseln: Die oft wunderschönen Marken aus Jersey, Guernsey und Alderney sind etwas ganz Besonderes. Vor allem die Wertzeichen von

Alderney mit ihren Motiven der heimischen Flora und Fauna haben es Sammlern angetan. Bei Jersey Lavender dreht sich alles um die wohlriechende Mittelmeerpflanze Lavendel, die Dank des milden Klimas auch auf den Kanalinseln prächtig gedeiht. Ob Seife, Eau de Toilette, Öl oder Lavendelsäckchen, bei Jersey Lavender gibt es alles, was sich aus den Blüten herstellen lässt. Selbst Gelee und Marmelade sowie Lavendel-Backmischungen sind im Angebot.

Öffnungszeiten

Normalerweise sind die Geschäfte auf den Kanalinseln Montag bis Freitag 9–17.30 Uhr geöffnet. Einige kleine Lebensmittelläden und Supermarktfilialen haben bis 21 oder 22 Uhr und auch sonntags geöffnet.

ÜBERNACHTEN

Auf den fünf Inseln gibt es Unterkünfte der unterschiedlichsten Kategorien. Bekanntlich sind die Kanalinseln kein Billigreiseziel. Alternativen zu Hotels und Pensionen sind Campingplätze, Privatunterkünfte und Ferienwohnungen für Selbstversorger.

Hotels und Pensionen

Die Bandbreite der **Hotels und Pensionen** (»guest houses«) reicht vom Drei- bis zum Fünf-Sterne-Bereich, auf den kleineren Inseln ist die Auswahl allerdings recht eingeschränkt. Dies gilt vor allem für die Insel Herm, wo es nur ein Hotel gibt. Neben Einzel- und Doppelzimmern bieten einige Hotels auch Suiten und Apartments. In den meisten Hotel- und Pensionszimmern findet der Gast **»tea and coffee making facilities«** vor, also Wasserkocher, Tassen, Teebeutel, Kaffeepulver, Zucker und Milch, so dass man sich zwischendurch Tee oder Kaffee machen kann.

Privatunterkünfte und Ferienwohnungen

Auf allen Inseln gibt es Privatunterkünfte und Ferienwohnungen für Selbstversorger – gerade für Familien eine günstige Alternative zu Hotels oder Pensionen. Auf den kleineren Inseln mit nur wenigen Hotels sind sie die beliebteste Unterkunft.
www.airbnb.com, www.wimdu.com, www.booking.com
www.kanalinseln-info.de/ferienwohnungen/, www.fewo-direkt.de

Camping

Wohnwagen bzw. Wohnmobile sind auf den Plätzen Beuvelande und Rozel auf Jersey erlaubt, wenn man **vorab Fähre und Stellplatz** gebucht hat. Da die Straßen sehr eng sind, darf man nur zum Campingplatz und zurück zur Fähre fahren. Auf Guernsey sind auf Le Vaugrat Wohnmobile zugelassen. Besitzer müssen vor ihrer Anreise eine entsprechende **Genehmigung vom Campingplatzbetreiber** einholen und bei Kontrollen durch die Fährgesellschaft vorlegen.

Auf Jerseys Festungen

Einige der Festungen, Forts und Wehrtürme der Insel Jersey sind heutzutage originelle Unterkünfte mit Abenteuerfaktor. Manche gehören sicher nicht zu den luxuriösesten Übernachtungsmöglichkeiten. Im **Lewis Tower** ist man auf nahegelegene öffentliche Toiletten und Duschen angewiesen, der **Archirondel Tower** verfügt zumindest über eigene Sanitäranlagen. Der **Seymour Tower** und der **La Rocco Tower** liegen im Meer vor der Küste und sind nur bei Ebbe und zu Fuß zu erreichen, was ohne einen einheimischen Begleiter nicht möglich ist. Beide Türme verfügen zwar über Sanitäranlagen, Trinkwasser muss aber von den Gästen mitgebracht werden.
Wesentlich luxuriöser ist **La Crête Fort** in der Bonne Nuit Bay. Das an drei Seiten vom Meer umgebene Fort bietet Platz für fünf Personen, traumhafte Ausblicke auf die Küste der Normandie und absolute Ruhe. Fernsehempfang gibt es allerdings nicht. Über dem Hafen von Bouley Bay im Nordosten Jerseys können bis zu acht Personen im **Fort Leicester** unterkommen. Die liebevoll eingerichteten Räume, auch Küche und Bad, befinden sich allerdings in separaten Gebäuden. Das Fort bietet einen großen Garten und eine schöne Terrasse.
Neueren Datums ist der **Corbière Radio Tower**, ein 1940 von den deutschen Truppen errichteter Beobachtungsturm. Auf drei Stockwerke verteilen sich jeweils ein Doppelzimmer mit Bad, in einem weiteren liegt die Küche. Absoluter Höhepunkt ist die große, rundum verglaste Lounge in der oberen Etage mit fantastischem Rundblick über die Insel, einer wirklich traumhaften Aussicht auf den La Corbière Leuchtturm unterhalb und unvergesslichen Sonnenuntergängen.
Auch im Kasernentrakt von **Elizabeth Castle** vor St. Helier gibt es eine Ferienwohnung für vier bis sechs Personen. Die Burg ist bei Ebbe zu Fuß und bei Flut mit einem Amphibienfahrzeug zu erreichen. Sobald sich die Tore für Besucher geschlossen haben, kann man die Anlage quasi ganz für sich allein genießen.
Jerseys Festungen werden von der Kulturstiftung **Jersey Heritage** verwaltet, wo man die Ferienwohnungen auch buchen kann.
Jersey Heritage Trust: Tel. 63 33 00, www.jerseyheritage.org

INFORMATIONEN

PREISKATEGORIEN

Für ein Doppelzimmer mit Frühstück
€€€€ = über 150 GBP
€€€ = 90–150 GBP
€€ = 50–90GBP
€ = bis 50 GBP

BUCHUNG

Jersey: Tel. +44 (0) 1534 85 90 00 www.jersey.com
Guernsey: Tel. +44 (0) 1481 22 35 52, www.visitguernsey.com
www.kanalinseln-info.de/hotels/
https://de.boutiquehotel.me/channel-islands/
www.booking.com, www.hrs.de

CAMPINGPLÄTZE

JERSEY

Beuvelande Campsite
St. Martin, Jersey JE3 6EZ
Tel. 01534 85 35 75
www.campingjersey.co.uk

Rozel Camping Park
St. Martin, Jersey JE3 6AX
La Grande Route de Roze
Tel. 01534 85 52 00
www.rozelcamping.com

GUERNSEY

Le Vaugrat Campsite
Guernsey GY2 4TA
Route de Vaugrat
St. Sampson
Tel. 07781 41 32 74
www.vaugratcampsite.com

La Bailloterie Camping
Guernsey GY3 5HA
Bailloterie Lane, Vale
Tel. 01481 24 36 36
www.campinginguernsey.com

ALDERNEY

Saye Beach Campsite
Alderney GY9 3 YJ
Tel. 01481 82 25 56
www.sayebeachcamping.co.uk

SARK

La Valette Campsite
Ostküste von Sark, GY10 1SE
Tel. 01481 83 20 66
www.sercq.com

HERM

Island Camping
Tel. 01481 75 00 00
www.herm.com/camping

Stilvoll und romantisch: Longueville Manor Hotel in St. Savior auf Jersey

P
PRAKTISCHE INFOS

Wichtig, hilfreich, präzise

Unsere Praktischen Infos helfen in (fast) allen Situationen auf den Kanalinseln weiter.

Wer mit der Fähre von Carteret nach Jersey fährt, kommt in Gorey an. ►

KURZ & BÜNDIG

ELEKTRIZITÄT

240 Volt Wechselsoannung, Geräte für 220 Volt können problemlos angeschlossen werden. In Hotels und Pensionen sowie auf Campingplätzen gibt es meist zweipolige Stecker, mitunter aber auch dreipolige. Zur Sicherheit bringt man einen Adapter von zu Hause mit.

NOTRUFE

FEUERWEHR, POLIZEI, NOTARZT

Tel. 112 oder 999

POLIZEI

Auf Jersey
Tel. 01534 61 26 12

Auf Guernsey
Tel. 01481 22 22 22

SPERR-NOTRUF

bei Verlust von Bank- und Kreditkarten
Tel. +49 11 61 16

WAS KOSTET WIE VIEL?

einfache Mahlzeit: ab 15 €
Drei-Gänge-Menü: ab 40 €
Bier: ca. 4,75 €
Busfahrt: 2,25 €
DZ: ab 125 €

ZEIT

Auf den Kanalinseln gilt die Coordinated Universal Time (UTC). Damit ist es eine Stunde früher als in Deutschland, Österreich und der Schweiz. Alle Uhrzeiten werden wie in Großbritannien mit a. m. (»ante meridiem« = vor 12 Uhr mittags) und p. m. (»post meridiem« = nach 12 Uhr mittags) angegeben (5.30 p.m. entspricht also 17.30 Uhr).

ANREISE · REISEPLANUNG

Mit dem Flugzeug nach Jersey und Guernsey

Flughäfen mit internationalem Flugverkehr gibt es auf Jersey und auf Guernsey. Von April bis September fliegen Lufthansa und Eurowings von einigen Flughäfen direkt nach Jersey. Reiseveranstalter wie Tui Wolters oder Dertour bieten in den Sommermonaten von einigen deutschen Flughäfen **Charterflüge** an. Die Flugzeit für einen Direktflug von Frankfurt nach Jersey beträgt ca. 1,5 Stunden. Darüber hinaus bestehen tägliche Flugverbindungen von vielen deutschen Flughäfen via Großbritannien, beispielsweise über London Gatwick, London Stansted, Bristol, East Midlands oder Manchester. Von den Flughäfen auf den Inseln Jersey und Guernsey gibt es häufige Linienbusverbindungen in die Hauptstädte und von dort weiter zu allen Regionen der Inseln.

Mit der Fähre nach Jersey und Guernsey

Alle Kanalinseln werden von zwei **Fährgesellschaften** angelaufen. Bei der Planung unbedingt daran denken, dass die **Abfahrtszeiten tidenabhängig** sind! Wer mit dem eigenen Auto auf die Kanalinseln möchte, kann ab St. Malo (Bretagne) oder auch ab Südengland (Poole, Portsmouth) die **Autofähre** von Condor Ferries nehmen. Die Überfahrt von St. Malo nach Jersey dauert etwa 80 Minuten, nach Guernsey 2 Stunden, von Poole nach Guernsey 3 Stunden, nach Jersey 4,5 Stunden. Von Portsmouth aus dauert es erheblich länger, da statt Schnellfähren konventionelle Fähren eingesetzt werden. Meist ist es aber preiswerter, eine Personenfähre zu nehmen und ein Auto zu mieten. **Personenfähren** der Reederei Manche Îles fahren von den nordfranzösischen Häfen Barneville-Carteret und Granville nach Jersey (1 Std. 5 Min. bzw. 1 Std. 25 Min.), von Diélette nach Alderney (55 Min.) und Guernsey (1 Std. 10 Min.). Condor bedient die Strecke von Poole nach Guernsey.

Nach Alderney, Sark und Herm

Von Guernsey (Flugzeit 20 Min.) und Southampton gibt es mehrmals täglich **Direktflüge** mit Aurigny Air **nach Alderney**, von Jersey nur über Guernsey. Die von Deutschland aus angebotenen Flugverbindungen gehen zunächst über Guernsey. Vom Flughafen Alderney sind es zu Fuß ca. 10 Minuten nach St. Anne, am Flughafen stehen aber auch Taxis. Fährverkehr besteht von Guernsey oder von Diélette in Nordfrankreich mit Manche Îles (55 Min.).
Da es auf **Sark** keinen Flugplatz gibt, ist nur die Anreise mit dem Schiff möglich. Von Guernsey (St. Peter Port) fahren mehrmals täglich Boote nach Sark. Tickets gibt es bei der Isle of Sark Shipping Company, Startpunkt ist der White-Rock-Pier, die Überfahrt dauert 55 Minuten. Ab Jersey (St. Helier) fährt im Sommer Manche Îles nach Sark, Fahrzeit mit dem Schnellboot 1 Std. 10 Minuten. Den recht steilen Weg vom Hafen zum Dorf fährt ein von einem Traktor gezogener Wagen, der Passagiere mitnimmt. Vom Hafen aus gibt es einen Gepäcktransport zum Hotel.
Zwischen **Herm** und St. Peter Port auf Guernsey verkehrt die Isle of Herm Ferry und Travel Trident. Tickets gibt es in St. Peter Port im Hafen. Gepäck wird mit einem Inseltraktor transportiert. Auf Herm gibt es zwei Häfen – einen für Ebbe und einen für Flut –, die etwa zehn Minuten zu Fuß voneinander entfernt liegen.

Ein- und Ausreisebestimmungen

Reisedokumente

Bürger aus Deutschland, Österreich und der Schweiz benötigen zur Einreise auf die Kanalinseln einen gültigen **Reisepass**. Dasselbe gilt für Tagesausflüge nach Frankreich. Wer mit dem eigenen Pkw kommt, muss Führerschein, Kfz-Schein und die grüne Internationale Versicherungskarte dabeihaben. Außerdem empfiehlt sich die Mitnahme eines Auslandsschutzbriefs.

Haustiere

Haustiere, die ohne Quarantäne aus EU-Ländern oder Ländern des Europäischen Wirtschaftsraums eingeführt werden sollen, müssen die im Pet Travel Scheme (PETS) vorgegebenen Bedingungen erfüllen. Für die Vorbereitungen (Mikrochip zur Identifikation, Impfung, Bluttest) müssen ca. sieben Monate eingeplant werden. Informationen bekommt man bei Visitbritain oder im Internet.
Auf **Jersey** dürfen Hunde zwischen Mai und September von 10.30 bis 18 Uhr nur angeleint an Stränden geführt werden.

Infos allgemein: www.gov.uk/take-pet-abroad
Guernsey: Tel. 01481 23 45 67
Jersey: bei der Touristeninformation (▶ S. 285).

Zollbestimmungen

Da die Kanalinseln **nicht zur EU** gehören, müssen folgende Höchstmengen beachtet werden: Personen über 17 Jahre 200 Zigaretten oder 100 Zigarillos oder 50 Zigarren oder 250 Gramm Tabak sowie 1 Liter Spirituosen oder stark alkoholhaltige Liköre über 22 % oder 2 Liter Alkohol und alkoholische Getränke mit einem Alkoholgehalt von höchstens 22 % sowie 4 Liter Tafelwein, 16 Liter Bier und Waren, Souvenirs und Geschenke im Wert von 430 € mitnehmen (Reisende unter 15 Jahren 175 €).

FLUGHÄFEN

JERSEY
Tel. 01534 44 60 00
www.jerseyairport.com

GUERNSEY
Tel. 01481 23 77 66
www.airport.gg

FLUGGESELLSCHAFT
Aurigny Air Services
www.aurigny.com
Tel. 01481 267267

FÄHREN
Condor Ferries
www.condorferries.com
Tel. +44 345 609 10 24

Manche Îles
www.manche-iles.com
Tel.: +33 825 131 050

Sark Shipping Company
www.sarkshipping.gg
Tel. 01481 72 40 59

Travel Trident
Guernsey, St. Peter Port
Tel. 01481 72 13 79
www.traveltrident.com

AUSKUNFT

Touristische Auskünfte erteilen die jeweiligen Tourist Offices – der Verwaltungsbezirk (Bailiwick) Jersey für Jersey und der Verwaltungsbezirk Guernsey für Guernsey, Alderney, Sark und Herm. Entsprechend sind auch in den meisten Fällen die Informationsstellen einander zugeordnet. Informationen über die Inseln findet man auf den Internetseiten.

TOURISTISCHE INFORMATIONEN

JERSEY
Tourist Information Centre
Esplanade, Liberation Bus Station
St. Helier, Jersey JE2 3AS
www.jersey.com/de

GUERNSEY
www.visitguernsey.com

ALDERNEY
www.visitalderney.com

SARK
www.sark.co.uk

HERM
www.herm.com

KONSULARISCHE VERTRETUNGEN

DEUTSCHER HONORARKONSUL JERSEY
Robert Lütkehaus
Haut Bois, La Grande Route
de St. Laurent
St. Lawrence, Jersey, JE3 1NN
Tel. 01534 28 08 58
st-helier@hk-diplo.de

DEUTSCHER HONORARKONSUL GUERNSEY
Christopher Nicholas Betley
55 Le Bordage
St. Peter Port
Guernsey GY1 1BP
Tel. 01481 72 51 15
st-peter-port@hk-diplo.de

Österreich und die Schweiz haben keine konsularischen Vertretungen auf den Inseln.

ETIKETTE

Höflichkeit

Auffällig freundlich und höflich sind die Bewohner der Kanalinseln, man kommt überall schnell ins Gespräch und bekommt immer ein paar nette Worte mit auf den Weg. Eine vergleichbare Freundlichkeit wünscht man sich auch von den Besuchern.

Autofahren Man wird auf den schmalen Straßen kaum in Versuchung kommen, draufgängerisch zu fahren. Aber auch wenn man erstmal die ersten Schwierigkeiten überwunden hat, sollte man beim Fahren zurückhaltend bleiben – genau wie die Einheimischen. Nicht beliebt sind dichtes Auffahren, Hupen oder gar Lichthupen. Auch rücksichtsloses Vordrängeln kommt nicht gut an.

Trinkgeld Auf den Kanalinseln ist ein Trinkgeld von ca. 10 % im Restaurant üblich, auch wenn auf die Rechnung schon 10 % für den Service aufgeschlagen werden. Bei Ausflugsfahrten bekommen Busfahrer oder Reiseleiter mindestens 10 % Trinkgeld, das gilt auch für Taxifahrer.

GELD

Währung Auf allen Inseln zahlt man mit **britischen Pfund**, doch haben die Inseln auch eine eigene Währung, das Jersey Pound bzw. das Guernsey Pound, das dem britischen Pfund 1:1 entspricht und auf allen Inseln gültig ist. Das Pfund (£) hat 100 Pence (p). Es gibt Banknoten zu £ 5, 10, 20 und 50, Münzen zu 1, 2, 5, 10, 20 und 50 p. Eine Einpfund-Note gibt es ausschließlich auf den Inseln; in Großbritannien ist sie nicht mehr im Umlauf.

Wechselkurse

1 £ = 1,16 €	1 € = £ 0,86
1 £ = 1,11 sfr	1 sfr = £ 0,90

Aktuelle Wechselkurse finden Sie u. a. unter www.oanda.com.

Bargeld In Großbritannien und im Ausland wird Bargeld der Kanalinseln oft nicht anerkannt. Bei kleineren Banken gibt es mitunter Probleme beim Rücktausch, bei größeren in der Regel nicht: Besser vor der Rückreise die Inselwährung in britische Währung umtauschen!

Geldwechsel Bargeld erhält man am günstigsten per Bank- oder Kreditkarte am Geldautomaten. In den Stadtzentren von St. Helier und St. Peter Port haben alle Banken Automaten, auch in mehreren kleineren Orten gibt es Geldautomaten **(cash machine, ATM)**. Einige Geschäfte nehmen auch Euro an. Alle bekannten Zahlungs- und Kreditkarten werden akzeptiert, auch in kleinen Hotels und Geschäften.
Bei Verlust von Bank- und Kreditkarten sowie Handys sollte man die zentrale Notrufnummer nutzen und die Karten umgehend sperren lassen (► S. 282).

GESUNDHEIT

Krankenversicherung

Wenn man nicht ohnehin schon eine private **Auslandskrankenversicherung** hat, wird dringend dazu geraten, vor Reiseantritt eine solche abzuschließen, da die Kanalinseln nur mit Österreich, nicht aber mit Deutschland und der Schweiz ein Gesundheitsabkommen haben. Behandlungskosten müssen **vor Ort bezahlt** werden. Man sollte sich eine Quittung ausstellen lassen, um sich die Kosten anschließend von der Krankenkasse zu Hause zurückerstatten lassen zu können.

Medizinische Versorgung

Auf den großen Inseln ist die medizinische Versorgung gut. Auf Jersey sind einige Praxen speziell auf Urlauber eingestellt (»visitor scheme«). **Arztpraxen** haben in der Regel von 8.30–17.30 Uhr geöffnet. Notfälle werden im **Jersey General Hospital** in der Gloucester Street in St. Helier (Tel. 01534 44 20 00, im Notfall 999) behandelt. Dorthin werden im Zweifel auch schwerere Fälle von den **kleineren Inseln** gebracht.

Apotheken

Apotheken (**»pharmacy«, »chemist«**) haben nur zu den normalen Geschäftszeiten, also bis 17 oder 17.30 Uhr geöffnet. Es gibt keinen Notdienst: Nachts und an Wochenenden bekommt man wichtige Medikamente nur über die Krankenhäuser oder medizinischen Dienste.

LESETIPPS

Klassiker, Krimis und Urlaubsschmöker

Claus Beling: Was du nicht weißt. Bastei Lübbe 2012. Krimi mit viel Lokalkolorit. Auf Jersey werden zwei Frauenleichen gefunden, und eine Teehändlerin beginnt mit eigenen Ermittlungen. Der zweite Teil »Drum stirb auch du« erschien 2018.

Ellis Corbet: Kalt lächelt die See: Ein Guernsey-Krimi. Lübbe 2022. Ein verlassenes Segelboot vor der Küste Guernseys veranlasst Detective Inspector Kate Langlois, sich an Bord der »Aventura« umzusehen. Von den Eignern fehlt jede Spur. Was idyllisch beginnt, entwickelt sich zu einem raffinierten Kriminalfall mit britisch-französischem Flair und sympathischem Ermittlerduo.

Victor Hugo: Die Arbeiter des Meeres. Henricus 2019. Klassiker der maritimen Literatur. »Les Travailleurs de la Mer« ist der einzige Roman von Victor Hugo, der auf den Kanalinseln spielt. Er schildert den Kampf des Fischers Gilliatt, der den Motor eines in den Klippen vor den Kanalinseln zerschellten Dampfschiffs retten will, um die Tochter des Schiffseigners für sich zu gewinnen.

Magaret Leroy: Für immer, Vivienne, List 2011. Eine Bewohnerin von Guernsey verliebt sich in der Besatzungszeit in einen deutschen Offizier. Eine Geschichte voller Konflikte in schicksalsschweren Zeiten.

Charlotte Link: Die Rosenzüchterin. Blanvalet 2020. Eine deutsche Lehrerin mietet sich auf Guernsey in einem alten Rosenzüchterhaus ein und wird mit einer geheimnisvollen Geschichte konfrontiert, die ihren Ursprung in der Besatzungszeit hat.

John Nettles: Hitlers Inselwahn. Die britischen Kanalinseln unter deutscher Besetzung 1940–1945. Osburg 2015. Bekanntheit erlangte Nettles als Hauptdarsteller der TV-Krimiserien Jim Bergerac (1981 bis 1991, auf den Kanalinseln gedreht) und Inspektor Barnaby (1997 bis 2011). Nettles ist außerdem studierter Historiker und hat eine detaillierte Schilderung der Besatzungszeit veröffentlicht, die auch das Thema Kollaboration nicht ausgespart.

Mary Ann Shafer: Deine Juliet. btb 2015. Der warmherzige Roman über den Briefwechsel der jungen Schriftstellerin Juliet und dem Club der liebenswerten, teils sehr exzentrischen Guernseyer »Freunde von Dichtung und Kartoffelschalenauflauf« spielt in den späten 1940er-Jahren. Der Bestseller wurde 2018 verfilmt.

MASSE UND GEWICHTE

Schon 1995 wurde wie in ganz Großbritannien auch auf den Kanalinseln das metrische System eingeführt. Mit zwei Ausnahmen: das Pint für Bier und Milch (1 pint = 568 ml) und die Meilenangaben auf Verkehrszeichen (1 mile = 1609,34 m). Die alten Maßeinheiten werden allerdings immer noch häufig verwendet:

ENGLISCHE MASSEINHEITEN

1 inch = 2,54 cm
1 foot = 30,48 cm
1 yard = 91,44 cm
1 mile (mi; Meile) = 1,61 km
1 pint (pt) = 0,568 l
1 pound = 453,59 g

KONFEKTIONSGRÖSSEN

D:	36	38	40	42	44
GB:	8	10	12	14	16

SCHUHGRÖSSEN

D:	38	39	40	42	43	44
GB:	5	6	7	8	9	10

ÖFFNUNGSZEITEN

Allgemeines

Öffnungszeiten werden auf den Kanalinseln immer wie in Großbritannien mit dem Zusatz »a.m.« und »p.m.« angegeben. Die Angabe 10 a.m–5.30 p.m. bedeutet also 10 Uhr morgens bis 17.30 Uhr nachmittags.
Normalerweise haben **Geschäfte, Postämter, Apotheken** montags bis samstags zwischen 9 und 17.30 Uhr geöffnet, viele Geschäfte und Einrichtungen machen in der Mittagspause ein bis zwei Stunden zu. Einige kleine Läden, aber auch Supermärkte haben abends bis 21 oder 22 Uhr und auch sonntags geöffnet, u. a. die Läden der Kette Checkers XPress, auf Guernsey in St. Peter Port, North Esplanade, beim Weighbridge Uhrenturm; auf Jersey mehrere Filialen auf der Insel.

Restaurants

Einige Restaurants haben nur für zwei Stunden in der Mittagszeit und abends noch einmal für zwei Stunden geöffnet, z. B. 12–14 Uhr und 19–21 Uhr. Die Restaurants, die touristischen Attraktionen angegliedert und oft gut sind, haben nur während deren Öffnungszeiten auf, schließen also meistens um 16.30 oder 17 Uhr. Viele Restaurants haben am Sonntagabend geschlossen, einige zusätzlich auch noch montags.

PREISE · VERGÜNSTIGUNGEN

Preisniveau

Die Kanalinseln sind schön, aber teuer. Dennoch kann man den Urlaub einigermaßen günstig gestalten, wenn man auf **Pauschalangebote** achtet – so fallen Flug und Unterkunft schon mal nicht übermäßig ins Gewicht. Günstige Gerichte kann man in bistroähnlichen Lokalen bekommen. Oft gibt es auch Touristenmenüs, die gut und bezahlbar sind.

Kombitickets

Wenn man **Eintrittskarten** kauft, sollte man sich nach Discount- oder Kombitickets erkundigen, lohnend ist das für alle, die sich mehrere Sehenswürdigkeiten ansehen wollen und mit der ganzen Familie unterwegs sind. Auf Guernsey wird z. B. der **Discovery Pass** für den Besuch von Castle Cornet, das Guernsey-Museum in Candie Gardens und des Fort Grey Shipwreck Museum angeboten. Auf Jersey kann sich eine Jahresmitgliedschaft bei **Jersey Heritage** lohnen.

REISEZEIT

Haupt- und Nebensaison

Je nachdem, ob man Badeurlaub, Aktivurlaub oder Sightseeing plant, sollte man in der Hauptsaison oder in der Nebensaison auf die Kanalinseln fahren. Hauptsaison ist von Juli bis Anfang/Mitte September, Nebensaison ist von Mitte April bis Juni, dann wieder im September und Oktober. In der Hauptsaison sind die Preise natürlich am höchsten, hoffnungslos überfüllte Strände gibt es aber auch dann nicht. Erst im Juli steigen die Wassertemperaturen des Atlantik auf etwa 20 °C an, am wärmsten sind sie im August und September. Zwischen Oktober und April sind viele Pensionen und Restaurants und viele der Sehenswürdigkeiten geschlossen. Man ist dann mit den Insulanern fast allein. Im Winterhalbjahr kann man auch schon mal eine Sturmflut erleben.

Frühjahr

Besonders lohnend ist ein Urlaub auf den Kanalinseln im Frühjahr, weil dann alles grünt und blüht und die Klippen von Blumenteppichen überzogen sind. Wer aufs Baden nicht übermäßig viel Wert legt, sollte in dieser Jahreszeit auf die Inseln fahren. Im April und im Oktober kann man die Inseln mit mehr Ruhe genießen, in beliebten Hotels und Pensionen muss man aber auch in dieser Zeit reservieren.

Kleidung

Insgesamt ist auf den Kanalinseln lockere Urlaubskleidung angesagt – nur wer plant, exklusive Restaurants zu besuchen, muss sich mit der Kleidung entsprechend darauf einstellen. Was Wind und Wetter betrifft, muss man bei einer Reise auf die Kanalinseln selbst im Sommer für fast jede Witterung gewappnet sein. Neben luftiger Kleidung für warme Tage sollte man immer auch einen dicken Pullover oder eine Jacke dabei haben, denn abends ist es oft merklich kühler als tagsüber. Eine leichte Windjacke ist für Wanderungen günstig, Regenjacken gehören ebenfalls in den Koffer. Wer wandern möchte, braucht auf jeden Fall bequemes Schuhwerk. Für Höhlenbesuche sind u. U. Gummistiefel erforderlich; sie sind auch für Wege geeignet, die bei Flut unter Wasser liegen und bei Ebbe begehbar sind.

SPRACHE

Englisch-französischer Mix

Die Kanalinseln waren über mehrere Jahrhunderte dem Bischof von Coutances, also der französischen Kirche angegliedert. Dadurch war Französisch immer dominierende Sprache in Kirche und Verwaltung,

noch im 19. Jh. war Französisch auf den Inseln Amts- und Unterrichtssprache. So ist es zu erklären, dass es nach wie vor viele französische Bezeichnungen gibt, die heute allerdings kurioserweise oft englisch ausgesprochen werden wie die Ortsnamen St. Helier, St. Aubin, St. Brelade, St. Ouen, Ouaisne Bay. Es gibt auch einige Orte, die **unter englischer und französischer Bezeichnung** bekannt sind wie auf Guernsey St. Peter in the Wood, das gleichzeitig noch unter St. Pierre du Bois läuft, oder Castel, das oft auch Câtel heißt. Der westnormannische Dialekt, der früher auf den Inseln gesprochen wurde, ist heute nur noch selten zu hören.
Viele Einwohner sprechen heute Englisch und Französisch, und auch Straßenschilder sind oft in beiden Sprachen beschriftet. Im Parlament wird auf Englisch debattiert, aber die **Abstimmung** und alles, was zeremoniellen Charakter hat, erfolgt **auf Französisch**. Dieses Kuriosum spiegelt wieder, wie hin- und hergerissen die Kanalinseln im Verlauf ihrer Geschichte zwischen England und Frankreich waren. Heutige Besucher können bei Interesse übrigens wie in London bei Parlamentssitzungen zuhören. Pflichtfach in der Schule ist das **Jèrriais** heute nicht mehr und daher gibt es immer weniger Insulaner, die den bedrohten Dialekt noch wirklich beherrschen. Touristen treffen eher im Museum auf Hörbeispiele. Im Inselfranzösischen wird das »Jèrriais« auch als »Jersey French« bezeichnet. Es gehört zu der normannischen Dialektgruppe der »Langue d´oïl«.

SPRACHFÜHRER ENGLISCH

AUF EINEN BLICK

Vielleicht.	**Perhaps./Maybe.**
Bitte.	**Please.**
Danke./Vielen Dank!	**Thank you./Thank you very much.**
Gern geschehen.	**You're welcome.**
Entschuldigung!	**I'm sorry!**
Wie bitte?	**Pardon?**
Ich verstehe Sie/dich nicht.	**I don't understand you**
Ich spreche nur wenig (English)...	**I only speak little (English)...**
Können Sie mir bitte helfen?	**Can you help me, please?**
Ich möchte ...	**I'd like ...**
Das gefällt mir (nicht).	**I (don't) like this.**
Haben Sie ...?	**Do you have ...?**
Wie viel kostet es?	**How much is it?**
Wie viel Uhr ist es?	**What time is it?**

KENNENLERNEN

Guten Morgen!	**Good morning!**
Guten Tag!	**Good afternoon!**
Guten Abend!	**Good evening!**

Hallo! Grüß dich!	**Hello!/Hi!**
Mein Name ist ...	**My name's ...**
Wie ist Ihr/Dein Name?	**What's your name?**
Wie geht es Ihnen/dir?	**How are you?**
Danke. Und Ihnen/dir?	**Fine, thanks. And you?**
Auf Wiedersehen!	**Goodbye!/Bye-bye!**
Tschüs!	**See you!/Bye!**

AUSKUNFT UNTERWEGS

links/rechts	**left/right**
geradeaus	**straight on**
nah/weit	**near/far**
Bitte, wo ist ...?	**Excuse me, where's ..., please?**
... die Bushaltestelle	**... the bus stop**
... der Hafen	**... the harbour**
... der Flughafen	**... the airport**
Wie weit ist das?	**How far is it?**
Ich möchte ... mieten.	**I'd like to hire ...**
... ein Auto	**... a car**
... ein Fahrrad	**... a bike/bicycle**

EINKAUFEN

Wo finde ich ... eine/ein ..?	**Where can I find a ...?**
Apotheke	**chemist/pharmacy**
Bäckerei	**bakery**
Kaufhaus	**department store**
Lebensmittelgeschäft	**grocery store**
Markt	**market**
Was kostet ...?	**How much is ...?**

ÜBERNACHTUNG

Können Sie mir ... empfehlen?	**Could you recommend ... ?**
... ein Hotel/Motel	**... a hotel/motel**
... eine Pension.	**... a guest-house**
Ich habe ein Zimmer reserviert.	**I have reserved a room.**
Haben Sie noch ...?	**Do you have ...?**
... ein Einzelzimmer	**... a single room**
... ein Doppelzimmer	**... a double room**
... mit Dusche/Bad	**... with a shower/bath**
... für eine Nacht	**... for one night**
... für eine Woche	**... for a week**
Was kostet das Zimmer	**How much is the room**
... mit Frühstück?	**... with breakfast?**
... mit Halbpension?	**... with half board?**

ARZT

Ich brauche einen Arzt/Zahnarzt.	**I need a doctor/dentist.**
Ich habe hier Schmerzen.	**I've got pain here.**

BANK/POST/KOMMUNIKATION

Wo ist hier bitte eine Bank?	**Where's the nearest bank, please?**
Ich möchte ... Euro (Franken) wechseln.	**I'd like to change ... Euro (Swiss Francs).**
Was kostet ...	**How much is ...**
... ein Brief ...	**... a letter ...**
... eine Postkarte ...	**... a postcard ...**
nach Deutschland?	**to Germany?**
nach Österreich?	**to Austria?**
in die Schweiz?	**to Switzerland?**
Handy, Mobiltelefon	**mobile phone**
Wo ist das nächste Internetcafé?	**Where is the next internet café?**
Ich brauche eine Prepaid-Karte für mein Handy.	**I need a prepaid card for my mobile phone.**
Ich brauche eine Speicherkarte für meine Kamera.	**I need a memory card for my camera.**

SPEISEKARTE

Breakfast	**Frühstück**
coffee (with cream/milk)	**Kaffee (mit Sahne/Milch)**
hot chocolate	**heiße Schokolade**
tea (with milk/lemon)	**Tee (mit Milch/Zitrone)**
scrambled eggs	**Rühreier**
poached eggs	**pochierte Eier**
bacon and eggs	**Eier mit Speck**
fried eggs	**Spiegeleier**
hard-boiled/soft-boiled eggs	**harte/weiche Eier**
(cheese/mushroom) omelette	**(Käse-/Champignon-) Omelett**
bread/rolls	**Brot/Brötchen/Toast**
brown/white toast	**Körnertoast/Weißbrottoast**
butter	**Butter**
honey	**Honig**
jam/marmalade	**Marmelade/Orangenmarmelade**
yoghurt	**Joghurt**
fruit	**Obst**
Starters and Soups	**Vorspeisen und Suppen**
clear soup/consommé	**(Fleisch-) Brühe**
cream of chicken soup	**Hühnercremesuppe**
cream of tomato soup	**Tomatensuppe**
mixed/green salad	**gemischter/grüner Salat**
onion rings	**frittierte Zwiebelringe**
seafood salad	**Meeresfrüchtesalat**
shrimp/prawn cocktail	**Garnelen-/Krabbencocktail**
smoked salmon	**Räucherlachs**
vegetable soup	**Gemüsesuppe**
Fish and Seafood	**Fisch und Meeresfrüchte**
cod	**Kabeljau**
crab	**Krebs**
eel	**Aal**
haddock	**Schellfisch**
herring	**Hering**

lobster	**Hummer**
mussels	**Muscheln**
oysters	**Austern**
plaice	**Scholle**
salmon	**Lachs**
scallops	**Jakobsmuscheln**
sole	**Seezunge**
squid	**Tintenfisch**
trout	**Forelle**
tuna	**Thunfisch**
Meat and Poultry	**Fleisch und Geflügel**
barbequed spare ribs	**gegrillte Schweinerippchen**
beef	**Rindfleisch**
chicken	**Hähnchen**
chop/cutlet	**Kotelett**
fillet	**Filetsteak**
duck(ling)	**(junge) Ente**
gammon	**Schinkensteak**
gravy	**Fleischsoße**
ham	**gekochter Schinken**
kidneys	**Nieren**
lamb (with mint sauce)	**Lamm (mit einer sauren Minzsoße)**
liver (and onions)	**Leber (mit Zwiebeln)**
minced meat	**Hackfleisch**
mutton	**Hammelfleisch**
pork	**Schweinefleisch**
rabbit	**Kaninchen**
sausages	**Würstchen**
sirloin steak	**Lendenstück vom Rind Steak**
turkey	**Truthahn**
veal	**Kalbfleisch**
venison	**Reh oder Hirsch**
Dessert and Cheese	**Nachspeisen und Käse**
apple pie	**gedeckter Apfelkuchen**
cheddar	**kräftiger Käse**
cottage cheese	**Hüttenkäse**
cream	**Sahne**
custard	**Vanillesoße**
fruit salad	**Obstsalat**
goat's cheese	**Ziegenkäse**
ice-cream	**Eis**
pastries	**Gebäck**
Vegetables and Salad	**Gemüse und Salat**
baked beans	**gebackene Bohnen in Tomatensoße**
baked potatoes	**gebackene Kartoffeln mit Schale**
cabbage	**Kohl**
carrots	**Karotten**
cauliflower	**Blumenkohl**
chips	**Pommes frites**
cucumber	**Gurke**
fritters/hash browns	**Bratkartoffeln**

garlic	**Knoblauch**
leek	**Lauch**
lettuce	**Kopfsalat**
mashed potatoes	**Kartoffelpüree**
mushrooms	**Pilze**
onions	**Zwiebeln**
peas	**Erbsen**
peppers	**Paprika**
spinach	**Spinat**
sweetcorn	**Mais**
tomatoes	**Tomaten**
Fruit	**Obst**
apples	**Äpfel**
apricots	**Aprikosen**
blackberries	**Brombeeren**
cherries	**Kirschen**
grapes	**Weintrauben**
lemon	**Zitrone**
oranges	**Orangen**
peaches	**Pfirsiche**
pears	**Birnen**
pineapple	**Ananas**
plums	**Pflaumen**
raspberries	**Himbeeren**
strawberries	**Erdbeeren**
Beverages	**Getränke**
beer on tap	**Bier vom Fass**
cider	**Apfelwein**
red/white wine	**Rot-/Weißwein**
dry/sweet	**trocken/lieblich**
sparkling wine	**Sekt**
soft drinks	**alkoholfreie Getränke**
fruit juice	**Fruchtsaft**
milk	**Milch**
mineral water	**Mineralwasser**

TIDENPLAN

Ebbe und Flut

Auf den Kanalinseln ist es sehr wichtig, die **Zeiten von Ebbe und Flut** zu kennen. Viele Buchten und Strände sind nur bei Ebbe richtig schön, bei Flut dagegen sehr schmal oder ganz überflutet. Viele Höhlen sind nur bei Ebbe zu besichtigen, was bei auflaufendem Wasser gefährlich ist. Auch einige vorgelagerte Felsinseln wie Lihou (Guernsey) und die Inseln mit Elizabeth Castle oder dem Corbière Lighthouse (Jersey) sind bei Ebbe zu Fuß zu erreichen, bei Flut stehen die Übergänge unter Wasser.

Um sich nicht den Gefahren der ansteigenden Flut auszusetzen, sollte man immer einen Tidenplan bei sich haben bzw. die Zeiten von Ebbe und Flut kennen. Er ist in der »The Guernsey Press« und der »Jersey Evening Post« abgedruckt. Auch die Tourismusinformationen oder die Hotels können weiterhelfen und im Internet unter https://tides.today (Jersey, Guernsey, Sark)

TELEKOMMUNIKATION · POST

Mobiltelefone Die Netzabdeckung für Mobiltelefone (»mobile phone«) ist auf allen Kanalinseln ausgezeichnet. Es ist aber zu bedenken, dass bei Gesprächen mit Mobiltelefonen weiterhin Roaming-Gebühren anfallen. Diese wurden zwar Mitte 2017 innerhalb der Europäischen Union abgeschafft, für die Kanalinseln gilt diese EU-Verordnung jedoch nicht. Zwar rechnen einige Anbieter die Inseln der EU zu, es ist aber ratsam, sich die Gebühren-Info-SMS des eigenen Netzbetreibers, die kurz nach Ankunft auf dem Handy eintrifft, genau anzuschauen. Falls Roaming-Gebühren anfallen, ist meist eine vor Ort erworbene Prepaid-Karte die günstigere Alternative.

WLAN Kostenloses WLAN ist in fast allen Hotels, den meisten B&Bs und auch zahlreichen Restaurants auf den Kanalinseln eine Selbstverständlichkeit. Selbst auf Herm mit seinen ca. 60 Einwohnern muss man als Hotelgast nicht auf eine schnelle Internetverbindung verzichten. Darüber hinaus gibt es auch an einigen öffentlichen Plätzen die Möglichkeit, sich in einen gebührenfreien Hotspot einzuwählen. Dazu zählen die Flughäfen, aber auch der Busbahnhof oder die Marina in St. Helier.

Post Jersey und Guernsey haben jeweils eine eigene Post. Die **Hauptpost** von Jersey befindet sich in der Broad Street in St. Helier, auch in den meisten kleineren Orten gibt es ein Postamt. Die Hauptpost von Guernsey ist in der Smith Street in St. Peter Port. Für Karten und Briefe, die von den Kanalinseln aus verschickt werden, müssen die **inseleigenen Briefmarken**, die 1969 erstmals gedruckt wurden, verwendet werden. Die Jersey-Briefmarken gelten nur auf Jersey. Auf Alderney, Sark und Herm gelten nur die Briefmarken von Guernsey. Die Briefmarken von Großbritannien haben auf den Kanalinseln keine Gültigkeit. **Briefkästen** sind im Bailiwick Guernsey, anders als in England, blau, auf Jersey rot, und die alten Telefonhäuschen auf Guernsey sind gelb und nicht wie in England rot.

LÄNDERVORWAHLEN AUS DEUTSCHLAND, ÖSTERREICH UND DER SCHWEIZ:
nach Jersey: + 44 15 34
nach Guernsey, Alderney, Sark und Herm: + 44 14 81

VORWAHL VON ALLEN KANALINSELN:
nach Deutschland: Tel. + 49
nach Österreich: Tel. + 43
in die Schweiz: Tel. + 41
Bei internationalen Anrufen entfällt die 0 der jeweiligen Ortsvorwahl.

VERKEHR

Straßenverkehr

Verkehrsvorschriften

Urlauber, die auf den Kanalinseln mit dem Auto unterwegs sind, haben es mit **schmalen Straßen** und viel Verkehr zu tun. Vor allem im Bereich der beiden großen Städte auf Jersey und Guernsey muss man vorsichtig fahren. Nebenstraßen sind z. T. extrem eng und ohne Ausweichmöglichkeiten, so dass einander entgegenkommende Autos mitunter mehrere hundert Meter bis zu einer breiteren Stelle zurücksetzen bzw. in die nächste Grundstückseinfahrt ausweichen müssen.
Auf den Kanalinseln besteht wie in Großbritannien **Linksverkehr**. Überholt wird rechts. Straßen ohne Vorfahrtsberechtigung sind oft durch »Stop«- oder »Give Way«-Schilder gekennzeichnet. Im Kreisverkehr (»roundabout«) haben die Fahrzeuge innerhalb des Kreises Vorfahrt. An Straßeneinmündungen mit doppelter Linie muss angehalten, bei doppelter, unterbrochener Linie muss langsam herangefahren werden. An Kreuzungen mit einem gelben Raster auf der Fahrbahn oder der Bezeichnung **»Filter«** hat derjenige Vorfahrt, der zuerst an die Kreuzung kommt, alle weiteren müssen sich im Reißverschlusssystem einfädeln.
Die **Höchstgrenze für den Blutalkoholgehalt** liegt bei 0,8 Promille. Auf **Jersey** gilt für Pkw auf Landstraßen eine **Höchstgeschwindigkeit** von 40 mph (64 km/h), innerhalb geschlossener Ortschaften 20 bzw. 30 mph (32 bzw. 48 km/h), auf den Green Lanes nicht schneller als 15 mph (24 km/h). Auf **Guernsey** beträgt die Höchstgeschwindigkeit 35 mph (56 km/h) außerhalb geschlossener Ortschaften 25 mph (40 km/h) innerhalb von Ortschaften und 15 mph (24 km/h) auf Ruettes Tranquilles.

Parken

Absolutes **Parkverbot** ist durch gelbe Linien gekennzeichnet, wer an solchen Stellen parkt, muss mit Bußgeld rechnen. Auf **Jersey** braucht man auf öffentlichen Parkplätzen und in Parkhäusern »paycards«, die man in den Touristeninformationen, in Parkhäusern, einigen Geschäften und in Postämtern bekommt. An einigen Stellen ist Parken kostenlos, man muss aber eine Parkscheibe auslegen. Zwischen 17 und 8 Uhr und sonntags ist Parken generell kostenlos. Auf **Guernsey** ist Parken umsonst, man muss aber oft eine Parkscheibe auslegen. In St. Peter Port darf man auf den meisten Parkplätzen nur für eine bestimmte Dauer parken, die dann angegeben ist. Zwischen 18 Uhr und 8 Uhr kann man in der Regel ohne zeitliche Begrenzung parken.

Mietwagen

Mietwagen sind auf den Kanalinseln ausgesprochen günstig, so dass es in der Regel nicht lohnt, mit dem eigenen Wagen hierher zu kommen. Voraussetzung zum Mieten eines Fahrzeugs sind ein gültiger Führerschein und ein Mindestalter von 21 Jahren. Auf Jersey geben einige Vermieter eine Altershöchstgrenze an. Alle Mietwagen haben das Steuer rechts und sind mit einem »H« für »hired« gekennzeichnet, was bei den Insulanern mit »horror«, bei den Deutschen wohl eher mit »Hilfe!« gleichgesetzt wird. Tatsächlich sind die vielen Mietwagen für die Einheimischen ein Störfaktor, da viele Gäste nicht an den Linksverkehr gewöhnt sind.

Taxis

Taxistände gibt es auf den Kanalinseln beispielsweise an den Flughäfen und in den Hauptorten St. Helier (am Busbahnhof), St. Peter Port (am Weighbridge Uhrenturm) und St. Anne (Alderney). Herumfahrende Taxis kann man per Handzeichen anhalten. Nachts und an Feiertagen gelten besondere **Tarife**, Gepäck und Wartezeiten werden extra berechnet. 10 % Trinkgeld sind üblich. Auf Sark übernehmen die Pferdekutschen Taxidienste, sie haben ihren Standort an der Avenue, für den Gepäcktransport auf der Insel werden Traktoren eingesetzt (▶ Anreise).

Öffentliche Verkehrsmittel

Unterwegs mit Bussen

Die Bushaltestellen auf den Kanalinseln sind durch ein Schild gekennzeichnet. Manchmal steht auch nur das Wort »Bus« auf der Fahrbahn geschrieben. An allen Bushaltestellen muss man dem Busfahrer ein deutliches Handzeichen geben, wenn man mitfahren möchte, denn nur dann hält er an. Fahrpläne gibt es im Internet, in Busbahnhöfen, in Hotels und auf Guernsey auch im Bus.

Besonderheiten der einzelnen Inseln

Auf **Jersey** starten alle Buslinien an der Liberation Station in der Esplanade in St. Helier. Dort und in der Touristeninformation kann man auch Fahrpläne kaufen; Tickets für 2,70 £ gibt es an der Busstation oder im Bus. Günstiger sind Hop-on-Hop-off-Tickets (für 1, 2, 3, 7 Tage). Zwischen St. Helier und dem Flughafen verkehren mehrere Buslinien. Mit einigen der angebotenen Busrouten kann man auch

BUSVERKEHR

JERSEY
Busbahnhof St. Helier
Weighbridge
Tel. 01534 82 85 55
www.libertybus.je

GUERNSEY
Busbahnhof St. Peter Port
South Esplanade
Tel. 01481 70 04 56
www.buses.gg

MIETWAGEN

ZEBRA HIRE
9, The Esplanade, St.Helier
Tel. 01534 73 65 56
www.zebrahire.com

TAXI

JERSEY
Yellow Cabs
Tel. 01534 88 88 88
Citicabs
Tel. 01534 49 99 99

GUERNSEY
A & S Taxis
Tel. 07781 12 55 44
Island Taxis
Tel. 01481 70 05 00
Vectra Taxis
Tel. 07781 14 79 97

Rundfahrten durch verschiedene Inselregionen unternehmen, auf denen alle wichtigen Sehenswürdigkeiten angesteuert werden. Es gelten die normalen Tickets.
Sämtliche Buslinien auf **Guernsey** starten und enden am zentralen Busbahnhof in St. Peter Port an der South Esplanade (Haltestelle »Town«). Eine einzelne Fahrt kostet 1,25 £. Günstiger sind möglicherweise Tages- und Familientickets (für 1, 2, 7 Tage) oder der »puffinpass«, die man im Kiosk am Busbahnhof kaufen kann. Die Linien 62, 71, 91, 93, 94, 95 fahren von St. Peter Port aus über den Flughafen (unterschiedliche Strecken).
Auf **Alderney** fährt in der Hauptsaison eine Buslinie auf der Strecke von St. Anne über Campingplatz und Leuchtturm zur Longis Bay.
Auf **Sark** und **Herm** gibt es keine öffentlichen Verkehrsmittel, auf Sark aber einen Transport vom Hafen hinauf zum Dorf.

Schiffsverkehr

► Anreise

REGISTER

A

B

C

D

E

F

G

K

L

M

N

O

P

R

S

T

U

Y

Z

BILDNACHWEIS

AKG S. 147, 231
Alan Copson/AWL Images S. 68, 95
Michael Amme/laif S. 79 u.
Avenue Images/Age Fotostock S. 281
Avenue Images/FLPA/Bill Coster S. 210, 261
Robert Birkby/AWL Images Ltd S. 117, 177
Dumont Bildarchiv/R.Kiedrowski S. 53, 62, 184 (2x), 212, 214, 226
Neil Farrin/AWL Images S. 140, 156
gettyimages/Bridgeman Art Library S. 247
gettyimages/Fox Photos S. 232
gettyimages/Peter Cade S. 20/21
gettyimages/istockphoto/Catherine Philip S. 172, 174
gettyimages/Hulton Archive S. 235
getty images/Alan Lagadu S. 205 u.
Glow Images/Image Broker S. 254 o.
Glow Images/Premium/Sonnia Menke S. 27 o.
Glow Images/Stockbroker S. 269 u.
Guernsey Images/Ch. George S. 139
Guernsey Images/States of Guernsey/ Chris George S. 268
Guernsey Images/States of Guernsey/ John O´Neil S. 269 o.
Guernsey Images/States of Guernsey/ Sam Field S. 276
Hanke S. 27 u.
Huber/R. Schmid S. 31, 60, 191, 241
Huber/Schapowalow S. 47
Ilona Soane-Sands, Alderney S. 15 o.
Janicke S. 266
Jersey Images/Simon Bevis S. 273
laif/Amme S. 29
laif/Hemispheres S. 245 o.
laif/Heuer S. 74
laif/Florian Jaenicke S. 264
laif/Kirchner S. 205 o., 223, 257
look/Jan Greune S. 200, 203, 254 u.
mauritius images/age fotostock/ Douglas Houghton S. 121
mauritius images/Alamy S. 54/55
mauritius images/Britpix/Alamy S. 90
mauritius images/FLPA/Alamy S. 103
mauritius images/John Glover/Alamy S. 19
mauritius images/Andrew Hasson/ Alamy S. 168
mauritius images/ib/Dirck Renckhoff S. 279
mauritius images/imageimage/Alamy S. 128
mauritius images/Kuttig-Travel-2/ Alamy S. 196
mauritius images/Stuart Mauger/ Alamy S. 136
mauritius images/Beata Moore/Alamy S. 170
mauritius images / Laurence Delderfield / Alamy / Alamy Stock Photos S. 272/273
mauritius images/Dirk Renckhoff/ Alamy S. 86, 274
mauritius images/Steve Vidler/Alamy S. 87, 88
mauritius images/Colin Waters/Alamy S. 165
mauritius world pictures S. 251
Eva Missler S. 97 (2x), 220, 229, 238
David Nash, Alderney S. 12/13, 15 u.
picture alliance/HIP S. 101
picture-alliance/KPA/HIP/Museum of London S. 245 u.
Sark Tourism/Sue Daly S. 8/9
Reinhard Schmid/HUBER IMAGES S. 2, 3 (2x), 7, 16/17, 24/25, 45, 71, 79, o., 82, 106/107, 111, 114, 124, 131, 145, 152, 193
Shutterstock S. 187, U7
Shutterstock/ Altrendo Images S. 279
Shutterstock/Stefan Bernsmann S. 22
Sperber S. 52, 219
Jean-Daniel Sudres/hemis.fr/laif S. 11

Titelbild: Jan Greune/Lookphotos

LISTE DER KARTEN UND GRAFIKEN

ATMOSFAIR

nachdenken • klimabewusst reisen
atmosfair

Reisen verbindet Menschen und Kulturen. Doch wer reist, erzeugt auch CO2. Der Flugverkehr trägt in erheblichem Maße zur globalen Erwärmung bei. Wer das Klima schützen will, sollte sich nach Möglichkeit für die schonendere Reiseform entscheiden (wie z.B. die Bahn). Gibt es keine Alternative zum Fliegen, kann man mit atmosfair klimafördernde Projekte unterstützen.
atmosfair ist eine gemeinnützige Klimaschutzorganisation unter der Schirmherrschaft von Klaus Töpfer. Flugpassagiere spenden einen kilometerabhängigen Betrag und finanzieren damit Projekte in Entwicklungsländern, die den Ausstoß von Klimagasen verringern helfen. Dazu berechnet man mit dem Emissionsrechner auf **www.atmosfair.de** wieviel CO2 der Flug produziert und was es kostet, eine vergleichbare Menge Klimagase einzusparen (z.B. Berlin – London – Berlin ca. 10 €). atmosfair garantiert die sorgfältige Verwendung Ihres Beitrags. Alle Informationen dazu auf www.atmosfair.de. Auch MairDumont fliegt mit atmosfair.

IMPRESSUM

Ausstattung:
106 Abbildungen, 22 Karten und grafische Darstellungen, eine große Reisekarte

Text:
Dr. Eva Missler, Thomas Rudolf

Bearbeitung:
Baedeker-Redaktion
(Dr. Madeleine Reincke)

Kartografie:
Klaus-Peter Lawall, Unterensingen
KOMPASS-Karten GmbH, A-6020 Innsbruck; MAIRDUMONT, D-73751 Ostfildern (Reisekarte)

3D-Illustrationen:
jangled nerves, Stuttgart

Infografiken:
Golden Section Graphics GmbH, Berlin

Gestalterisches Konzept:
RUPA GbR, München

10., aktualisierte Auflage 2024

Trotz aller Sorgfalt von Redaktion und Autoren zeigt die Erfahrung, dass Fehler und Änderungen nach Drucklegung nicht ausgeschlossen werden können. Dafür kann der Verlag leider keine Haftung übernehmen. Jede Karte wird stets nach neuesten Unterlagen und unter Berücksichtigung der aktuellen politischen De-facto-Administrationen (oder Zugehörigkeiten) überarbeitet. Dies kann dazu führen, dass die Angaben von der völkerrechtlichen Lage abweichen. Irrtümer können trotzdem nie ganz ausgeschlossen werden. Kritik, Berichtigungen und Verbesserungsvorschläge sind jederzeit willkommen. Schreiben Sie uns, mailen Sie oder rufen Sie an:

MairDumont: Baedeker Redaktion
Postfach 3162, D-73751 Ostfildern
Tel. 0711 4502-262
www.baedeker.com

Printed in China

BAEDEKER VERLAGSPROGRAMM

Viele Baedeker-Titel sind als E-Book erhältlich.

A
Ägypten
Algarve
Allgäu
Amsterdam
Andalusien
Australien

B
Bali
Baltikum
Barcelona
Belgien
Berlin · Potsdam
Bodensee
Böhmen
Bretagne
Brüssel
Budapest
Burgund

C
China

D
Dänemark
Deutsche Nordseeküste
Deutschland
Dresden
Dubai · VAE

E
Elba
Elsass · Vogesen
England

F
Finnland
Florenz
Florida
Frankreich
Fuerteventura

G
Gardasee
Golf von Neapel
Gomera
Gran Canaria
Griechenland

H
Hamburg
Harz
Hongkong · Macao

I
Indien
Irland
Island
Israel · Palästina

BAEDEKER
F
FLORIDA

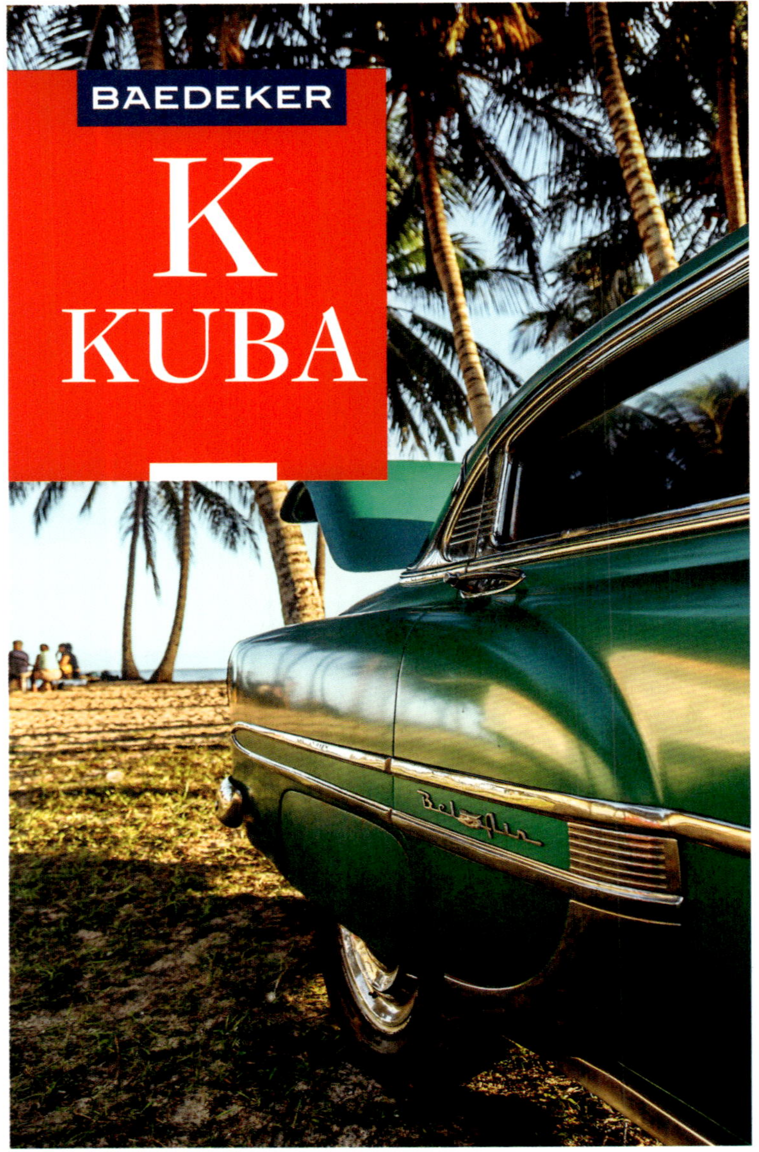
BAEDEKER
K
KUBA

Istanbul
Istrien · Kvarner Bucht
Italien

J
Japan

K
Kalifornien
Kanada · Osten
Kanada · Westen
Kanalinseln
Kapstadt · Garden Route
Kopenhagen
Korfu · Ionische Inseln
Korsika
Kreta
Kroatische Adriaküste · Dalmatien
Kuba

L
La Palma
Lanzarote
Lissabon
London

M
Madeira
Madrid
Mallorca
Malta · Gozo · Comino
Marrokko
Mecklenburg-Vorpommern
Menorca
Mexiko
München

N
Namibia
Neuseeland
New York
Niederlande
Norwegen

O
Oberbayern
Österreich

P
Paris
Polen
Polnische Ostseeküste · Danzing · Masuren
Portugal
Prag
Provence · Côte d'Azur

R
Rhodos
Rom
Rügen · Hiddensee
Rumänien

S
Sachsen
Salzburger Land
Sankt Petersburg
Sardinien
Schottland
Schwarzwald
Schweden
Schweiz
Sizilien
Skandinavien
Slowenien
Spanien
Sri Lanka
Südafrika
Südengland
Südschweden · Stockholm
Südtirol
Sylt

T
Teneriffa
Thailand
Thüringen
Toskana

U
USA · Nordosten
USA · Südwesten
Usedom

V
Venedig
Vietnam

W
Wien

Z
Zypern

Meine persönlichen Notizen

Meine persönlichen Notizen

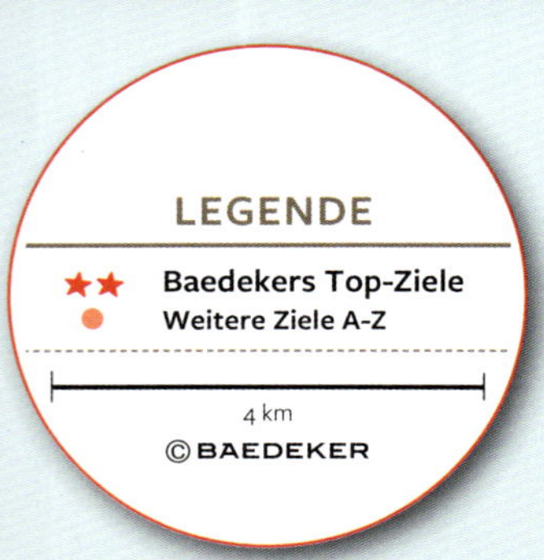

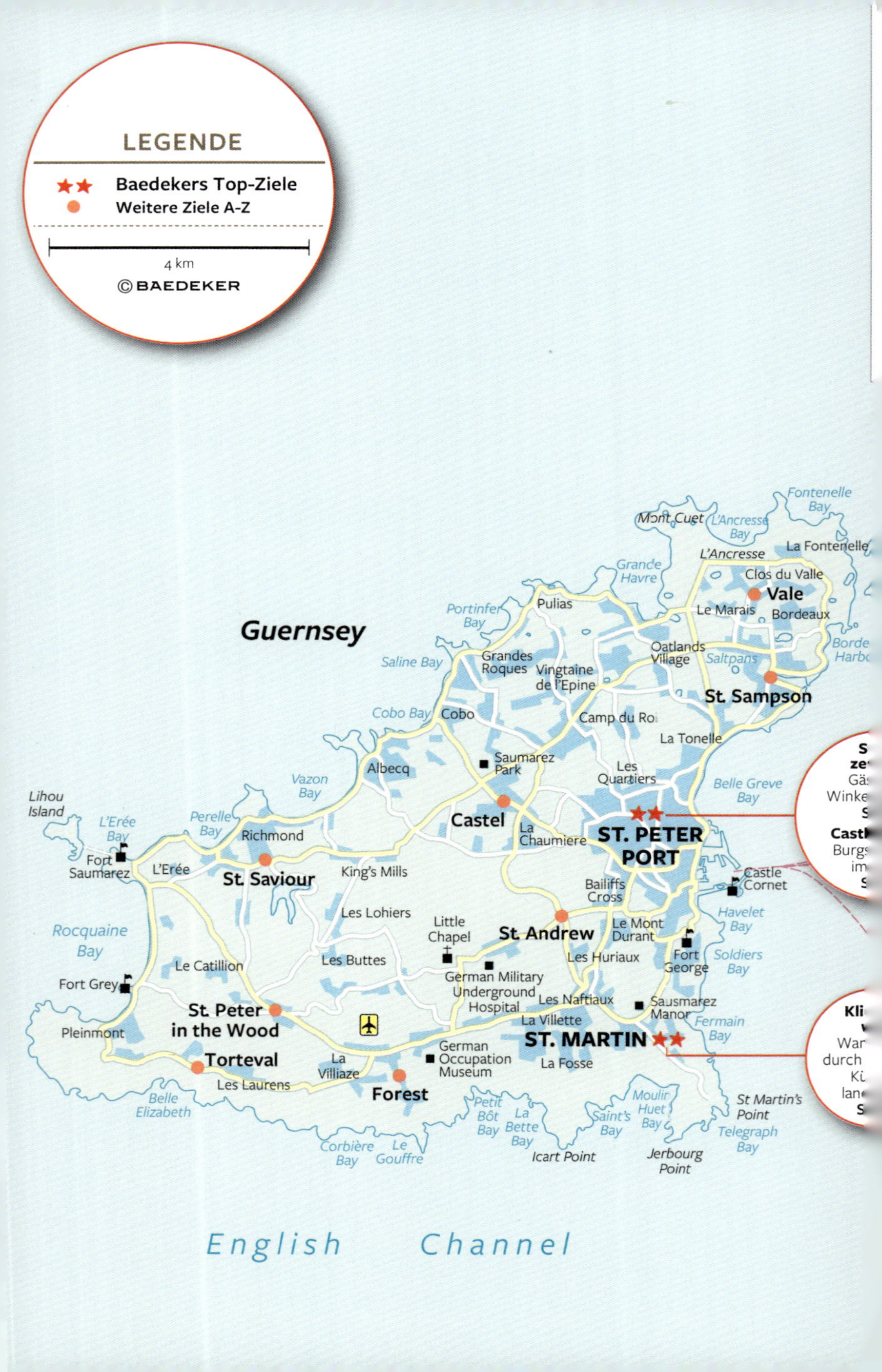
LEGENDE
Baedekers Top-Ziele
Weitere Ziele A-Z
4 km
© BAEDEKER
Guernsey
Fontenelle Bay
Mont Cuet
L'Ancresse Bay
L'Ancresse
La Fontenelle
Grande Havre
Clos du Valle
Vale
Le Marais
Bordeaux
Portinfer Bay
Pulias
Saline Bay
Grandes Roques
Vingtaine de l'Epine
Oatlands Village
Saltpans
St Sampson
Cobo Bay
Cobo
Camp du Roi
La Tonelle
Albecq
Saumarez Park
Les Quartiers
Belle Greve Bay
Lihou Island
Vazon Bay
Castel
L'Erée Bay
Perelle Bay
Richmond
La Chaumiere
ST. PETER PORT
Fort Saumarez
L'Erée
St. Saviour
King's Mills
Castle Cornet
Bailiffs Cross
Rocquaine Bay
Les Lohiers
Little Chapel
St Andrew
Le Mont Durant
Havelet Bay
Le Catillion
Les Buttes
Les Huriaux
Fort George
Soldiers Bay
Fort Grey
German Military Underground Hospital
Les Naftiaux
Sausmarez Manor
St. Peter in the Wood
La Villette
Fermain Bay
Pleinmont
ST. MARTIN
Torteval
La Villiaze
German Occupation Museum
La Fosse
Les Laurens
Forest
Belle Elizabeth
Petit Bôt Bay
La Bette Bay
Moulin Huet Bay
Saint's Bay
St Martin's Point
Telegraph Bay
Corbière Bay
Le Gouffre
Icart Point
Jerbourg Point
English Channel